EINFACH DEUTSCH

Lesestrategien

Aktiv lesen!

Methodentraining für die Arbeit mit Sachtexten

erarbeitet von Ida Hackenbroch-Krafft
und Evelore Parey

herausgegeben von Johannes Diekhans

Best.-Nr. 022432 X

Schöningh

Website
www.schoeningh.de
E-Mail
info@schoeningh.de

Druck: Media-Print Informationstechnologie GmbH, Paderborn

Druck 5 4 3 2 1 Jahr 08 07 06 05 04

ISBN 3-14-022432-X

Dieses Werk folgt der reformierten Rechtschreibung und Zeichensetzung. Ausnahmen bilden Texte, bei denen künstlerische, philologische oder lizenzrechtliche Gründe einer Änderung entgegenstehen.

Inhalt

Vorwort

Die PISA-Studie hat ins Bewusstsein gerückt, dass Lesen mehr ist als eine elementare Kulturtechnik, es ist eine sprachliche Schlüsselkompetenz und eine „grundlegende Form des kommunikativen Umgangs mit der Welt".
Der Begriff der Lesekompetenz stellt das Textverstehen im Sinne einer genauen, sorgfältigen Informationsentnahme in den Mittelpunkt. In das Textverstehen fließen Fähigkeiten zur „textbezogenen Interpretation", zum „Reflektieren über Texte" und zum „Bewerten von Texten" mit ein. Lesekompetenz wird definiert als Fähigkeit, „geschriebene Texte zu verstehen, zu nutzen und über sie zu reflektieren, um eigene Ziele zu erreichen, das eigene Wissen und Potenzial weiterzuentwickeln und am gesellschaftlichen Leben teilzunehmen".[1]

Lernziel Lesen – in der Oberstufe?

Natürlich können Schüler lesen, wenn sie in die Oberstufe kommen. Aber sie haben vielfach Lesegewohnheiten entwickelt, die alles andere als optimal sind. Aus zwei Gründen ist der Eintritt in die Oberstufe ein besonders geeigneter Zeitpunkt, das Lesen von Sachtexten noch einmal ausdrücklich zum Thema zu machen.

Zum einen rücken der Abschluss der Schule, eine Ausbildung oder ein Studium allmählich ins Blickfeld; damit wächst die Einsicht in die Notwendigkeit, sich Arbeitstechniken anzueignen, die auf lange Sicht selbstständiges und ökonomisches Arbeiten ermöglichen.

Ein zweiter Grund ist die größere intellektuelle Reife, die es erlaubt, die metakognitiven Fähigkeiten, die das Lesen steuernd überwachen, anzusprechen. Sie wirken sich auf die am Leseprozess beteiligten kognitiven Aktivitäten aus.

Die Reflexion über den Leseprozess zeichnet gute Leser aus. Sie denken darüber nach,
- was sie bereits über das Thema wissen;
- was sie von dem Text erwarten;
- wie sie die Textschwierigkeit einschätzen;
- welche Lesestrategie angemessen ist;
- wie sie das eigene Leseverständnis überprüfen können;
- welche Behaltensstrategien für Text und Lernziel geeignet sind.

Die Oberstufe ist der geeignete Zeitpunkt, die Bedeutung solcher metakognitiven Strategien zu vermitteln und sie einzuüben. Dafür gibt es in vielen Aufgaben dieses Buches Anregungen.

Gute und schlechte Leser

Gute Leser können unvertraute, lange, komplexe Texte vollständig und in den Details verstehen und für verschiedene Zwecke flexibel nutzen, sie können Gelesenes in Vorwissen aus verschiedenen Bereichen einbetten und Bedeutungen sprachlicher Nuancen angemessen interpretieren. Sie ziehen den Kontext heran, um Bedeutungen zu erschließen, und sie können auch Elemente des Textes verstehen, die nicht im Zentrum des Textes stehen und ihren eigenen Erwartungen widersprechen. Gute Leser lesen aufgaben- und zielbezogen, sie verhalten sich in jeder Phase des Leseprozesses aktiv und nicht rezeptiv, sie gehen adaptiv vor und setzen Lesestrategien dem jeweiligen Text und der Leseabsicht entsprechend ein.

---

[1] Zu Definition und Beschreibung des Begriffs Lesekompetenz s. Baumert, J. u.a.: PISA 2000. Basiskompetenzen von Schülerinnen und Schülern im internationalen Vergleich. Opladen: Leske und Budrich 2001, Kap. 2, S. 69–137. In diesem Kapitel wird auch über Ergebnisse der psychologischen Forschung zum Lesen berichtet sowie über Gesichtspunkte zur Förderung der Lesekompetenz und natürlich auch über die Ergebnisse der PISA-Studie.

In der Oberstufe werden Texte analysiert und interpretiert, und sie sind Grundlage für den Erwerb von Wissen. Dass dabei das Lesen eine zentrale Rolle spielt, wird leicht übersehen. Denn Lesen ist eine eher unsichtbare Fähigkeit, deren Mangel erst offenbar wird, wenn auf dem Gelesenen aufbauende Aktivitäten verlangt werden wie die Wiedergabe des Gelesenen, die Diskussion über Gelesenes oder seine schriftliche Weiterverarbeitung.[2]

Zur Schwierigkeit der Diagnose

Die bei diesen Anschlussaktivitäten auftretenden Schwierigkeiten beruhen zu einem großen Teil auf Problemen der Informationsentnahme beim Lesen. Trotzdem wird in der Regel dem Lesen als erstem Schritt und Voraussetzung für die weitere Beschäftigung mit dem Text nicht genug Beachtung geschenkt, es wird als beherrscht vorausgesetzt. Das gilt einmal für die Schüler, die sich nur zu leicht über den Grad ihres Textverständnisses täuschen, zum anderen aber auch für die Lehrenden: Sie merken oft nicht, dass es nur wenige Schüler sind, die den Text richtig verstanden haben, und akzeptieren, dass es eigentlich keine Basis für eine gemeinsame Weiterarbeit gibt. Besonders nachteilig ist dies für schwächere Schüler.

Ein wichtiger Aspekt bei dem Bestreben, die Lesekompetenz zu verbessern, ist darum die Überprüfung der Leseleistung. Bei einer Textarbeit, die den Schwerpunkt auf die Analyse legt, wird die eigentliche Leseleistung nur schwer erkannt und darum auch nicht explizit überprüft. Wir haben versucht, unsere Aufgaben insgesamt so zu gestalten, dass sie es sowohl den Lernenden selbst als auch den Lehrenden erleichtern, zu kontrollieren, ob der Text auf der Informationsebene richtig verstanden wurde.

Leseförderung als Aufgabe aller Fächer

Die Schüler zu kompetenten Lesern von Sachtexten zu machen, kann nicht alleinige Aufgabe des Deutschunterrichts sein. Seit einiger Zeit setzt sich der Gedanke durch, dass die Förderung der sprachlichen Fähigkeiten Aufgabe *aller* Fächer ist. Das gilt ganz besonders für das Lesen. In vielen Fächern werden Texte gelesen, um ihnen Informationen über einen bestimmten Gegenstand zu entnehmen und sich die Inhalte anzueignen. Damit basiert die Aneignung fachspezifischer Kenntnisse und Fertigkeiten sowie der Erwerb von Strategien zur Problemlösung zu einem beträchtlichen Teil auf adäquaten Lesestrategien.

Auch das Ziel, schwache Leser zu fördern, gehört in diesen Zusammenhang: Über fachliches Interesse kann u.U. eine Lesemotivation geweckt werden, die zur Überwindung der Schwierigkeiten beiträgt.[3]

Die einzelnen Lesetechniken und -strategien werden in diesem Buch an Texten verschiedener Fachrichtungen eingeführt. Damit ist der Wunsch verbunden, auch Lehrende anderer Fächer als Deutsch anzuregen, in ihrem Biologie-, Geschichts- oder Pädagogikunterricht die Schüler nicht nur Texte lesen zu lassen, sondern dabei auch zur Schulung ihrer Lesekompetenz beizutragen. Die Übersicht über die Themen der Texte und die Lesestrategien auf Seite 10f. erleichtert das Herausfinden inhaltlich geeigneter Texte.

---

[2] In seinem Aufsatz „Lesen durch Schreiben“ (PRAXIS DEUTSCH H. 176, Nov. 2002, S. 58–66) weist Helmuth Feilke auf Zusammenhänge zwischen Lesen und Schreiben sowie auf die Wirkung der Verschriftlichung auf das Verstehen hin.

[3] Interessante Überlegungen zu dem komplexen Thema Lesemotivation gibt es z.B. bei Bettina Hurrelmann, die Lesekompetenz für notwendig zur „Teilhabe an kultureller und gesellschaftlicher Praxis“ hält und Lesemotivation als Bestandteil von Lesekompetenz über eine zu pflegende „Lesekultur“ fördern will (B. Hurrelmann: Leseleistung – Lesekompetenz, in: PRAXIS DEUTSCH H. 176, Nov. 2002, S. 6–18).

Lesetraining im inhaltlichen Kontext – zu Aufgaben und Textauswahl in diesem Buch

Lesen sollte nicht oder nur ausnahmsweise losgelöst von Sachzusammenhängen trainiert werden, es sollte vielmehr selbstverständlicher Bestandteil des „normalen" Unterrichts sein. Denn die Förderung der Lesekompetenz ist kein Selbstzweck und die Einbindung in einen inhaltlichen Kontext ist letztlich motivierender als der Hinweis auf den Nutzen bestimmter Arbeitstechniken.

Unser Buch will Anregungen und Hilfestellung geben, Leseaufgaben in die unterrichtliche Textarbeit einzubauen. So bietet sich etwa der Übungstyp „Problemfragen" als Vorbereitung einer Diskussion über den Textinhalt an, eine Übung zum „Visualisieren", wenn der Aufbau eines Textes, z.B. im Hinblick auf seine rhetorische Wirkung, analysiert werden soll. Jede Textanalyse und jede Sachdiskussion wird davon profitieren, wenn der Text von den Schülern gezielt mit einer der erlernten Techniken vorbereitet wurde.

Im Prinzip lässt sich Lesefähigkeit an jedem Text trainieren; aber um Schüler vom Nutzen bestimmter Strategien und Techniken zu überzeugen, ist es gut, Text und Übung genau aufeinander abzustimmen. Unter dem Stichwort ‚Transfer' gibt es zu jeder Übungseinheit Hinweise, welcher Typ von Text geeignet ist, um die betreffende Strategie zu trainieren. Dadurch wird es dem Lehrenden erleichtert, zur Durchführung der Aufgaben auch eigene, d.h. inhaltlich auf das konkrete Unterrichtsthema abgestimmte Texte einzusetzen. Die in diesem Buch verwendeten Texte sind unterschiedlich schwierig; in der Regel sind sie von der Länge her gut zugänglich und für den Beginn der Oberstufe geeignet. Um zu lernen, die speziell aus der Länge resultierende Schwierigkeit von Texten zu bewältigen, müssten ggf. zusätzlich längere oder schwierigere Texte eingesetzt werden.

Der Aufbau dieses Buches entspricht einer Systematisierung der Methoden, die aber nicht im Sinn einer einzuhaltenden Progression zu verstehen ist. Alle Übungen verfolgen das Ziel, Komplexität zu reduzieren, deren Bewältigung – allgemein gesprochen – die Hauptschwierigkeit beim Lesen darstellt. Und alle Übungen folgen dem Grundprinzip des aktiven und adaptiven Lesens: Ob es das Hervorheben wichtiger Begriffe und Aussagen, das Herausarbeiten der Gliederung, Fragen an den Text oder eine Visualisierung der Textstruktur ist – immer geht es um ein aktives Herangehen an den Text, und insgesamt um das Ziel, den Lernenden verschiedene Möglichkeiten der Texterschließung an die Hand zu geben, die sie auf die Dauer selbstständig und flexibel einsetzen können.

Wir sind vielen Kolleginnen und Kollegen dankbar, dass sie mit uns über methodische Fragen diskutiert, unsere Übungen ausprobiert und vielerlei Anregungen gegeben haben.

Wir bitten unsere Leserinnen und Leser um Nachsicht, dass wir zugunsten einer leichteren Lesbarkeit darauf verzichtet haben, jeweils auch die weibliche Form – Schülerinnen und Lehrerinnen – zu nennen.

Übersicht über Texte, Themen und Lesestrategien

Themen und Texte	Seite	Lesestrategien
Sprache und Kommunikation		
Funktionen der Zeichensetzung	13, 39	*Unterstreichen, Markieren, Schlüsselwörter, Randnotizen nutzen*
Symmetrische und komplementäre Kommunikation	21, 47	*Gelenkstellen erkennen, Gliederungssignale und Strukturwörter nutzen*
Sprache und Evolution*	34, 60	*Abschnitte nutzen* *Lesepause, Verständniskontrolle*
Schwarz ist weiß, ja heißt nein	71, 81	*Textinhalt antizipieren, Text zusammenfassen*
Entwicklungsstufen der Kommunikationsgeschichte	95, 103	*Überschrift als prägnanteste Form der Zusammenfassung*
Lügen und Lügner	96, 105	*Zusammenfassen: pro Abschnitt einen Satz formulieren*
Du kannst mich einfach nicht verstehen	111, 115 120, 129	*Lesenotizen auf Karteikarten,* *Leseergebnisse als Liste festhalten*
Kommunikationsgeschichte: Erfindung von Schrift und Buchdruck*	118, 132	*Gelesenes anders aufschreiben*
Wie viel sagen Kinder am Tag?	134, 146	*Lesen einer Tabelle*
Ein Telefongespräch	142, 153	*Verstehen von Flussdiagrammen*
Das amerikanische Anredesystem	144, 154	*Verstehen von Flussdiagrammen*
Literatur		
Der Floh	30, 55	*Den Textaufbau erkennen*
Beantwortung der Frage: Was ist Aufklärung?	32, 56 113, 127	*Den Textaufbau erkennen,* *Exzerpieren*
„Fiktion"; „Verfremdung"	35, 63	*Typische Textstrukturen nutzen*
Bertolt Brecht (Biografie)	78, 91	*Lesen und Behalten – Konzentration beim Lesen*
Typische Erzählsituationen	118, 133	*Gelesenes visualisieren*
Medien		
Kritische Sichtung der Medientheorien*	14, 40	*Schlüsselbegriffe hervorheben*
Warum ich chatte*	16, 44	*Unterstreichen, Markieren, Randzeichen*
Zeitung bleibt wichtig	116, 130	*Leseergebnisse als Tabelle festhalten*
Psychologie		
Online-Psychotherapie	26, 50	*Einen Text durch W-Fragen erschließen*
Telearbeiterin im Home-Office	27, 52	*Das Kernproblem eines Textes erfragen*

Titel mit * sind für diesen Band formulierte Überschriften.

Themen und Texte	**Seite**	**Lesestrategien**
Die Suche nach den Narben der Kindheit	155, 157	*Lektüre, Bearbeitung und Zusammenfassung eines populärwissenschaftlichen Artikels*
Die geheimen Verführer	97, 106	*Zusammenfassen: pro Abschnitt einen Satz formulieren*
Grammatiktest von Immigranten; Besserung des Tastsinns	137, 148	*Lesen von Kurvendiagrammen*
Pädagogik		
„... aber mit Lust!" Lernen als Kinderspiel	75, 85	*Überfliegen und auswählen – selektives Lesen*
Nebenjobs (Shell Jugendstudie 2002)	140, 151	*Lesen von Text, Säulendiagramm, Tabelle*
Biologie		
Sprache und Evolution*	34, 60	*Abschnitte nutzen – Lesepause und Verständniskontrolle*
Intelligente Zellen?*	111, 125	*Lesenotizen auf Karteikarten*
So viel kostet Gesundheit	139, 150	*Lesen von Kurven- und Kreisdiagramm*
Umwelt		
Den lautlosen Killern soll es an den Kragen gehen	28, 53	*Einen Text durch inhaltsunabhängige Fragen erschließen*
jagen. „heia safari!"	99, 108	*Information zu einem Text in einem/in zwei Sätzen komprimieren*
Tourismuszahlen auf den Kapverden	136, 147	*Lesen eines Säulendiagramms* *Lesen eines Kreisdiagramms*
Geschichte/Gesellschaft		
Soziologie*	15, 42	*Unterstreichen, Markieren, Schlüsselwörter: Kritik-Übung*
Stigma und soziale Identität	21, 46	*Gelenkstellen erkennen: Gliederungssignale und Strukturwörter nutzen*
Das 18. Jahrhundert – Was ist politisch und gesellschaftlich neu?	24, 48	*Fragen zum Text formulieren*
40 Jahre Kampf für die Menschenrechte	33, 58	*Abschnitte nutzen – Lesepause und Verständniskontrolle*
Normen und Werte*	37, 65	*Einen Text durch grafische Darstellung besser durchschauen*
Woher die Woche kommt: Feiertage als Kampftage	38, 66	*Thematische Aspekte eines Textes klären*
Entwicklungsstufen der Kommunikationsgeschichte	95, 103	*Überschrift als prägnanteste Form der Zusammenfassung*
Aufklärung als Epoche	116, 131	*Leseergebnisse als Tabelle festhalten*

Texte erschließen

1.1 Wichtiges erkennen und hervorheben

Natürlich haben Ihre Schülerinnen und Schüler auch in der Vergangenheit schon die Aufforderung erhalten Wichtiges zu unterstreichen. Vermutlich haben sich viele bereits an bestimmte Techniken gewöhnt, die man aber zu Beginn der Oberstufe noch einmal thematisieren sollte. Fordern Sie die Schüler auf, ihre Techniken der Textbearbeitung zu überprüfen und ihr Repertoire an Möglichkeiten der Hervorhebung zu erweitern.

Was für Vorteile hat das Lesen mit dem Bleistift?
Sinnvolles Unterstreichen zwingt schon beim Lesen zur Konzentration auf das Wesentliche bzw. das für einen selbst Wichtige. Wer darüber hinaus beim zweiten Lesen zu jedem größeren Abschnitt am Rand ein passendes Stichwort notiert, kontrolliert dabei sein Textverständnis und wird den Inhalt des Textes besser behalten.

Das Grundprinzip sollte immer wieder betont werden: Es geht darum, aktiv, genauer: interaktiv zu lesen; d.h. ich als Leserin oder Leser setze mich gemäß meiner Leseintention und auf der Grundlage meines Vorwissens mit dem Text auseinander. Wenn ich unterstreiche oder auf andere Weise für mich Interessantes hervorhebe, forme ich den Text für meine Zwecke um und mache ihn für mich übersichtlich.

Zur Hervorhebung stehen verschiedene Möglichkeiten zur Verfügung, die Sie gemeinsam an der Tafel zusammenstellen können:

- Unterstreichen (einfach, doppelt)
- Markieren (mit Marker, Satz im Text oder Passage am Rand)
- Hervorheben einzelner Begriffe durch Einkreisen/Einkästeln (Kern- oder Schlüsselbegriffe)
- Einfügen von Absatzzeichen zur Untergliederung
- Randzeichen: Nummerierung, Abkürzungen (*Def., s.o., Bsp.* usw.), Zeichen (+, *?* usw.)
- Stichwort am Rand, Randnotiz

Erwähnen Sie auch die Möglichkeiten, spontane emotionale Reaktionen auf den Text am Rand festzuhalten. Ob drei Fragezeichen, um Ungläubigkeit oder Nichtverstehen zu signalisieren, ein knappes „NO“ für Ablehnung oder „Quatsch!“ oder aber ein Smiley – hier dürfen die Zeichen ganz individuell sein. Sie zeigen jedenfalls, dass jemand dem Text beim Lesen nicht gleichgültig, nicht passiv gegenüberstand.

In diesem Kapitel werden verschiedene Techniken zum Erkennen und Hervorheben von Wichtigem behandelt:

1.1.1 Unterstreichen, Markieren, Schlüsselwörter, Randnotizen

1.1.2 Gelenkstellen erkennen: Gliederungssignale und Strukturwörter nutzen

1.1.3 Fragen zum Text formulieren

1.1.1 Unterstreichen, Markieren, Schlüsselwörter und Randnotizen

Wer mit dem Stift in der Hand liest, liest intensiver, konzentrierter, aber es ist nicht gleichgültig, was und wie man unterstreicht. Wenn am Ende der Text nur noch mit Mühe erkennbar ist, wurde sicherlich zu viel unterstrichen und an den Rand geschrieben – und dabei sollte der Text doch gerade übersichtlicher werden!

Ansprechen sollte man auch das Instrumentarium: Welche Vorteile haben Bleistift, Marker, Buntstifte, Lineal? Im Allgemeinen genügen zwei unterschiedliche Stifte, um

zweierlei Arten von Markierung vorzunehmen; gut sind Bleistift und (heller) Marker. Wenn man ganze Sätze – sofern überhaupt – hervorheben will, erübrigt sich bei Verwendung eines Markers jedes Lineal, das ohnehin für zügiges Arbeiten zu aufwändig ist. Der Kugelschreiber hat nur Nachteile, da er nicht radierbar ist und leichter zu Krakellinien führt. Im Übrigen sollte man die Schüler wohl ermuntern, nicht stur an ihren Gewohnheiten festzuhalten, sondern Neues auszuprobieren, man sollte sie aber nicht unnötig bevormunden.
Zwischen Unterstreichen mit dem Bleistift und Markieren mit einem Marker *muss* kein Unterschied gemacht werden; sofern ein Text besonders sorgfältig bearbeitet wird, ist es gut, zunächst mit Bleistift zu unterstreichen und zusätzlich, bei einem zweiten Durchgang besonders wichtige Begriffe farbig markieren.

- Da in der Regel eher zu viel als zu wenig unterstrichen wird, muss man trainieren und später immer wieder daran erinnern, möglichst sparsam zu unterstreichen. Häufig unterstreichen Schüler zu Beginn des Textes viel (oft auch zu viel), am Ende dann fast gar nichts mehr; sie können daran selber merken, wie ihre Aufmerksamkeit im Laufe des Lesens nachlässt.
- Besonders wichtige Schlüsselwörter können – am besten beim zweiten Lesen – zusätzlich durch Einkreisen oder Einkästeln hervorgehoben werden.
- Als Alternative dazu oder auch zusätzlich sind Randnotizen nützlich, bei denen Wichtiges mit einem selbst formulierten Stichwort herausgehoben oder auch die Gliederung des Textes deutlich gemacht werden kann.
- Aber Achtung: Der Text muss übersichtlich bleiben, also nicht zu viel, nicht zu dick, nicht zu bunt!

Unterstreichen, Markieren, Schlüsselwörter und Randnotizen
„Funktionen der Zeichensetzung"

zu Arbeitsblatt 1 (S. 39)

1. In der Stunde zuvor werden die Schülerinnen und Schüler aufgefordert, Bleistift und Marker mitzubringen.

2. Einige Schülerinnen und Schüler werden gebeten zu sagen, womit und wie sie in einem Text Wichtiges hervorheben; die genannten Möglichkeiten werden ergänzt (vgl. o.). Die Schüler werden aufgefordert, in der folgenden Übung bewusst mit Bleistift und Marker zu experimentieren – unter Beachtung des Ziels, dass die Textaussage klarer hervortreten und der Text übersichtlicher werden soll.

3. Die Schülerinnen und Schüler sollen die Übung zunächst allein machen, anschließend mit ihren Nachbarn vergleichen, was und wie sie unterstrichen bzw. markiert haben und welche Schlüsselwörter sie eingekreist und / oder welche Stichworte sie am Rand notiert haben.
Bei einer so offenen Aufgabenstellung ist natürlich nicht zu erwarten, dass alle das Gleiche unterstreichen. Man sollte aber betonen, dass Unterstreichungen und Randnotizen einer vermittelbaren Logik folgen müssen.

4. Wer hat den übersichtlichsten Text? Hier können die Schüler selber entscheiden, vermutlich sind sie jetzt kritisch geworden.
Um zu zeigen, wie hilfreich Markierungen sind, kann man Fragen stellen, die jetzt leicht und schnell zu beantworten sein müssten:
– Welche Funktion hatte die Zeichensetzung vor der Erfindung des Buchdrucks?
– Welche Funktion hatte sie nach der Erfindung des Buchdrucks?

Lösungsvorschlag

Funktionen der Zeichensetzung

In ihren Anfängen richtete sich die Zeichensetzung vor allem nach der gesprochenen Sprache. Ebenso wie die ursprüngliche Aufgabe der Grapheme primär darin bestand, die Phoneme der gesprochenen Sprache abzubilden, war es die Funktion der

<u>Satzzeichen, intonatorische Elemente ins Optische zu übertragen.</u> Sie waren und sollten nichts anderes sein als eine <u>Lesehilfe,</u> d.h. eine Anweisung für die richtige Setzung der <u>Pausen beim lauten Lesen.</u> Im Unterschied zum modernen Gebrauch standen die Interpunktionszeichen in der Antike in engstem Zusammenhang mit dem mündlichen Vortrag. Das erklärt auch, dass durchaus nicht alle lateinischen Texte interpunktiert waren, sondern nur solche, die für das laute Vorlesen bestimmt waren./ Diese Funktion der Satzzeichen änderte sich mit der <u>Erfindung des Buchdrucks.</u> An die Stelle des Vorlesers trat der <u>stille Leser,</u> dem die Satzzeichen nicht in erster Linie eine Anweisung für das sinngemäße laute Lesen gaben, sondern dem sie die unmittelbare <u>Sinnerfassung erleichtern</u> sollten. Sie erhielten seitdem in zunehmendem Maße die Funktion, einen geschriebenen oder gedruckten Text übersichtlich zu <u>gliedern,</u> die <u>Satzart zu kennzeichnen</u> und dadurch die <u>Verständlichkeit und Überschaubarkeit</u> des Textes zu sichern. [...]

Aus: Dieter Nerius: Deutsche Orthographie. 3., neu bearbeitete Auflage, Mannheim/Leipzig/Wien/Zürich 2000, S. 143

Es sind 31 Wörter unterstrichen.

Mögliche Randnotizen:
neben Z. 1: 1. vor Buchdruck: Orientierung an gesprochener Sprache
neben Z. 5/6: Funktion: Lesehilfe beim lauten Lesen
neben Z. 11: 2. seit Buchdruck: stilles Lesen
neben Z. 13: Funktion: Hilfe zur Sinnerfassung, Überschaubarkeit des Textes

Transfer

Sinnvolles Unterstreichen und Hervorheben von Schlüsselwörtern lässt sich an vielen Texten trainieren. Wenn es speziell um **Schlüsselbegriffe** gehen soll, ist es gut, wenn der Text solche enthält, auf die man sich ohne große Mühe einigen kann. In diesem Sinn ist der Text von H. M. Enzensberger *„Kritische Sichtung der Medientheorien“* geeignet (vgl. Arbeitsblatt 2, S. 40f.). Es versteht sich, dass dieser fast satirische Text aus den 80er-Jahren im Kontext anderer Positionen behandelt werden muss, wie es z.B. in dem Kapitel „Sprache – Denken – Medien – Wirklichkeit“ in *Texte, Themen und Strukturen,* 1990, S. 380–391, vorgeschlagen wird.

Nach einer Einleitung folgen vier Abschnitte, in denen jeweils eine Medientheorie abgehandelt wird, zu deren Kennzeichnung Begriffe verwendet werden, die man als Schlüsselbegriffe ansprechen kann. Dabei muss klar sein, dass man sich nur selten auf „die“ Schlüsselbegriffe einigen wird, zumal wenn nicht vorab festgelegt wird, in welchem Kontext die Lektüre steht und wie viele Begriffe gefunden bzw. hervorgehoben werden sollen.

zu Arbeitsblatt 2 (S. 40f.)

Schlüsselbegriffe hervorheben
„Kritische Sichtung der Medientheorien“

1. Zunächst wird der inhaltliche Zusammenhang geklärt (Reaktion auf plakative Kritik der 70er-Jahre am Fernsehen). Die Schüler werden aufgefordert anhand der Überschrift Vermutungen über den Inhalt des Textes anzustellen.

2. Die Schüler bereiten den Text entsprechend der Aufgabenstellung des Arbeitsblatts für die gemeinsame Besprechung vor. Es ist wichtig, dass sie ihre Hervorhebungen wirklich im Hinblick auf das Ziel, anschließend über die einzelnen von Enzensberger kritisierten Theorien (Thesen) zu diskutieren, vornehmen.

Lösungsvorschlag

1. <u>Manipulationsthese</u> – ideologisch – Medium als indifferentes Gefäß – passives Publikum – falsches Bewusstsein – heimtückische Absichten

2. <u>Nachahmungsthese</u> – moralisch – sittliche Gefahren – abstumpfen – bürgerlich

3. Simulationsthese – erkenntnistheoretisch – Zuschauer außerstande, zwischen Wirklichkeit und Fiktion zu unterscheiden
4. Verblödungsthese – anthropologisch – Medien greifen psychische Identität an – Zombie oder Mutant
5. Beweise – Plausibilität
6. Gemeinsamkeit: Nutzer wehrloses Opfer – Veranstalter durchtriebener Täter – der Theoretiker?
7. Wirkung (der Theorien) – Medienpolitik

zu Arbeitsblatt 3 (S. 42f.)

Scheinbar einfache Lesetechniken: Kritik-Übung *„Soziologie"*

Wenn Ihre Schülerinnen und Schüler glauben, die Techniken der Hervorhebung von wichtigen Aussagen eines Textes schon gut genug zu beherrschen, kann folgende Übung nützlich sein. Sie dient dazu, Richtiges bewusst zu machen und Falsches als solches zu erkennen.

Nach kurzer Thematisierung von Sinn und Zweck des Unterstreichens fordern Sie die Schüler auf, eine Schülerlösung zu einem Fachtext zu beurteilen, der durch sinnvolle Hervorhebungen bearbeitet werden sollte.

Lösungsvorschlag

Was hat die Soziologie mit „sozial" zu tun?

[...] Soziologie hat etwas mit „sozial" zu tun. Vielleicht kommen wir dieser Wissenschaft also etwas näher, wenn wir uns einige Wortverbindungen und Bedeutungen vergegenwärtigen, in denen das Wort „sozial" in der Alltagssprache auftaucht.
Da gibt es einmal den Gebrauch des Wortes „sozial" zur Beschreibung von persönlichen Eigenschaften, z.B. wenn wir jemandem bescheinigen, er habe „sozial" gedacht, oder einen anderen kritisieren, er sei „unsozial". Auf einer anderen Ebene z.B. ist von „Sozialpolitik" als einem wichtigen Bereich gesetzgeberischer Aktivitäten oder von „sozialen Diensten" die Rede, die von Kommunalverwaltungen eingerichtet werden.

a)
b)

Diese alltagssprachlichen Begriffsverwendungen haben ein gemeinsames Grundthema: „Sozial" hat etwas mit Hilfsbereitschaft, mit der Einrichtung staatlicher Hilfen für Bedürftige, mit „Kümmern um den Nächsten" zu tun. Wer sich „unsozial" verhält, ist rücksichtslos und ignoriert die Interessen und Schwierigkeiten seiner Mitmenschen. / Haben Soziologen also alle eine besondere „soziale Ader", sind sie professionelle Helfer, die von Berufs wegen viel Verständnis für ihre Mitmenschen aufbringen, sind sie gewissermaßen ausgebildete Menschenfreunde mit staatlicher Prüfung? Die alltagssprachliche Verwendung des Begriffs „sozial" verweist auf zwei Dinge, die für die Annäherung an das Thema wichtig sind. Zum einen scheint „sozial" also etwas mit anderen, mit den Mitmenschen zu tun zu haben. „Sozial" bezieht sich also zunächst auf Bedürfnisse und Probleme, die wir in unmittelbarem Kontakt mit den Menschen in der Familie oder am Arbeitsplatz erfahren. Der Kreis, auf den sich „sozial" bezieht, ist begrenzt, überschaubar, betrifft unseren Umgang mit konkreten anderen Menschen. Es ist die Welt im Kleinen, um die es geht.

1) Mitmenschen, unmittelbarer Kontakt

Zum andern hat „sozial" – dies zeigen Begriffe wie „Sozialpolitik" oder „Sozialpartner" – offensichtlich über unsere eigenen Erfahrungsmöglichkeiten hinaus etwas mit der Lebenssituation ganzer Gruppen zu tun. So wissen wir, dass alte Menschen oft isoliert sind, dass Frauen in bestimmten Berufen keine Chancen haben, dass Arbeitnehmer für ihre Rechte kämpfen usw. Obwohl wir zahlreiche Fälle kennen, in denen dies stimmt – oder auch nicht –, kennen wir die „soziale" Lage dieser Gruppen nicht genau. Wir verlassen uns auf das, was man allgemein dazu sagt.

2) Gruppe

3) alle Menschen

Schließlich wird der Kreis, auf den sich der Begriff „sozial" bezieht, so groß, dass wir die Lage aller Menschen und Gruppen und die Bedingungen und Formen ihres Zusammenlebens zusammen betrachten. Dann sprechen wir z.B. von der „sozialen" Lage der Bundesrepublik und meinen unsere Gesellschaft „im Großen".
[...] [Jedenfalls] besteht doch Einigkeit darüber, dass sich die Soziologie mit „zwischenmenschlichen Verhältnissen bzw. „komplexesten Prozessen des menschlichen Zusammenlebens" beschäftigt. Also nicht „Helfen" und „Hilfsbereitschaft" ist das „Soziale" am Beruf des Soziologen, sondern die rationale Analyse der Beziehungen zwischen Menschen im gesellschaftlichen Zusammenleben.

Nach H. Abels/H. Stenger: Gesellschaft lernen. Einführung in die Soziologie. Opladen: Leske + Budrich 1998, S. 14–15

Zu 1 (Kritikpunkte):
- Text ist durch die Hervorhebungen nicht übersichtlicher, sondern unübersichtlicher geworden.
- Es ist zu viel hervorgehoben, vor allem am Anfang, später eher zu wenig.
- Es ist unsystematisch hervorgehoben: Nebensächliches (Beispiele) und Wiederholungen, andererseits fehlt Wichtiges.
- Die hervorgehobenen Schlüsselbegriffe – außer „sozial" – leuchten nicht ein.
- Die Beschreibung der Aufgaben der Soziologie am Ende des Textes: „rationale Analyse der Beziehungen zwischen Menschen im gesellschaftlichen Zusammenleben" (Z. 38f.) hätte hervorgehoben werden sollen.
- Es ist nicht ersichtlich, welche unterschiedlichen Funktionen Bleistiftunterstreichung und Marker haben sollen.
- Der zusätzliche Absatz ist an falscher Stelle eingezeichnet; richtiger: vor „Die alltagssprachliche Verwendung ..." (Z. 17).

Zu 2 (Schlüsselbegriffe):
sozial, Alltagssprache, Mitmenschen, Gruppen, zwischenmenschliche Verhältnisse (oder: Formen des Zusammenlebens), rationale Analyse

Zu 3 (Gliederungssignale/Randzeichen):
Um die drei Bedeutungsbereiche von „sozial" zu unterscheiden, wäre es hilfreich, die Gliederungssignale „Zum einen", „Zum andern", „Schließlich" hervorzuheben und/oder am Rand entsprechend eine Ziffer und ein Stichwort zu notieren, z.B.:
1) Mitmenschen, unmittelbarer Kontakt (neben Z. 21)
2) Gruppen (neben Z. 26)
3) *alle* Menschen (neben Z. 32)
Auch im zweiten Abschnitt gibt es schon eine durch Gliederungssignale („einmal" – „auf einer anderen Ebene") gekennzeichnete Gegenüberstellung, die aber eher einleitenden Charakter hat.

Zu 4 (Überschrift):
Was hat die Soziologie mit „sozial" zu tun?

Vielleicht wird den Schülern bei der Besprechung klar, dass ihre eigenen Texte nach Bearbeitung auch nicht immer übersichtlich sind und dass sie selbst auch manchmal unsicher sind, was sie in einem Text sinnvollerweise hervorheben sollten. Vielleicht können Sie sie nun leichter davon überzeugen, dass man durch Training und durch Bewusstmachen des eigenen Vorgehens seinen Umgang mit Texten effektiver machen kann.

zu Arbeitsblatt 4 (S. 44f.)

Lesen zu zweit: Unterstreichen, Markieren, Randzeichen
„Warum ich chatte"

Die meisten Schüler neigen dazu, eher zu viel als zu wenig anzustreichen. Als Gegentraining geeignet sind Übungen, bei denen nur eine festgelegte Zahl von Begriffen oder Sätzen unterstrichen werden darf. Das Reduzieren auf wenige relevante Textausschnitte zwingt zum sorgfältigen Lesen; außerdem sind kurze Hervorhebungen übersichtlicher und werden besser behalten. Zweck dieser Teamübung ist es, die

Reflexion über die eigene Praxis zu erzwingen und dadurch das meist schwierige Aufbrechen alter Gewohnheiten zu fördern.

Eine Aufgabe, „das Wichtigste“ anzustreichen *und dabei mit anderen übereinzustimmen,* wäre kaum lösbar. In der folgenden Aufgabe grenzt eine formale Vorgabe den Entscheidungsspielraum ein. Es geht darum, die Argumente aus einem Text herauszufiltern und kenntlich zu machen. Es wird den Teams vermutlich nicht leicht fallen, sich darauf zu einigen, wo ein *neues* Argument genannt wird oder ob ein abgewiesenes Gegenargument als Pro-Argument zählen soll. In jedem Fall zwingt die Frage „Warum hast du das unterstrichen?“ zur Begründung und damit zur Reflexion.

1. Zunächst wird daran erinnert oder geklärt, dass ein Argument die Begründung einer Meinung ist und woran man es in Texten erkennen kann. Außerdem kann der Lehrer kurz erfragen, was die Schüler über das Thema des Artikels, das Chatten, wissen – ohne weiter darüber zu diskutieren.

2. Nun wird der Text ausgegeben mit der Aufgabe, die Argumente für das Chatten zu unterstreichen und am Rand zu nummerieren.

3. Anschließend vergleichen die Schüler mit ihren jeweiligen Nachbarn, diskutieren über ihre Lösungen und versuchen sich zu einigen. *Ein* Anlass für eine unterschiedliche Anzahl von Argumenten wird die Frage sein, ob das abgewiesene Gegenargument (im Lösungsvorschlag punktiert unterstrichen, Z. 26, 27 und 31) oder der Hinweis auf die Homepage (Z. 54) mitgezählt wird.
Achtung: Unser Lösungsvorschlag ist nicht der einzig mögliche!

4. Kurze Diskussion im Plenum: Was ist für die Autorin das wichtigste Argument für das Chatten?
(Die Original-Überschrift des Artikels, „Bessere Chancen für Individualisten“, ist auf dem Schülerarbeitsblatt weggelassen.)
Vielleicht fällt dabei jemandem auf, dass Fredrika Gers sich gar nicht zum Chatten im Allgemeinen äußert, sondern sich ausschließlich auf Chatten als eine Möglichkeit, jemanden kennen zu lernen, bezieht.

Lösungsvorschlag

Chat
Elektronischer Klönschnack. Zwei oder mehrere Leute unterhalten sich per Tastatur. Jede eingetippte Bemerkung erscheint sofort bei allen anderen Teilnehmern auf dem Bildschirm, eine fein säuberlich unter der anderen. Es gibt kein Dazwischenreden, und jede Stimme ist gleich laut. Allein der Inhalt zählt. Chats gibt es in lokalen Mailboxen, bei den großen Online-Diensten und im Internet. Selbst mit dem ältesten Computer und dem langsamsten Modem kann man problemlos chatten.

Fredrika Gers
Warum ich chatte*

Seit ich es 1987 endlich zu einem PC gebracht habe, bin ich fast jeden Abend online. In dieser Zeit habe ich rund hundert User persönlich kennen gelernt. Und mit persönlich meine ich RL, Real Life, Face to Face. Im Ernst, die Leute am anderen Ende der Leitung sind alle aus Fleisch und Blut. Man wird nicht zum virtuellen Monster, nur weil man sich eines Kommunikationsinstruments bedient, das etwas mehr Elektronik enthält als ein Telefon. An dieser Stelle höre ich meine Mutter: „Aber diese kalte Technik dazwischen, wo man sich noch nicht mal sieht – wie kann man sich da kennen lernen?“ Die Antwort lautet: „Besser als sonst wo.“ [...]

Okay, sich da so irgendwie zu unterhalten, mag ja noch hingehen. Aber erzählen Sie mal Ihren Verwandten und Offline-Bekannten, Sie hätten Ihren neuen Freund per

Computer kennen gelernt. Es ist, als hätte man sich das Exemplar per Tintenstrahler selbst gedruckt. Aber Sie können ruhig anfassen, alles echt. *Arg. 1* Im Cyberspace laufen wirklich die nettesten Männer frei herum. Nette Frauen auch, aber leider immer noch viel zu wenig. Für mich hat das natürlich den Vorteil, immer Henne im Korb zu sein. (Hallo Frauen, dies war jetzt ein offizieller Geheimtipp, verdammt noch mal!)

In der Disko entscheidet ein kurzer Blick, ob der Baggerkönig Chancen hat oder nicht. Dabei ist es ganz egal, was er gegen den Lärm anbrüllt. Im Chat ist es genau *Arg. 2* umgekehrt. Das Aussehen ist zunächst völlig gleichgültig, es geht ausschließlich um Worte – um die getippten Zeilen auf dem Bildschirm. Zu jung, zu alt, falsche Klamotten – sorry, diese Krücken fehlen. Vielleicht ist es das, was manchen Menschen *Arg. 2* Angst macht: Sie haben keine Angriffsfläche für ihre Vorurteile. *Arg. 3* In diesem Medium lernt man Menschen von innen her kennen. Hat der andere was in der Birne? Hat er Humor, welche politischen Ansichten hat er, ist er schnell beleidigt, was bewegt ihn – was für ein Mensch ist er?

Abweisung eines Gegenarguments Danke für den Zwischenruf, jaja, es gibt auch Fakes, Leute, die sich online total verstellen. Ich habe aber in fast zehn Jahren erst einen einzigen kennen gelernt. Der hat drei Monate durchgehalten und ein paar Computerkids in sich verliebt gemacht.

Die meisten Leute haben keinen derart langen Atem. Außerdem ist es auch nicht sinnvoll, denn beim ersten persönlichen Treffen kommt sowieso alles raus. Wenn der Chatpartner sich beharrlich weigert, zu einem Treffen, selbst mit mehreren Leuten, im unverbindlichen Rahmen zu erscheinen, ist das ein Indiz, dass Schein und Wirklichkeit nicht ganz zusammenpassen.

[...]

Vergessen wir die Fakes. Thema Kontaktanbahnung. Genauso wie im wirklichen Leben passieren auch online die besten Sachen, wenn man sie einfach geschehen lässt. Wer sofort nach Betreten des Chats anfängt, alle Personen des anderen beziehungsweise gleichen Geschlechts oder beide *Arg. 4* wild anzubaggern, hat hier noch weniger Chancen als in der Dorfdisko. Er wird entweder rausgeworfen oder ignoriert. Und dieses Ignorieren geht weit über geflissentliche Nichtbeachtung hinaus. Einfach */ignore Harald* eintippen *Arg. 4* und Nachrichten von Harald werden mir gar nicht mehr angezeigt. Ende der Fahnenstange.

Arg. 5 Ich sitze da also friedlich, gemütlich und sicher zu Hause bei einem Weißbier und schwatze online per Tastatur mit fünf, sechs Typen, die kreuz und quer über die Republik verstreut sind. *Arg. 6* Einer hat sich auch aus USA zugeschaltet, um sein Deutsch aufzupolieren. Wir reden über dies und das, und die Bemerkungen von dem einen Kerl finde ich immer besonders treffsicher und witzig.
Bald weiß ich, was er beruflich macht und wie alt er ist. Ziemlich schnell unterhalten wir uns auch über wesentlich privatere Dinge. Die *Arg. 5* Vertrautheit der eigenen Umgebung und *Arg. 7* das Bewusstsein, jederzeit gehen zu können, tragen viel dazu bei, dass man bei solchen nächtlichen Chats wesentlich *Arg. 7* mehr aus sich herausgeht als bei einem Kneipengespräch.
Arg. 8 Übrigens hat mein Gesprächspartner heutzutage natürlich auch eine Homepage, und weil mein Interesse an ihm sich verdichtet, gucke ich mir die an. Und natürlich ist da auch ein Foto von ihm drauf. *Arg. 8* Ich weiß jetzt so ziemlich alles von ihm – sogar, wie er aussieht. Ist das vielleicht anonym?

Wenn zwei Leute im Chat verschärftes Interesse aneinander feststellen, treffen sie sich normalerweise früher oder später auch im Real Life. Entweder dezent privat oder unverbindlich auf einem öffentlichen Treffen der jeweiligen Usergemeinde. Das ist dann, als würde man einen Film sehen, dessen Romanvorlage man kennt. Mal sehen, wie die das realisiert haben. Die zwei bis drei Lebensabschnittsgefährten, die ich auf diese Weise kennen gelernt habe, *Arg. 9* haben alle wesentlich besser zu mir gepasst als frühere Zufallsbekanntschaften.

Gerade Individualisten mit Ecken und Kanten haben meiner Meinung nach online bessere Chancen, einen passenden Partner zu finden. Wer sowieso mit jedem auskommt, kann auch in die Disko gehen. Arg. 9

Fredrika Gers: Bessere Chancen für Individualisten. In: Spiegel special, Computer verändern die Zeit, 3/1997.

Transfer

Für Übungen zum sparsamen Unterstreichen eignen sich Texte, in denen das Hervorzuhebende durch die Form gut eingrenzbar ist, also Texte, in denen z.B. Thesen, Definitionen oder eben Argumente enthalten sind. Aber auch bei inhaltsbezogenen Fragen, die mit einer bestimmten Textstelle zu beantworten sind, kann man das präzise und sparsame Unterstreichen trainieren, indem man verlangt, dass wirklich nur *der* Begriff oder Satz markiert wird, der für die Antwort entscheidend ist. Fordern Sie Ihre Schüler auf, ihre Markierungen zu vergleichen.

1.1.2 Gelenkstellen erkennen, Gliederungssignale und Strukturwörter nutzen

Um die Struktur eines Textes zu durchschauen ist es wichtig, die Gelenkstellen zu erkennen und dabei einerseits auf **Gliederungssignale** zu achten (z.B. *zunächst – dann – schließlich)* und außerdem Konjunktionen oder Adverbien, die an diesen Stellen als **Strukturwörter** fungieren, richtig zu deuten und für das Textverständnis zu nutzen.

Im Fremdsprachenunterricht haben Ihre Schülerinnen und Schüler vermutlich gelernt auf Gliederungssignale und Strukturwörter (*links, connectors*) zu achten. Aber beim Lesen muttersprachlicher Texte tun sie es nicht, denn die Notwendigkeit oder der Nutzen sind hier nicht so offensichtlich. Vielleicht sind sie auch einfach noch nicht auf den Gedanken gekommen. Gerade bei schwierigen Texten trägt jedoch die Beachtung der Gelenkstelle sehr zum richtigen Verständnis bei.

Dies gilt besonders für argumentative Texte, denn hier spielen Konjunktionen oder Adverbien, die einen Grund *(da, weil, denn, darum, daher)*, einen Gegensatz *(aber, jedoch, hingegen, während)*, eine Einschränkung *(allerdings)*, einen Gegengrund *(obwohl, trotzdem)*, eine Folgerung *(sodass)* usw. einleiten, natürlicherweise eine entscheidende Rolle. Ebenso wichtig sind Ausdrücke, die den Textaufbau strukturieren, die Textelemente ordnen, evtl. auch hierarchisieren *(an erster Stelle, außerdem, darüber hinaus)* oder nähere Ausführungen zum Gesagten ankündigen *(wobei, im Einzelnen, genauer gesagt, beispielsweise)* usw. Auch der Doppelpunkt mit seinen Funktionen (Ankündigung einer Aufzählung, Folgerung, Weiterführung) gehört hierher.

Es kann sinnvoll sein, den Schülern eine Liste wichtiger Strukturwörter, gegliedert nach Funktionen, weniger nach Wortarten, vorzulegen (Folie oder Kopie) oder eine ähnliche Auflistung gemeinsam an der Tafel zusammenzustellen. Eine solche Liste befindet sich auf der folgenden Seite.

Die Begriffe ‚Strukturwort' und ‚Gliederungssignal' werden uneinheitlich gebraucht; wir verwenden hier ‚Strukturwort' als den weiteren Begriff: Manche Strukturwörter haben eine besonders stark gliedernde Funktion. Das gilt für Zeitangaben wie *damals, Jahre später,* für hierarchisierende Ausdrücke wie an *erster Stelle, darüber hinaus* oder Ausdrücke, die eine Ordnung bezeichnen wie *im ersten/zweiten Fall.* Hier kann man von Gliederungssignalen sprechen.

Wichtige Strukturwörter und Gliederungssignale

Es geht um Konjunktionen, Adverbien und Pronomen, die innerhalb eines Textabschnitts *strukturierend* wirken, indem sie *den logischen Zusammenhang zwischen Sätzen oder Teilsätzen* bezeichnen. Bei schwierigen Texten ist es besonders wichtig, diese kleinen Wörter zu beachten, weil sie für das Textverständnis von entscheidender Bedeutung sind. Manche von ihnen wirken in besonderer Weise text*gliedernd*, diese sind hier als *Gliederungssignale* zusammengefasst. Hier eine Auswahl wichtiger Strukturwörter mit der Angabe ihrer Funktion:

Gliederungssignale	**Funktion**
1., 2., 3.; als Erstes, zuerst, zunächst, schließlich, nicht zuletzt	Hierarchie, Abfolge nach Bedeutung
später, seit 1945, seitdem, vor ... Jahren usw.	chronologische Abfolge
auch, darüber hinaus, außerdem	Erweiterung
Strukturwörter	**Funktion**
als, bevor, nachdem, während, solange	zeitliche Information
weil, da; denn, deshalb, darum	Begründung
aber, jedoch; während [hingegen] *einerseits – andererseits, zum einen – zum andern; aber auch, nicht nur – sondern auch; keineswegs – sondern, nicht etwa – vielmehr*	Gegensatz (*aber, jedoch* nicht immer!) Gegenüberstellung
allerdings; obwohl, wenn auch, während; trotz	Einschränkung
um ... zu, damit, dass	Absicht / Ziel
wenn, falls, sei es dass, im Falle dass	Bedingung
sodass; so ..., dass; das hat zur Folge, dass; also	Folge, Wirkung
beispielsweise, z.B.	Beispiel
also, d.h. *der / welcher, wobei* *dies ... / das ....*	Erläuterung
und, sowie	Aufzählung, Reihung
ebenso – wie; so ... als ob; als	Vergleich
(entweder –) oder; sei es – sei es	Alternative

Gelenkstellen erkennen, Gliederungssignale und Strukturwörter nutzen *„Stigma und soziale Identität“*

zu Arbeitsblatt 5 (S. 46)

Um die Lernenden davon zu überzeugen, dass es sich auch bei muttersprachlichen Texten lohnt, auf solche Strukturwörter zu achten, benötigt man einen Text, der ohne Beachtung der Gelenkstellen nicht ganz einfach zu verstehen ist.

Im Zusammenhang der Behandlung von Max Frischs „Andorra“ spielt „Stigmatisierung“ eine Rolle; hier könnte Erving Goffmans Erläuterung des Begriffs „Stigma“ interessant sein. Man kann die Lektüre nutzen, um die Schüler erfahren zu lassen, dass es gut ist, auf Gliederungssignale und Strukturwörter zu achten.
Der Text ist kurz und komplex genug, um zweimal gelesen zu werden:
- das erste Mal, um mitzubekommen, um was es geht, und die (zeitliche) Gliederung zu bemerken;
- das zweite Mal, um durch die Beachtung der Strukturwörter die später erfolgten Veränderungen der Bedeutung des Begriffs genau zu verstehen.
  Bei ungeübten Lesern sollte man sich zwischendurch vergewissern, ob die chronologische Gliederung bemerkt wurde.

Lösungshinweis

Die Gliederungssignale zeigen die (chronologische) Dreiteilung des Textes an:
1. *[bei den] Griechen*
2. *später, in christlichen Zeiten*
3. *heute*

Strukturwörter
der erste – der zweite
weitgehend – aber
eher – als
ferner
jedoch

Stigma und soziale Identität

Die **Griechen,** die offenbar viel für Anschauungshilfen übrig hatten, schufen den Begriff *Stigma* als Verweis auf körperliche Zeichen, die dazu bestimmt waren, etwas Ungewöhnliches oder Schlechtes über den moralischen Zustand des Zeichenträgers zu offenbaren. Die Zeichen wurden in den Körper geschnitten oder gebrannt und taten öffentlich kund, dass der Träger ein Sklave, ein Verbrecher oder ein Verräter war – eine gebrandmarkte, rituell für unrein erklärte Person, die gemieden werden sollte, vor allem auf öffentlichen Plätzen. **Später, in christlichen Zeiten,** wurden dem Begriff noch zwei metaphorische Inhalte hinzugefügt: der erste bezog sich auf körperliche Zeichen göttlicher Gnade, die in der Form von Blumen auf der Haut aufbrachen; der zweite, eine medizinische Anspielung auf diese religiöse Anspielung, bezog sich auf körperliche Zeichen physischer Unstimmigkeit. **Heute** wird der Terminus weitgehend in einer Annäherung an seinen ursprünglichen wörtlichen Sinn gebraucht, aber eher auf die Unehre selbst als auf deren körperliche Erscheinungsweise angewandt. Ferner sind Verschiebungen aufgetreten in den Arten von Unehre, die Betroffenheit auslösen. Die Wissenschaftler haben sich jedoch kaum bemüht, die strukturellen Vorbedingungen von Stigma zu beschreiben oder auch nur eine Definition des Begriffs zu liefern. [...]

Aus: Erving Goffman: Stigma. Über Techniken der Bewältigung beschädigter Identität. © Frankfurt/Main: Suhrkamp 1975, S. 9

Gelenkstellen erkennen: Gliederungssignale und Strukturwörter nutzen *„Symmetrische und komplementäre Kommunikation“*

zu Arbeitsblatt 6 (S. 47)

1. Auch wenn im Unterricht – z.B. im Zusammenhang mit Schreibaufgaben – über syntaktische Mittel der Textgliederung und der Satzverknüpfung gesprochen wurde,

ist es sinnvoll, dies anhand einiger Beispiele (vgl. S. 20) zu zeigen bzw. in Erinnerung zu rufen und dabei ggf. die Begriffe „Gliederungssignal“ und „Strukturwort“ einzuführen. Eine explizite Unterscheidung der Wortarten (Konjunktion, Adverb) ist für diese Übung nicht erforderlich.

2. Der Text wird nach kurzer inhaltlicher Einführung den Schülern mit der Aufforderung gegeben, beim Lesen zunächst nur die (drei) Gliederungssignale farbig zu markieren.
Kontrollieren, ob alle den Aufbau erkannt und die Gliederungssignale richtig markiert haben: *Im ersten Fall – Im zweiten Fall – In beiden Fällen*

3. Jetzt werden die Schüler aufgefordert, wichtige Strukturwörter in einer anderen Farbe oder durch Einkreisen zu markieren. (Partnerarbeit wäre gut, um die metasprachliche Reflexion anzuregen.)

4. Einzelne Schüler lesen den Text Stück für Stück vor und benennen dabei die Strukturwörter, deren jeweilige Funktion von ihnen selbst oder gemeinsam geklärt wird. Man kann entweder *alle* Strukturwörter nennen und bestimmen lassen oder aber nur solche berücksichtigen, die tatsächlich an einer Gelenkstelle stehen, an der der Text evtl. missverstanden werden könnte. Dabei sollte man z.B. klären, dass ein *jedoch* oder ein *aber* nicht nur zur Ankündigung eines Gegensatzes dienen kann, sondern manchmal nur ein Füllwort ist, das der Betonung dient, aber keinen Gegensatz ausdrückt.

In jedem Fall muss darauf geachtet werden, dass das Bestimmen der Strukturwörter, auch wenn es übungshalber vollständig durchgeführt wird, nicht das Textverständnis überlagert. Es sollte also eine inhaltliche Fragestellung folgen, z.B. mit eigenen Worten zu erklären, was Watzlawick unter symmetrischer und komplementärer Kommunikation versteht und was beiden gemeinsam ist.[1] Dies lässt sich auch in Form einer Strukturskizze darstellen.

Lösungsvorschlag
(Gliederungssignale fett gedruckt, Strukturwörter unterstrichen)

Funktion der Strukturwörter	
Ankündigung einer Alternative (2 x)	[Zwischenmenschliche Kommunikationsabläufe sind entweder symmetrisch oder komplementär, je nachdem, ob die Beziehung zwischen den Partnern auf Gleichheit oder Unterschiedlichkeit beruht.]
Verweis auf vorher genannten Grund Erläuterung, Ausführung des vorher Genannten Grund (hier eigentlich: inwiefern ist es gleichgültig?) Betonung des Unterschieds	**Im ersten Fall** ist das Verhalten der beiden Partner sozusagen spiegelbildlich und ihre Interaktion[1] ist daher *symmetrisch.* Dabei ist es gleichgültig, worin dieses Verhalten im Einzelfall besteht, da die Partner sowohl in Stärke wie Schwäche, Härte wie Güte und jedem anderen Verhalten ebenbürtig sein können. **Im zweiten Fall** dagegen ergänzt das Verhalten des einen Partners das des anderen, wodurch sich eine grundsätzlich andere Art von verhaltensmäßiger Gestalt
Folge aus dem vorher Gesagten	ergibt, die *komplementär* ist. Symmetrische Beziehungen zeichnen sich also durch Streben nach Gleichheit und Verminderung von Unterschieden zwischen den

[1] weitere inhaltsbezogene Aufgaben z.B. in: „Texte, Themen und Strukturen“, hg. von H. Biermann u.a. Berlin: Cornelsen 1990, Kap. 4.2, 4.3

Partnern aus, während komplementäre Interaktionen auf sich gegenseitig ergänzenden Unterschiedlichkeiten basieren.	Gegensatz *(während hingegen)*
In der komplementären Beziehung gibt es zwei verschiedene Positionen. Ein Partner nimmt die so genannte superiore[2], primäre Stellung ein, der andere die entsprechende inferiore[3], sekundäre.	Gegenüberstellung *(der eine – der andere)*
Diese Begriffe dürfen jedoch nicht mit „stark“ und „schwach“, „gut“ und „schlecht“ oder ähnlichen Gegensatzpaaren verquickt werden.	(*jedoch* hier eher betonendes Füllwort, kein Gegensatz)
Komplementäre Beziehungen beruhen auf gesellschaftlichen oder kulturellen Kontexten (wie z.B. im Fall von Mutter und Kind, Arzt und Patient, Lehrer und Schüler),	Beispiel
oder sie können die idiosynkratische[4] Beziehungsform einer ganz bestimmten Dyas[5] sein.	Alternative (hier ohne *entweder*)
In beiden Fällen muss jedoch die ineinander verzahnte Natur der Beziehung hervorgehoben werden,	(*jedoch* wie oben eher Füllwort)
wobei unterschiedliche, aber einander ergänzende Verhaltensweisen sich gegenseitig auslösen.	Erläuterung (zu „verzahnte Natur der Beziehung“); Hinweis auf Unterschied;
Es ist nicht etwa so, dass ein Partner dem anderen eine komplementäre Beziehung aufzwingt; vielmehr verhalten sich beide in einer Weise,	Gegenüberstellung: Abweisung eines hier nahe liegenden Missverständnisses und Betonung der richtigen Darstellung
die das bestimmte Verhalten des anderen voraussetzt, es aber gleichzeitig auch bedingt.	Gleichzeitigkeit zweier Vorgänge (das *aber* dient hier nur der Verstärkung des *auch*

Aus: Watzlawick, Paul/ Beavin, Janet H./ Jackson, Don D.: Menschliche Kommunikation. Formen, Störungen, Paradoxien. Bern, Stuttgart, Wien: Hans Huber Verlag, 4. Aufl. 1974, S. 69–70

Vorschlag für eine Strukturskizze

symmetrische Kommunikation	komplementäre Kommunikation
Gleiche Stellung der Gesprächspartner	Unterschiedliche Stellung (superior bzw. inferior)
Partner sind in jedem Verhalten ebenbürtig, symmetrische Interaktion Streben nach Gleichheit, Vermindern von Unterschieden	Verhalten des einen Partners ergänzt das des andern Interaktionen basieren auf sich gegenseitig ergänzenden Unterschieden, z.B. Arzt – Patient, Mutter – Kind

In beiden Fällen gegenseitige Bedingtheit des Verhaltens, kein Aufzwingen

Transfer

Die Übung führt in kompakter Form ein Verfahren ein, das bei schwierigen Textstellen von den Schülerinnen und Schülern generell als selbstverständlicher Schritt zum genaueren Textverständnis angewandt werden sollte. Nachdem die Schüler durch diese Übung einmal auf die Bedeutung der Strukturwörter für das Erkennen und Verstehen von Gelenkstellen aufmerksam gemacht wurden, sollte bei möglichst vielen Gelegenheiten daran erinnert werden.

1.1.3 Fragen zum Text formulieren

Eine wirkungsvolle Art, Schüler dazu zu bringen, sich selbstständig einen Text zu erschließen, ist, Fragen zu formulieren, auf die der Text eine Antwort gibt. Um solche Fragen zu formulieren, muss der Text als Ganzes und in seinen einzelnen Aussagen verstanden sein. Bei der Bearbeitung werden die Schüler merken, dass sie außerdem noch beurteilen müssen, welche Informationen sich zur Formulierung einer sinnvollen Frage eignen. Die Aufgabenstellung zwingt also zum genauen Textverständnis. Man sollte die Zahl der Fragen jeweils auf den Text bezogen begrenzen.

zu Arbeitsblatt 7 (S. 48)

Fragen zum Text formulieren
„Das 18. Jahrhundert – Was ist politisch und gesellschaftlich neu?"

1. Teilen Sie die Klasse in kleine Gruppen (ca. 4 Schüler) ein und geben Sie jeder Gruppe einen Text zum Thema des Unterrichts, in dieser Übung: „Das 18. Jahrhundert", mit der Aufgabe, zu dem Text etwa 10 Fragen zu formulieren, die anschließend von einer anderen Gruppe beantwortet werden sollen. Weisen Sie darauf hin, dass es wünschenswert ist, die Fragen so zu formulieren, dass die Antwort nicht wortwörtlich im Text zu finden ist.

2. Die Schüler lesen den Text zunächst in Einzelarbeit mit den bekannten Bearbeitungsmethoden. Dann formulieren sie ihre Fragen. Jede Gruppe einigt sich auf 10 möglichst treffend formulierte Fragen.

3. Die Gruppen tauschen ihre Fragen aus, und jede Gruppe beantwortet die Fragen einer anderen Gruppe.

Lösungsvorschlag

Die Frage der Überschrift: „Was ist politisch und gesellschaftlich neu im 18. Jahrhundert?" verlangt als Antwort einen Gesamtüberblick über den Text. Sie sollte eher am Ende beantwortet werden.

Mögliche Schülerfragen:

1. Welche historische Bedeutung hat das 18. Jahrhundert?
2. Was versteht man unter der ‚Parzellierung' des Reichsgebiets zu dieser Zeit?
3. Wie wird die Reichsgewalt des Heiligen Römischen Reichs Deutscher Nation beschrieben?
4. Welche politischen und rechtlichen Möglichkeiten hatten die Territorialstaaten?
5. Wie unterhielten die vielen kleinen Herrscher ihre Höfe?
6. Wie waren die Lebensbedingungen der Mehrheit der Bevölkerung?
7. Wieso kann man überhaupt von positiven Neuerungen in dieser Zeit sprechen?
8. Welches sind die Besonderheiten der neuen sozialen Klasse?
9. Wie wirkten sich die Neuerungen auf die Ständepyramide aus?
10. Worin besteht der Souveränitätsanspruch der Bürger?

Mögliche Antworten:

1. Das 18. Jahrhundert stellt die Wende vom Mittelalter zur Moderne dar.
2. Seit dem Dreißigjährigen Krieg gab es in Deutschland Hunderte von souveränen Territorien und viele halbautonome Gebiete und Städte.
3. Die Reichsgewalt lag bis 1806 beim Deutschen Kaiser, sie beinhaltete nur wenige Rechte und war eher symbolisch.
4. Die Territorialstaaten trafen die wichtigen politischen Entscheidungen, sie übten Gesetzgebung, Gerichtsbarkeit, Landesverteidigung und Polizeigewalt aus.
5. Die kleinen Herrscher beuteten die Unterschicht für ihre Hofhaltung aus.
6. Zwei Drittel der Bevölkerung lebten unter extrem schlechten Bedingungen/hatten oft nur das Lebensnotwendige.

7. Es bildeten sich neue ökonomische Kräfte heraus (Industriekapitalismus) und eine neue soziale Klasse, das Kapital besitzende Bürgertum.
8. Bürger erwarben Geld im Handel, Bankgewerbe und in Manufakturen, und sie erkannten die Vorherrschaft des Adels nicht mehr an.
9. Zwischen den einzelnen Ständen entstanden Spannungen, die schließlich zu Konfrontationen zwischen Bürgertum und Adel führten.
10. Es bildete sich eine bürgerlich-egalitäre Gesellschaft heraus, in der die Bürger die politische und kulturelle Vorherrschaft des Adels nicht mehr anerkannten.

Mögliche Antwort auf die Frage der Überschrift:

Das deutsche Reich nach dem 30-jährigen Krieg war gekennzeichnet durch territorialstaatliche Zersplitterung, es gab keine zentrale Reichsgewalt / Zwei Drittel der Gesamtbevölkerung (= Unterschicht) lebten unter sehr dürftigen Lebensbedingungen / Industriekapitalismus und das kapitalistische Bürgertum entstanden. Die Bedeutung des Bürgertums wuchs zu Lasten des Adels.

Transfer

Diese Übung lässt sich an vielen Texten durchführen. Geeignet sind Texte, die abgrenzbare Aussagen enthalten.

1.2 Fragenraster – inhaltsunabhängige Fragen

Vom Lehrer oder Lehrbuch gestellte inhaltsbezogene Fragen nehmen vorweg, was eigentlich vom Lernenden zu leisten wäre, nämlich selbst herauszufinden, worum es geht, welche (wichtigen) Informationen der Text enthält, was die Ausgangsfrage ist, welcher Gedankengang entwickelt wird, welche Schlussfolgerung gezogen wird. Inhaltsbezogene Fragen zum Text zu beantworten bringt zwar das Unterrichtsgespräch schneller voran, aber sie tragen nicht zu dem Ziel bei, dass die Lernenden den Text selbstständig erschließen lernen. Darum ist es unter der Zielsetzung, die Lesekompetenz zu verbessern, unerlässlich, auch mit inhalts*unabhängigen* Fragen zu arbeiten.[1]

Wir stellen in diesem Kapitel Fragenraster vor, die den Zweck verfolgen, einen (u.U. unübersichtlichen) Text schneller zu durchschauen und klärend zusammenzufassen.

1.2.1 W-Fragen

Bei Schilderungen von Ereignissen bewähren sich die so genannten „Journalisten-Fragen“ in dieser oder anderer Reihenfolge:

wer – wann – wo – was – wie – warum?

Die Fragen *wer, wann, wo, was?* werden immer beantwortet; in kurzen Texten, die weder auf Hintergründe noch auf nähere Umstände eingehen, gibt es häufig keine Informationen zu den Fragen *wie?* und *warum?*

1.2.2 Problem-Fragen

Sie eignen sich bei erörternden Texten:

- *Um welches Problem geht es?*
- *Welche Ursachen werden genannt?*
- *Welche Lösung wird vorgeschlagen? (Hindernisse? Einschränkungen? Erfolg?)*

[1] Vgl. Gerard Westhoff: Fertigkeit Lesen. Fernstudieneinheit 17. Goethe Institut, Teilbereich Deutsch als Fremdsprache. Berlin: Langenscheidt 1997, S. 19f.

1.2.3 Allgemeine inhaltsunabhängige Fragen

Bei anderen Sachtexten kann man allgemeine inhaltsunabhängige Fragen stellen:

- *Um welches Thema (um welches Problem / um wen) geht es?*
- *Was sind die wichtigsten Aussagen zu diesem Thema (zu diesem Problem / dieser Person)?*
- *Wie kommt der Autor zu diesen Aussagen? / Wie werden diese Aussagen begründet? / Welche Schritte lassen sich bei der Behandlung des Themas unterscheiden?*
- *Welche Schlussfolgerung / Bilanz zieht der Autor?*

Solche Fragenschemata flexibel anwenden zu lernen ist ein lohnendes Ziel auf dem Weg zum selbstständigen und effektiven Lesen. Zugleich lässt sich an der Beantwortung solcher Fragen leicht überprüfen, wie weit der Text in Inhalt und Aufbau verstanden wurde.

1.2.1 W-Fragen

Wenn man mit W-Fragen – auch „Journalisten-Fragen" genannt – an einen Text herangeht, in dem es um Personen und Ereignisse geht, stellt man sicher, dass man die Informationen des Textes vollständig erfasst. Eventuell kann hier an Übungen aus der Mittelstufe erinnert werden. Wichtig ist, dass die Schüler bemerken, dass sie bei bzw. nach der eher mechanischen Anwendung die einzelnen Fragen gewichten müssen: Worum geht es? Was ist der Kern der Nachricht?

Vorgeschlagen werden zwei kurze Aufgaben zu Zeitungsartikeln, an denen das Frageraster angewendet wird. Dabei soll deutlich werden, dass ein solches Raster die Informationsentnahme erleichtert und – bei der Verarbeitung mehrerer Texte – die Informationen leichter vergleichbar macht. Verglichen werden kann auch die Reihenfolge der Informationen: Mit welcher Wirkung wird diese oder jene Information an den Anfang / ans Ende gesetzt?

zu Arbeitsblatt 8 und 9 (S. 49 u. 50)

Einen Text durch W-Fragen erschließen
„Protest" und „Online-Psychotherapie"

1. Erinnern Sie die Schüler an die so genannten W-Fragen (s.o.) oder führen Sie diese ein. An die Bearbeitung des kurzen Zeitungsartikels (Arbeitsblatt 8) schließt sich eine kreative Schreibübung an. Wenn die Schüler schon mit W-Fragen gearbeitet haben, können Sie ihnen mit dem Arbeitsblatt 9 einen längeren und nicht ganz einfachen Text geben, bei dem die Beantwortung der W-Fragen eine (mündliche oder schriftliche) Zusammenfassung vorbereitet.

2. Geben Sie die Arbeitsblätter aus und fordern Sie die Schüler zu zügigem Lesen und Auswerten auf.

Lösungsvorschlag *„Protest"*
Fett gedruckt sind die Fragen, die für die Auswertung am wichtigsten sind.

Wer?	*Maria Rosa Bartoli*
Wann?	*am Donnerstag (vermutlich 17.10.02)*
Wo:	*in Barcelona*
Was?	*hat eine Geldstrafe von 620 Euro in 1-Cent-Münzen bei Gericht eingezahlt*
Wie?	*in Plastikbeuteln; mithilfe von Verwandten, die tragen halfen*
Warum?	a) Warum hat sie die Geldstrafe so bezahlt? *aus Protest* b) Warum war sie zu der Geldstrafe verurteilt worden? *weil sie ihrem Vetter eine Ohrfeige gegeben hat bzw. gegeben haben soll*

Lösungsvorschlag *„Online-Psychotherapie“*
Fett gedruckt sind die Fragen, die für die Auswertung am wichtigsten sind.

Wer?	*Alfred Lange, Professor für klinische Psychologie, Amsterdam*
Wann?	*seit kurzem (vermutlich Anfang 2002)*
Wo?	*in Amsterdam*
Was?	*„Interapy“, Therapie zur Verarbeitung von psychischen Traumata per Internet*
Wie?	*Patienten schreiben E-Mails. Therapie in drei Schritten:* *1. Konfrontation (Beschreibung des traumatischen Erlebnisses)* *2. kognitive Neubewertung (Gewinnen einer neuen Einstellung)* *3. Abschied vom Trauma (Zukunftsperspektive)*
Warum?	*Angebot für Menschen, die den Gang zum Psychotherapeuten scheuen oder durch Reisen gehindert sind*

Transfer

W-Fragen bieten sich an, wenn es darum geht, einem Text die Informationen über ein Ereignis und seine Hintergründe zu entnehmen und dabei nichts Wichtiges zu überlesen.
Da ein Text nicht immer alle Fragen beantwortet, hilft das Durchgehen der Fragen dabei, festzustellen, worauf der Text eingeht und welche Informationen fehlen. Dies kann besonders bei der Auswertung von zwei Texten zum gleichen Thema von Interesse sein.

1.2.2 Problem-Fragen

In vielen Sachtexten geht es – mehr oder weniger deutlich – um die Erörterung eines Problems. In unterschiedlicher Reihenfolge und mit unterschiedlicher Akzentuierung werden in der Regel folgende Fragen angesprochen:

- Worin besteht das *Problem?*
- Wodurch wird es *verursacht?*
- Wie wird es *gelöst?* – Hindernisse, Einschränkungen, Erfolg?

Indem man als Leser/in diese Fragen beantwortet, zwingt man sich, die wesentlichen Aussagen des Textes mit eigenen Worten wiederzugeben. Das wiederum gelingt nur, wenn man den Inhalt verstanden hat, und es führt gleichzeitig dazu, ihn leichter zusammenfassen zu können. Das Verfahren ist hilfreich für den Einstieg in die inhaltliche Arbeit an einem Thema.

Das Kernproblem eines Textes erfragen
„Tele-Arbeiterin im Home-Office“

zu Arbeitsblatt 10 (S. 51)

1. Geben Sie die Problemfragen vor und erläutern Sie kurz, dass sie als inhaltsunabhängige Fragen besonders zur selbstständigen Erschließung von Sachtexten geeignet sind.

2. Verteilen Sie den Text und bitten Sie die Schüler um eine mündliche oder schriftliche Zusammenfassung anhand der Problemfragen.

3. Besprechen Sie Beispiele von Zusammenfassungen und weisen Sie ggf. darauf hin, dass auch unvollständige Problemlösungen mit eingehen sollten.

Lösungsvorschlag

Problem?	Arbeitsorganisation einer berufstätigen Mutter, die als Sekretärin an ihrem Arbeitsplatz keinen Halbtagsjob bekommen kann.
Ursache?	Sie muss sich um ihren sechsjährigen Sohn kümmern, der die Vorschule besucht und den Rest des Tages zu Hause verbringt.
Lösung?	Durch „Telearbeit“: Sie kann sich ihr Arbeitspensum frei einteilen und arbeitet vorwiegend abends am Computer. Anfangs gab es Probleme mit dem PC. Sie muss zu Hause auch intensiver als im Büro arbeiten. Sie übernimmt die Tele-Arbeit nur des Kindes wegen.

Transfer

Diese Übung lässt sich mit einer Vielzahl von Texten durchführen, wenn man bereit ist, den Begriff ‚Problem‘ weit zu fassen.
Wenn man mit einem Raster arbeitet, wird augenfällig, dass die Menge an Information, die es zu einer Rubrik gibt, sehr unterschiedlich sein kann. In einigen Fällen wird der Darstellung des Problems viel Raum gegeben, in anderen werden die Ursachen, in wieder anderen wird die Lösung sehr ausführlich geschildert.

1.2.3 Allgemeine inhaltsunabhängige Fragen

Dieses Fragenschema ist das allgemeinste und lässt sich bei allen Sachtexten verwenden. Es gibt nur Metakategorien vor, nach denen das Gelesene geordnet – und dadurch besser verstanden und behalten – werden soll. Die Beantwortung der Fragen ist zugleich als Grundlage für eine **strukturierte Zusammenfassung** geeignet.

- Um welches Thema (um welches Problem / um wen) geht es?
- Was sind die wichtigsten Aussagen zu diesem Thema (zu diesem Problem / dieser Person)?
- Wie kommt der Autor zu diesen Aussagen? / Wie werden diese Aussagen begründet? / Welche Schritte lassen sich bei der Behandlung des Themas unterscheiden?
- Welche Schlussfolgerung / Bilanz zieht der Autor?

Um die Nützlichkeit des Schemas deutlich zu machen, sollte man mit einem Text arbeiten, der seine Informationen etwas ungeordnet darbietet, wie das bei Zeitungsartikeln häufig der Fall ist. Hier wurde ein Artikel zu einem vermutlich auch in Zukunft aktuellen Umwelt-Problem gewählt.

Zu Arbeitsblatt 11 (S. 53f.)

Einen Text durch allgemeine inhaltsunabhängige Fragen erschließen
„Den lautlosen Killern soll es an den Kragen gehen“

1. Gemeinsam wird anhand der Überschrift: „Den lautlosen Killern soll es an den Kragen gehen“ kurz überlegt: Was könnte gemeint sein? Weiß jemand etwas über chemische Schadstoffe?

2. Die Schülerinnen und Schüler werden aufgefordert, den Artikel zu lesen und die Fragen schriftlich zu beantworten, dabei zwischen den Fragen etwas Platz für spätere Ergänzungen zu lassen.

3. Die Antworten zu den Fragen werden vorgelesen; dabei lohnt es sich, vor allem die erste und die letzte Frage zu vergleichen und die Formulierung zu optimieren.

4. Gemeinsam wird überlegt, was zu tun bleibt, um aus den Antworten eine gute (mündliche) Zusammenfassung des Artikels zu machen.

Lösungsvorschlag

zu 1: Um welches Thema/Problem geht es?
In dem Artikel geht es um den weltweiten Umgang mit gefährlichen Schadstoffen.

zu 2: Was sind die wichtigsten Aussagen zu diesem Thema?
- Industrieländer haben Pflanzenschutzmittel und die Anleitung zu ihrer Herstellung an Entwicklungsländer geliefert.
- Die Chemikalien können nach neuen wissenschaftlichen Erkenntnissen zu Krebs und Störungen des Immun- und des Hormonsystems führen.
- Während in den Industrieländern die Herstellung dieser Mittel inzwischen verboten bzw. streng reguliert ist, werden sie in vielen Entwicklungs- und Schwellenländern weiter hergestellt und eingesetzt.

zu 3: Wie kommt der Autor zu seinen Aussagen?
Der Autor beruft sich auf Protokolle der Stockholmer Konvention zum Verbot bestimmter Schadstoffe und auf Untersuchungsergebnisse der Welternährungsorganisation.

zu 4: Welche Bilanz zieht der Autor?
Die Unterzeichnung der Stockholm-Konvention durch 120 Staaten wird zum dringend notwendigen Verbot von Produktion und Anwendung der 12 besonders gefährlichen organischen Schadstoffe führen. Zugleich werden die Industrieländer verpflichtet, den Entwicklungsländern finanzielle und technische Hilfe zu leisten.

Zusatz für die Zusammenfassung: Der Artikel wurde aus Anlass der bevorstehenden Unterzeichnung eines Abkommens zum Verbot gefährlicher und schwer abbaubarer Pestizide veröffentlicht.

Transfer

Das allgemeine Fragenraster eignet sich aufgrund seiner Offenheit für fast alle Sachtexte; wie die anderen Fragenraster muss es flexibel verwendet werden (manchmal gibt es z.B. keine Information zu Frage 3).
Immer wenn es darum geht, einen Sachtext zusammenzufassen, sollten die Schüler an die Hilfestellung durch eines der drei Fragenraster erinnert werden, entweder mit Empfehlung für ein bestimmtes oder mit der Aufforderung, selbst zu überlegen, welches der drei sich für den konkreten Text am besten eignet.

1.3 Die Text- und Inhaltsstruktur klären

Um einen Text als Ganzes zu würdigen, ist es wichtig, ihn nicht nur im Hinblick auf die Information zu lesen, sondern auch darauf zu achten, wie der Autor den Text aufgebaut hat. Indem man sich die Struktur des Textes klar macht, ist zugleich ein wichtiger Schritt zur Analyse getan. Auch Lesetechniken lassen sich effektiver einsetzen, wenn man den Textaufbau durchschaut, z.B. beim selektiven Lesen, wenn es darum geht, schnell zu sehen, wo eine Definition zu finden ist, wie weit die Einleitung geht, ob es eine Schluss-Zusammenfassung gibt usw. Die inhaltliche Grobstruktur (Einleitung, Hauptteil, Schluss) zu erkennen, macht in den meisten Fällen keine Schwierigkeiten; trotzdem ist es gut, sie sich klar zu machen, weil mit dieser Klärung eine Reflexion der Funktion der einzelnen Teile des Textes verbunden ist, die dem Gesamtverständnis zugute kommt.

In diesem Kapitel werden sehr verschiedenartige Übungen vorgeschlagen, die die Fähigkeit, den Textaufbau und die Strukturierung des Inhalts zu durchschauen, fördern können:

1.3.1 Textpuzzle: den Textaufbau erkennen

Zwei Aufgaben, in denen es vor allem darum geht, einerseits Gliederungssignale, andererseits Kohärenz stiftende Elemente zu erkennen.

1.3.2 Abschnitte nutzen: Lesepause und Verständniskontrolle

Das Innehalten nach jedem Abschnitt dient dazu, die Informationen in ihrer Abfolge im Text vollständig aufzunehmen und nach der Funktion der Abschnitte im Textganzen zu fragen.

1.3.3 Typische Textstrukturen nutzen

Hier wird darauf aufmerksam gemacht, dass man die Kenntnis typischer Textstrukturen als Lesehilfe nutzen kann. Die vorgeschlagene Aufgabe bezieht sich auf Lexikonartikel.

1.3.4 Inhaltsstruktur durch grafische Darstellung besser durchschauen

Die Übung soll deutlich machen, dass ein schwer verständlicher Text dadurch klarer wird, dass man seinen Inhalt grafisch darstellt.

1.3.5 Thematische Aspekte eines Textes klären

Hier geht es um die Zuordnung von Informationen zu bestimmten thematischen Aspekten, die in einem Text angesprochen werden.

1.3.1 Den Textaufbau erkennen

Bei dieser Aufgabe geht es um zweierlei:

1. Die Schülerinnen und Schüler sollen lernen, in einem Text vorhandene Gliederungssignale und Kohärenz stiftende Elemente wahrzunehmen und sich dadurch den (logischen und sprachlichen) Aufbau eines Textes bewusst zu machen.

2. Dieses Lernen soll dadurch intensiviert werden, dass die Schüler ihre Beobachtungen und ihre Handlungsstrategien verbalisieren.

zu Arbeitsblatt 12 (S. 55)

Textpuzzle: den Textaufbau erkennen
„Der Floh“

Sofern schon über Gliederungsmerkmale von Texten gesprochen wurde, kann man daran erinnern; sinnvoll ist aber auch, die Übung ohne weitere Einleitung durchzuführen und erst nachher, bei der Diskussion über die Lösungen, auf die Funktion von Gliederungssignalen / Strukturwörtern einzugehen.

1. Es wird erklärt, dass es darum geht, die 9 ungeordneten Abschnitte eines Textes – sie sind mit Buchstaben von A - I bezeichnet – in die ursprüngliche Ordnung zu bringen. Hierbei sollen jeweils zwei Schüler zusammenarbeiten und ihre Entscheidung stichwortartig begründen. Dazu sollen sie das Schema verwenden, das auf dem Aufgabenblatt abgedruckt ist.

2. Die Schüler erhalten nun das Arbeitsblatt und bearbeiten die Aufgabe.

Variante mit stärkerem Spielcharakter; hierfür wird der Text zerschnitten. Gruppen von 3–4 Schülern erhalten die gemischten Abschnitte mit der Aufforderung, diese so zusammenzusetzen, dass daraus eine sinnvolle Geschichte wird, möglichst die Rekonstruktion des Originals. Spieldauer: 20–30 Minuten.

3. Anschließend vergleichen die Gruppen bzw. Zweier-Teams ihre Lösung mit einer anderen Gruppe und versuchen ihre unterschiedlichen Lösungen zu einer gemeinsamen Textversion zu vereinheitlichen. Dabei sind ggf. auch die Begründungen zu verändern.

4. Die Lösungen werden verglichen; die Gruppen verteidigen ihre Lösung durch entsprechende Begründungen.

Lösungsvorschlag

Die Reihenfolge der Buchstaben muss lauten: F – A – D – H – E – C – G – I – B.

Kurt Tucholsky: Der Floh (Original)

Im Département du Gard – ganz richtig, da, wo Nîmes liegt und der Pont du Gard, im südlichen Frankreich – da saß in einem Postbüro ein älteres Fräulein als Beamtin. Die hatte eine böse Angewohnheit: Sie machte ein bisschen die Briefe auf und las sie. Das wusste alle Welt.

Aber wie das so in Frankreich geht: Concierge, Telefon und Post, das sind geheiligte Institutionen, und daran kann man schon rühren, aber daran darf man nicht rühren, und so tut es denn auch keiner.

Das Fräulein also las die Briefe und bereitete mit ihren Indiskretionen den Leuten manchen Kummer.

Im Département wohnte auf einem schönen Schlosse ein kluger Graf. Grafen sind nämlich manchmal klug. In Frankreich. Und dieser Graf tat eines Tages Folgendes:

Er bestellte sich einen Gerichtsvollzieher auf das Schloss und schrieb in seiner Gegenwart an einen Freund:

Lieber Freund! Da ich weiß, dass das Postfräulein Emilie Dupont dauernd unsere Briefe öffnet und liest, weil sie vor lauter Neugier platzt, so sende ich Dir anliegend, um ihr einmal das Handwerk zu legen, einen lebendigen Floh. Mit vielen schönen Grüßen: Graf Koks.

Und diesen Brief verschloss er in Gegenwart eines Gerichtsvollziehers. Er legte aber keinen Floh hinein. Als der Brief ankam, war einer drin.

Sinnvolle Begründungen für diese Reihenfolge:

Reihenfolge	Begründung
1. = F	einziger voraussetzungsloser Satz
2. = A	„die“ in der Bedeutung von „diese“ weist zurück auf die in f genannte Postbeamtin
3. = D	inhaltlicher Grund: Kommentar zum Fall der Postbeamtin
4. = H	Rückkehr zur Geschichte, zu dem schon bekannten Postfräulein („das Fräulein *also*“)
5. = E	Einführung der zweiten Figur der Geschichte; Anknüpfung durch „im“, d.h. in dem uns schon bekannten Département
6. = C	Satzanfang mit „Er“ weist auf bereits eingeführte männliche Figur; außerdem wird die Tätigkeit genannt, die im Vorsatz angekündigt wurde („tat ... Folgendes:“).
7. = G	Doppelpunkt = jetzt kommt der Text des Briefes
8. = I	inhaltliche Anknüpfung an „schrieb er“ durch „und diesen Brief verschloss er“
9. = B	inhaltlich: „der“ Brief = Rückverweis auf bereits Eingeführtes

Transfer

Für die Oberstufe Texte zu finden, die sich für ein Textpuzzle dieser Art eignen, ist nicht ganz einfach. Die Abfolge der Abschnitte soll eindeutig rekonstruierbar, aber natürlich auch nicht zu offensichtlich sein. Es liegt nahe, einen Text, der geeignete Gliederungssignale enthält, für eine entsprechende Übung in Abschnitte zu unterteilen.

Das Ziel, die von den Lernenden angewandte Strategie durch **Verbalisierung** bewusst zu machen um damit ihre metakognitiven Fähigkeiten zu fördern, lässt sich bei allen in Partnerarbeit durchführbaren Aktivitäten erreichen, indem man eine verbale Phase vorsieht, während der die Schüler besprechen oder aufschreiben, wie sie zu einer bestimmten Lösung gekommen sind. Durch den Spiel- und Wettbewerbscharakter der Aufgabe wird der Austausch auf natürliche Weise gefördert (vgl. auch Arbeitsblatt 4, Lesen zu zweit, S. 44f.).

In der folgenden Übung, Arbeitsblatt 13, S. 56, wird eine Variante des Textpuzzles vorgeschlagen.

zu Arbeitsblatt 13 (S. 56f.)

Textpuzzle: den Textaufbau erkennen
„Beantwortung der Frage: Was ist Aufklärung?"

Hier geht es darum, den berühmten und wichtigen Text von Immanuel Kant „Was ist Aufklärung?" als Voraussetzung einer weiteren Besprechung gründlich kennen zu lernen. Dazu wird wieder mit einem verwürfelten Text gearbeitet.

1. Der Text wird vervielfältigt und in Abschnitte geschnitten. Es werden Vierergruppen gebildet. Jede Gruppe erhält alle vier Abschnitte des Textes, und zwar so, dass jedes Mitglied der Gruppe nur einen der Abschnitte hat. Jeder liest gründlich seinen Textteil.

2. Nun beginnt ein Schüler seinen Textausschnitt vorzustellen (In meinem Abschnitt ist die Rede von ...; dann heißt es noch, dass ...; und am Ende steht dann ...). Wenn ein anderes Mitglied der Gruppe meint, sein Textausschnitt könne der vorangehende oder nachfolgende Abschnitt sein, so begründet er dies, wenn nicht, wird einfach ein beliebiger weiterer Textausschnitt inhaltlich vorgestellt usw. Allmählich werden Vermutungen über die Reihenfolge angestellt, die dann überprüft werden.
Schüler sollten die Textteile erst gegen Ende nebeneinander auf den Tisch legen, damit die Verbalisierungsphase nicht abgekürzt wird, weil die Schüler sonst das Beschreiben des Textinhalts durch Lesen ersetzen.

3. Möglichst sollten alle Gruppen Zeit bekommen, die Lösung zu finden; evtl. kann der Lehrende einzelnen Gruppen Tipps geben.

Lösungsvorschlag

1. „Aufklärung ist der Ausgang ..."
2. „Faulheit und Feigheit sind die Ursachen ..."
3. „Zu dieser Aufklärung aber ..."
4. „Wenn denn nun gefragt wird ..."

Sollte eine Gruppe besonders schnell fertig geworden sein, kann sie versuchen, den Aufbau des Textes auf Folie oder an der Tafel in einer einfachen Strukturskizze darzustellen. Das Schaubild könnte etwa so aussehen:

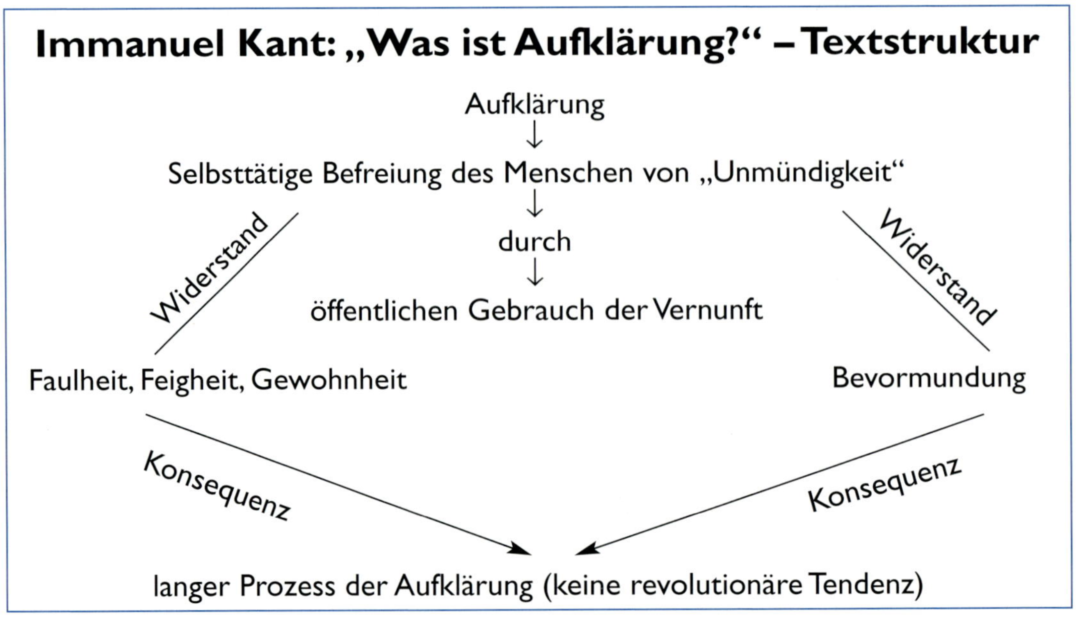

1.3.2 Abschnitte nutzen – Lesepause und Verständnis-kontrolle

Bei den meisten Texten kann man die **Abschnitte als Lesehilfe** nutzen, d.h. man darf erwarten, dass in jedem Abschnitt ein neuer, weiterführender Gedanke entwickelt wird. Außerdem ergibt sich aus dem Innehalten am Abschnittende eine **Verlangsamung des Lesetempos**, die dem Verständnis zugute kommt. Wenn ich also einen Text wirklich gründlich lesen will, lohnt es sich, mich bei jedem Absatz zu fragen: *Welche Funktion hat dieser Abschnitt?* und/oder: *Was hat dieser Abschnitt an Neuem gebracht?* Bei langen Textabschnitten kann es sein, dass es einen zweiten und gar dritten neuen Gedanken gibt. Bei dem Versuch, die o.g. Frage zu beantworten, fällt einem das auf. In diesem Fall ist es sinnvoll, den Abschnitt durch ein Absatzzeichen noch einmal zu unterteilen und die Frage „Was bringt der Abschnitt Neues?" entsprechend mehrfach zu stellen. Beim abschnittweisen Lesen *zu zweit* braucht die Antwort nicht aufgeschrieben zu werden; es genügt – und ist natürlicher – dass einer dem andern erklärt, worauf es seiner Ansicht nach in dem gerade gelesenen Abschnitt ankommt. Andererseits ergibt sich, wenn man die Antworten aufschreibt, der Vorteil, dass man zugleich eine Gliederung des Textes erhält.

Diese Methode scheint vielleicht aufwändig, aber die Beantwortung der Frage nach der Aussage eines jeden Abschnitts ist, zumal bei schwierigen Texten, die beste **Kontrolle, ob der Text wirklich verstanden wurde.** Damit wird eine solide Grundlage für die weitere Besprechung (auf der Ebene der Sachinformation oder der Textanalyse) gelegt.

Abschnitte nutzen – Lesepause und Verständniskontrolle[1]
„40 Jahre Kampf für die Menschenrechte"

zu Arbeitsblatt 14 (S. 58f.)

1. Als Einstieg wird das Problem erörtert, dass man beim Lesen leicht den Überblick verliert und am Ende nicht mehr weiß, was man eigentlich gelesen hat. *Ein* Gegenmittel sind sinnvolle Unterstreichungen; noch wirkungsvoller und das Behalten fördernder ist es, nach jedem Abschnitt kurz innezuhalten und ein Stichwort oder einen kurzen Satz zu notieren. Das soll in der Aufgabe ausprobiert werden, als Vorbereitung auf ein Gespräch über den Textinhalt.

2. Nun kann man den Titel des Artikels nennen: „40 Jahre Kampf für die Menschenrechte" und fragen, was die Schüler mit „Kampf für die Menschenrechte" verbinden. Dann wird der Zeitungsartikel ausgegeben mit der Aufforderung, ihn der Anweisung entsprechend zu bearbeiten.

3. Nach nicht zu langer Zeit fragt man, wer in der Lage ist, den Inhalt des Artikels anhand seiner Notizen zu referieren. Sofern man sich eingehender mit dem Text beschäftigen möchte, kann man anschließend noch einmal ausdrücklich nach dem *Aufbau* des Textes fragen und den Lösungsvorschlag in Form einer Gliederung an der Tafel festhalten:

Einleitung:	Anekdote und Vorstellung des Generaldirektors von Amnesty International
Hauptteil:	Geschichte und Merkmale/Charakterisierung von Amnesty International
1.	<u>Entstehungsgeschichte</u> (1961)
2.	<u>Aufgaben:</u> Zustände in Gefängnissen; unfaire Prozesse Kampf gegen Verfolgung aus politischen, religiösen usw. Gründen gegen Verstöße gegen Menschenrechte in 144 Ländern
3.	<u>Organisation:</u> 56 nationale Organisationen in 160 Ländern Vor- und Nachteile der dezentralen Struktur
4.	Überparteilichkeit und Unabhängigkeit
Schluss:	Friedensnobelpreis und Unterstützung durch Prominente

[1] Die folgende Übung berührt sich mit „Vorstufe einer Zusammenfassung: pro Abschnitt ein Satz", hat aber eine etwas andere Zielrichtung. Auch zu „Lesenotizen" besteht eine Verbindung.

Transfer

Die Übung lässt sich mit allen in Abschnitte gegliederten Texten durchführen. Um den Nutzen der Übung zu zeigen, sollte man beim ersten Mal einen nicht zu langen Text wählen, der einerseits eine ganze Menge Informationen enthält (die man bei flüchtigem Lesen nicht genügend wahrnehmen würde), dessen Abschnitte andererseits deutlich abgrenzbare Aussagen enthalten.

Arbeitsblatt 15 (S. 60ff.)

Abschnitte nutzen – Lesepause und Verständniskontrolle *"Sprache und Evolution"*

Anspruchsvoller wird die Aufgabe, wenn es um einen längeren Text geht wie in der folgenden Aufgabe zum Text von Dieter E. Zimmer: „Sprache und Evolution". Es versteht sich, dass der Text im Rahmen einer eingehenderen Beschäftigung mit dem Thema der Entstehung menschlicher Sprache behandelt werden sollte.

1. Lassen Sie den Text zu Hause vorbereiten. Weisen Sie die Schüler darauf hin, dass es um den Textinhalt, aber auch um methodisches Training geht: Die Aufgabe dient der Vorbereitung einer inhaltlichen Besprechung. Da der Text reich an Informationen ist, lohnt es sich, ihn mit einer effektiven Lesetechnik vorzubereiten.
Anweisung: Markieren Sie sparsam wichtige Informationen und fragen Sie nach jedem Abschnitt: Worum ging es hier? Was hat der Abschnitt Neues gebracht? Notieren Sie nach jedem Abschnitt ein Stichwort (das aus mehreren Wörtern bestehen darf).
Anmerkung: Wir schlagen vor, drei kürzere Abschnitte zu einem zusammenzufassen, d.h. die Zeilen 50–54 und 66–68 dem Abschnitt 5 zuzurechnen. Der Text hat dann 11 Abschnitte.

2. In einer ersten Phase sollten die Schüler ihre Notizen in Tandems vergleichen und dabei sowohl inhaltliche Fragen klären als auch über die Relevanz der Aussagen diskutieren.

3. Im Plenum paraphrasieren die Schüler anhand ihrer Notizen den Inhalt der einzelnen Abschnitte, wobei inhaltliche Fragen erörtert und der Gang der Argumentation geklärt werden können.

Lösungsvorschlag

Mögliche Stichworte zu den einzelnen Abschnitten:

1. Vor 1,5 Mio. Jahren: Homo erectus – Rolle von Sprache bei der Verfeinerung der Werkzeuge
2. Vor 1 Mio. Jahren: Beginn der Großwildjagd – Rolle der Sprache bei Absprachen bei der Jagd
3. Vor 750.000 Jahren: Beherrschung des Feuers und damit verbundener Techniken
4. Kulturfortschritt (Werkzeuge, Jagd, Feuer) ohne Sprache schwer denkbar
5. Versuch, aufgrund von Schädelfunden Stimmapparate zu rekonstruieren, aus denen man auf Hervorbringung bestimmter Laute schließen könnte
6. Stimmapparat der Australopothecinen (Bewohner Südostafrikas) noch wie bei Primaten, also keine Sprachlaute möglich (höchstens Laute wie von menschlichen Säuglingen)
7. Unterschied Homo erectus gegenüber Australopothecinen: Kehlkopf sitzt tiefer, Trink- und Atemweg nicht mehr trennbar
8. Vor 500.000 Jahren „funktionale Weiche": (1) Linie des Neandertalers, der auf körperliche Funktionen setzt und vor 35.000 Jahren ausstirbt

9. (2) Linie des Cro-Magnon-Menschen, der nicht auf Körperkraft, sondern auf Kommunikation setzt; moderne Anatomie mit modernem Stimmtrakt als Voraussetzung für menschliche Lautsprache (zwischen 250.000 und 35.000 entwickelt)
10. Somit vorläufige Antwort auf die Frage nach der Herkunft unserer Sprache möglich: Entwicklung der Grundlagen im Nervensystem und Gehirnwachstum durch Jahrmillionen
11. Was trieb diese Entwicklung an? Sprache nützlich in *allen* Bereichen (Werkzeugherstellung, Jagd, Krieg, Kooperation)

1.3.3 Typische Textstrukturen nutzen

Wenn man genügend Leseerfahrung hat, merkt man beim Lesen ohne weiteres, wie der Autor den Text aufgebaut hat, und versteht ihn dadurch schneller und besser. Folgende Darstellungsmuster sind häufig, wenn auch nicht immer in reiner Form vertreten:

zweiteilige Struktur:

- vergleichende Gegenüberstellung (z.B. Arbeitsblatt 32, *„Du kannst micht einfach nicht verstehen", S. 129*)
- pro-contra-Argumente (in unterschiedlicher Reihenfolge), anschließend Abwägung
- positive – negative Aspekte einer Sache, anschließend Abwägung
- These – Gegenthese – Synthese

lineare Struktur:

- chronologische Abfolge / Zeitabschnitte (z.B. Arbeitsblatt 35, *„Erfindung von Schrift und Buchdruck"*, S. 132)
- Problem – Ursache – Lösung (z.B. Arbeitsblatt 11, *„Die lautlosen Killer", S. 53f.)*
- Darstellung unterschiedlicher Aspekte eines Gegenstands oder Problems (z.B. Arbeitsblatt 27, *„Die geheimen Verführer"*, S. 106f.)

Man kann das Erkennen typischer Textstrukturen üben. Lassen Sie Ihre Schüler bei *jeder* gemeinsamen Lektüre nach typischen Strukturen suchen, lassen Sie sie benennen und begründen.

Viele **Textsorten** haben eine typische Struktur, die zwar variiert wird, deren Kenntnis aber doch eine hilfreiche Erwartungshaltung ermöglicht. Das gilt z.B. für **Lexikonartikel,** um deren Struktur es in der folgenden Aufgabe geht.

Typische Textstrukturen nutzen
Lexikoneinträge zu „Fiktion" und „Verfremdung"

Zu Arbeitsblatt 16 (S. 63f.)

Längere Lexikonartikel sind anstrengend zu lesen, da sie in der Regel sehr kompakt sind und – zumindest auf den ersten Blick – ungegliedert und unübersichtlich wirken. Auf der anderen Seite sind Lexikonartikel ja äußerst durchdachte, prägnant formulierte Texte, die auf kleinem Raum eine große Menge Information bieten, sofern man sie zu lesen weiß. Im Allgemeinen nutzen Schüler größere Nachschlagewerke viel zu selten, und Verweisen wird fast nie nachgegangen. Darum lohnt es sich, ein oder zwei Stunden darauf zu verwenden, am besten natürlich anhand von Lexikoneinträgen, die zum Kursthema passen.

Sofern die Schüler im Fremdsprachenunterricht bereits mit umfangreicheren einsprachigen Lexika (z.B. das *Advanced Learner's Dictionary)* arbeiten, werden sie schon Abkürzungen und Symbole kennen gelernt haben. Dies ist auch dann ein Vorteil, wenn die Symbole im Einzelnen von Lexikon zu Lexikon verschieden sind.
In dieser Aufgabe wird versucht, einige Tipps zum Lesen von enzyklopädischen Lexikonartikeln zu geben und sie an einem nicht ganz einfachen Artikel anzuwenden.

1. Die Schüler erhalten einen nicht zu langen Lexikoneintrag, hier ‚Fiktion' aus einem Literaturlexikon (s. Arbeitsblatt 16, S. 63f.). Nach dem Vorlesen wird gemeinsam versucht, den typischen Aufbau herauszufinden sowie einige Abkürzungen und Symbole zu erschließen. Gemeinsam wird – ggf. an der Tafel – festgehalten, was den Schülern aufgefallen ist bzw. was als nützlich zu beachten ist, etwa so:

Tipps zum Lesen von Lexikonartikeln:

1. *Ersten Satz besonders sorgfältig lesen, da er i.d.R. die Definition des Begriffs in seiner allgemeinen Bedeutung enthält.*
2. *Häufig in Lexika verwendete Symbole kennen und beachten, z.B. Pfeil als Verweis auf themenverwandte Einträge, (hier:) 🕮 stilisiertes Buch als Ankündigung von Literaturhinweisen, ...*
3. *Nicht erschließbare Abkürzungen im Abkürzungsverzeichnis nachschlagen.*
4. *Unterteilung längerer Artikel beachten (durch Nummerierung oder Überschriften gekennzeichnet)*

2. Die Schüler bearbeiten nun den Lexikoneintrag zum Stichwort ‚Verfremdung' mit der Aufgabe, möglichst sparsam zu markieren, was sie für das Wichtigste halten, und den Aufbau durch Stichworte am Rand zu kennzeichnen.

3. Die Lösungen werden besprochen. In Verbindung mit einer Hausaufgabe (vgl. Transfer) sollte man darauf hinweisen, dass nicht alle Lexikonartikel gleich gebaut sind und dass Lexika auch im Hinblick auf Symbole und Abkürzungen unterschiedlich sein können.

Lösungsvorschlag

Die Schüler sollten unbedingt die drei Abschnitte bemerken und durch ihre Hervorhebungen im Text zeigen, dass sie verstanden haben, dass der Begriff aus der Literaturtheorie stammt und dass er

1. als allgemeiner Begriff verwendet wird: „allgemein für die grundlegende Distanz der poetischen Sprache zur Alltagssprache";
2. als „Begriff des russischen Formalismus" eine Rolle spielt und
3. ein zentraler Begriff in „Brechts Theorie vom epischen Theater" ist.

Transfer

Möglich ist die Bearbeitung eines weiteren Artikels, der im inhaltlichen Kontext des Unterrichts stehen sollte.
Sinnvoll ist auch eine Hausaufgabe – bei Gelegenheit oder an die gemeinsame Übung anschließend –: in einem enzyklopädischen Lexikon zu einem (vorgegebenen oder selbst gewählten) Begriff jeweils eine Definition suchen, diese exzerpieren und angeben, in welchem Lexikon sie gefunden wurde. Der Lexikonband sollte möglichst mitgebracht werden.

1.3.4 Einen Text durch grafische Darstellung besser durchschauen

Im Grunde kennen die Schüler Strukturskizzen von den Tafelbildern, die Lehrende verwenden, um die Aussage oder die Struktur eines Textes zu verdeutlichen. Offenbar ist aber der Abstand zu dem, was Schüler sich selbst in dieser Hinsicht zutrauen (bzw. tatsächlich leisten können), so groß, dass sie gar nicht erst auf den Gedanken kommen, selbst eine grafische Darstellung zu versuchen. Es ist aber so, dass auch sehr einfache Visualisierungen das Verständnis schon erheblich vertiefen können. Es lohnt sich daher, Schüler zu grafischen Darstellungen anzuleiten, die so einfach sind, dass sie unmittelbar einleuchten und keine besonderen zeichnerischen Fähigkeiten erfordern.[1]

[1] Wir verwenden hier nicht den Begriff *Mind Map*, da es hier um die Visualisierung eines *vorgegebenen* Textinhaltes, nicht um die Strukturierung von Gedanken für eine *eigene Textproduktion* geht.

zu Arbeitsblatt 17 (S. 65)

Einen Text durch grafische Darstellung besser durchschauen *„Normen und Werte“*

1. Eine Schülerin wird aufgefordert, den typischen Aufbau einer Erörterung an der Tafel zu skizzieren; die Skizze wird mit der Gruppe besprochen, ergänzt, variiert. Die Skizze kann so oder ähnlich aussehen; sie soll eine zweiteilige Struktur verdeutlichen:

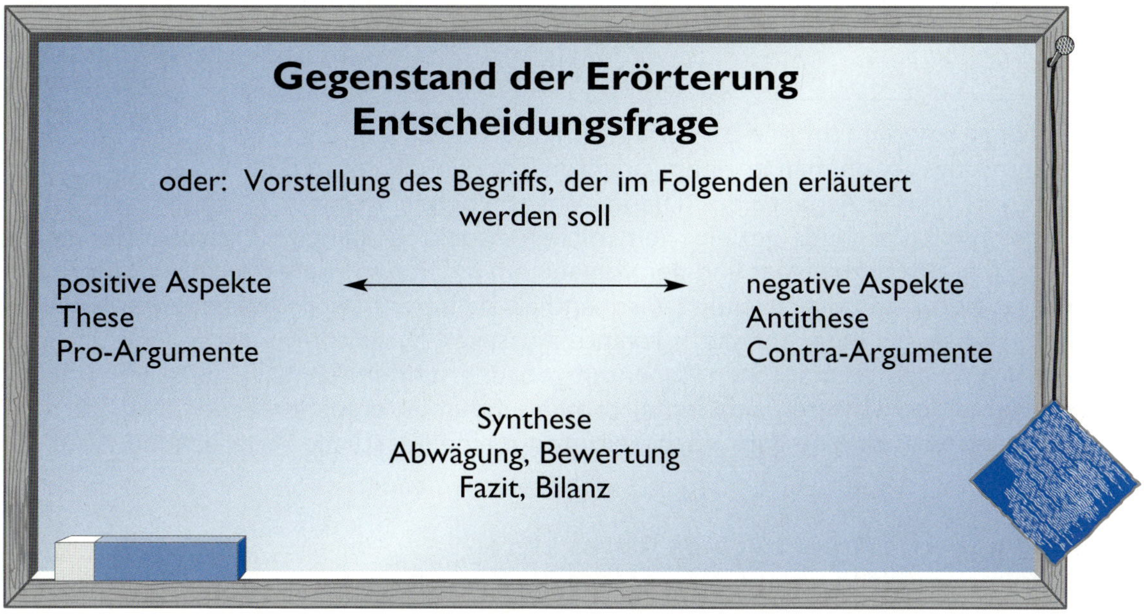

2. Im Hinblick auf die Aufgabe kündigen Sie an, dass der Text „Normen und Werte“ ebenfalls eine zweiteilige Struktur enthält. Die Schüler sollen darum versuchen, eine ähnliche Skizze zu erstellen, wobei sie aber inhaltliche Begriffe aus dem Text verwenden sollen. Weisen Sie darauf hin, dass die Begriffe Normen und Werte im Text praktisch gleichbedeutend verwendet werden.

3. Es ist günstig, wenn die Schüler in kleinen Gruppen arbeiten. Jede Gruppe zeichnet ihre Strukturskizze auf eine Folie, die nachher mithilfe des Tageslichtprojektors vorgestellt, von einem Gruppenmitglied kommentiert und gemeinsam bewertet wird.

Lösungsvorschlag

BASISWERTE
einer Gesellschaft

absolute Werte	relative Werte
individualethisch wenige gleich bleibend	sozialethisch viele wechselnd
konfessions- und kulturübergreifend in menschlicher Natur begründet	kulturbedingt (gemeinsame Geschichte) Konventionen, Traditionen allg. verbindl. Überzeugungen Eigentums- / Sexual- / Sozialordnung
Erhaltung des eigenen Lebens, der Nächsten	– moralisches Verhalten – Zeremonien, Sitten – ästhetische Vor-Urteile

Transfer

In den Kapiteln „Leseergebnisse als Liste oder Tabelle festhalten“ (S. 114ff.) und „Gelesenes umformen und so besser behalten“ (S. 117ff.) finden sich weitere Anregungen für einfache grafische Darstellungen mit der doppelten Funktion, sowohl das Textverständnis zu vertiefen als auch das Behalten zu fördern.

1.3.5 Thematische Aspekte eines Textes klären

Es hängt sowohl von der Leseerfahrenheit als auch von der Vertrautheit mit dem Gegenstand ab, ob man in einem längeren Text auf den ersten Blick oder überhaupt erkennt, welche Aspekte des Themas angesprochen werden. Trotzdem scheint es uns sinnvoll, Lernende gezielt nach solchen Aspekten suchen zu lassen – bei einem Text, der sich dazu eignet und der von seinem Inhalt her Interesse weckt. Sofern die Aufgabe ernsthaft durchgeführt wird, enthält sie bereits wichtige Elemente der Analyse, weil 1. für eine Analyse relevante Aussagen ausgewählt werden und 2. diese Aussagen nach thematischen Aspekten geordnet und im Hinblick auf die Formulierung von Überschriften auf Gemeinsamkeiten hin untersucht werden. Natürlich ist die Aufgabe auch eine gute Vorbereitung auf eine inhaltliche Besprechung.

zu Arbeitsblatt 18 (S. 66ff.)

Thematische Aspekte eines Textes klären
„Woher die Woche kommt: Feiertage als Kampftage“

Gegenstand ist ein Text, in dem 3–4 unterschiedliche thematische Bereiche auszumachen sind. Diese sind teilweise Textteilen zugeordnet, teilweise liegen sie quer zu den Abschnitten.
Man benötigt Kärtchen, auf denen die Schüler Aussagen notieren, und ein Pickbord oder Plakat, an dem die Kärtchen in thematischer Gruppierung befestigt werden können.

1. Nach dem Lesen des Textes wird die Kursgruppe in Gruppen à 4–5 Schüler aufgeteilt. Jede Gruppe erhält 3–5 Kärtchen, auf denen sie ihnen wichtig erscheinende Aussagen des Textes notieren sollen.

2. Die Lehrkraft sammelt die Kärtchen ein, liest sie vor und pickt sie an, wobei sie inhaltlich zusammengehörende Aussagen nach Absprache mit den Kursteilnehmern zu Themenblöcken gruppiert.

3. Nun werden die Aussagengruppen noch einmal betrachtet (dabei können isolierte oder weniger interessante Aussagen aussortiert werden) und gemeinsam werden Überschriften für die thematischen Blöcke gesucht.

Lösungsvorschlag

Thematische Aspekte *könnten* sein:

- Kulturelle Motive für Zeiteinteilung (Symbolik, Herrschaft über die Zeit) (Z. 4ff. und Z. 13ff.)
- Alltagspraktische/ökonomische Motive (Z. 25ff. und Z. 31ff.)
- Betonung der Identität (Abgrenzung gegen andere Religion oder Kultur) (Z. 58ff. und Z. 68ff.)
- Merkmale der Heraushebung von Feiertagen in einer säkularisierten / nicht religiösen Gesellschaft (Z. 44ff. und Z. 96ff.)

Unterstreichen, Markieren, Schlüsselwörter, Randnotizen

„Funktionen der Zeichensetzung“

Baustein 1

Arbeitsblatt 1

Damit Unterstreichungen und Markierungen ihren Zweck erfüllen, nämlich den Text – entsprechend Ihrer Leseabsicht – übersichtlicher zu machen, ist es wichtig, nicht zu viel hervorzuheben.
Stellen Sie sich beim folgenden Text vor, Sie müssten den Inhalt lernen, und unterstreichen oder markieren Sie wirklich nur das Wichtigste, etwa 30–35 Wörter (wenn Sie mögen, zuerst mit Bleistift, dann mit dem Marker noch sparsamer). Kreisen Sie beim zweiten Lesen ganz wenige Schlüsselwörter ein oder notieren Sie ein Stichwort am Rand. Wenn Sie es für sinnvoll halten, zeichnen Sie auch einen Abschnitt ∫ ein.

Funktionen der Zeichensetzung

In ihren Anfängen richtete sich die Zeichensetzung vor allem nach der gesprochenen Sprache. Ebenso wie die ursprüngliche Aufgabe der Grapheme[1] primär darin bestand, die Phoneme[2] der gesprochenen Sprache abzubilden, war es die Funktion der Satzzeichen, intonatorische[3] Elemente ins Optische zu übertragen. Sie waren und sollten nichts anderes sein als eine Lesehilfe, d.h. eine Anweisung für die richtige Setzung der Pausen beim lauten Lesen. Im Unterschied zum modernen Gebrauch standen die Interpunktionszeichen[4] in der Antike in engstem Zusammenhang mit dem mündlichen Vortrag. Das erklärt auch, dass durchaus nicht alle lateinischen Texte interpunktiert waren, sondern nur solche, die für das laute Vorlesen bestimmt waren. Diese Funktion der Satzzeichen änderte sich mit der Erfindung des Buchdrucks. An die Stelle des Vorlesers trat der stille Leser, dem die Satzzeichen nicht in erster Linie eine Anweisung für das sinngemäße laute Lesen gaben, sondern dem sie die unmittelbare Sinnerfassung erleichtern sollten. Sie erhielten seitdem in zunehmendem Maße die Funktion, einen geschriebenen oder gedruckten Text übersichtlich zu gliedern, die Satzart zu kennzeichnen und dadurch die Verständlichkeit und Überschaubarkeit des Textes zu sichern. [...]

Aus: Dieter Nerius: Deutsche Orthographie. 3., neu bearbeitete Auflage, Mannheim/Leipzig/Wien/Zürich 2000, S. 143

Worterklärungen:

[1] *Graphem:* Schriftzeichen

[2] *Phonem:* sprachlicher Laut

[3] *intonatorisch:* auf die Betonung bezogen

[4] *Interpunktion:* Zeichensetzung, Satzzeichen

Schlüsselbegriffe hervorheben
„Kritische Sichtung der Medientheorien“

Baustein 1

Arbeitsblatt 2

Nummerieren Sie die Abschnitte. Lesen Sie den Text und unterstreichen Sie (mit Bleistift) nur wenige wichtige Begriffe, es sollten pro Abschnitt nicht mehr als fünf oder sechs sein (Einzelwörter oder Wortgruppen). Versuchen Sie in einem zweiten Durchgang noch einmal besonders wichtige Schlüsselbegriffe auszuwählen und z.B. durch Einkreisen oder farbig hervorzuheben.

Hans Magnus Enzensberger
Kritische Sichtung der Medientheorien*

Fernsehen verblödet: Auf diese schlichte These laufen so gut wie alle landläufigen Medientheorien hinaus, gleichgültig, wie fein gesponnen oder grob gewirkt sie daherkommen. Der Befund wird in der Regel mit einem gramvollen Unterton vorgetragen. Vier hauptsächliche Varianten lassen sich unterscheiden.

Die Manipulationsthese zielt auf die ideologische Dimension, die den Medien zugeschrieben wird. Sie sieht in ihnen vor allem Instrumente politischer Herrschaft und ist von ehrwürdigem Alter. Ursprünglich tief in den Traditionen der Linken verwurzelt, aber bei Bedarf auch von der Rechten genießerisch adaptiert[1], hat sie es ganz auf die Inhalte abgesehen, die vermeintlich das Programm der großen Medien bestimmen. Ihrer Kritik liegen Vorstellungen von Propaganda und Agitation zugrunde, wie sie aus früheren Zeiten überliefert sind. Das Medium wird als ein indifferentes Gefäß verstanden, das über ein passiv gedachtes Publikum Meinungen ausgießt. Je nach dem Standpunkt des Kritikers gelten diese Meinungen als falsch; sie müssen nach einem derartigen Wirkungsmodell notwendig falsches Bewußtsein erzeugen. Verfeinerte Methoden der Ideologiekritik erweitern diesen „Verblendungszusammenhang“, indem sie den Gegner mit immer subtileren und heimtückischeren Absichten ausstatten. An die Stelle der direkten Agitation tritt dann die schwer durchschaubare Verführung; der ahnungslose Konsument wird von den Drahtziehern überredet, ohne daß er wüßte, wie ihm geschieht.

Die Nachahmungsthese dagegen argumentiert vor allem moralisch. In ihren Augen bringt der Medienkonsum vor allem sittliche Gefahren mit sich. Wer sich ihm aussetzt, wird an Libertinage[2], Verantwortungslosigkeit, Verbrechen und Gewalt gewöhnt. Die subjektiven Folgen sind abgestumpfte, verhärtete und verstockte Individuen, die objektiven der Verlust sozialer Tugenden und der allgemeine Sittenverfall. Diese Form der Medienkritik speist sich, auf den ersten Blick erkennbar, aus bürgerlichen Quellen. Die Motive, die in ihr wiederkehren, lassen sich schon im 18. Jahrhundert nachweisen, in den vergeblichen Warnungen, welche die frühe Kulturkritik vor den Gefahren der Romanlektüre erschallen ließ.

Neueren Datums ist die Simulationsthese, die von einem erkenntnistheoretischen Verdacht beseelt ist. Sie ist auch insofern moderner, als sie auf die technische Entfaltung der Medien eingeht, also auch die Existenz des Fernsehens ernstnimmt, was man von ihren Vorgängern nicht behaupten kann. Ihr zufolge wird der Zuschauer durch das Medium außerstande gesetzt, zwischen Wirklichkeit und Fiktion zu unterscheiden. Die erste Realität werde also durch eine zweite, phantomhafte unkenntlich gemacht oder ersetzt. Eine weitergehende Version der These, die gelegentlich sogar affirmativ[3] auftritt, kehrt dieses Verhältnis um und behauptet, die Unterscheidung zwischen Wirklichkeit und Simulation sei unter den gegebenen gesellschaftlichen Verhältnissen sinnlos geworden.
Alle bisherigen konvergieren[4] in der vierten, der Verblödungsthese, die sich zu einer anthropologischen[5] Aussage verdichtet. Die Medien greifen, wenn man ihr folgt,

Baustein 1

Arbeitsblatt 2

nicht nur das Kritik- und Unterscheidungsvermögen, nicht nur die moralische und politische Substanz ihrer Nutzer an, sondern auch ihr Wahrnehmungsvermögen, ja ihre psychische Identität. Sie produzieren somit, wenn man sie gewähren läßt, einen Neuen Menschen, den man sich, je nach Belieben, als Zombie oder Mutanten[6] vorstellen kann.

Alle diese Theorien sind schwach auf der Brust. Beweise halten ihre Urheber für entbehrlich. Selbst das Minimalkriterium der Plausibilität macht ihnen keinerlei Kopfzerbrechen. So ist es, um nur ein Beispiel zu nennen, bisher niemandem gelungen, uns außerhalb der psychiatrischen Klinik auch nur einen Fernsehteilnehmer vorzuführen, der außerstande wäre, zwischen einem Ehekrach in der laufenden Serie und an seinem Frühstückstisch zu unterscheiden. Die Verfechter der Simulationsthese scheint das nicht zu stören.

Ebenso kurios, vielleicht aber noch folgenschwerer ist eine andere Gemeinsamkeit der genannten Theorien. Der Nutzer der Medien erscheint in ihnen grundsätzlich als wehrloses Opfer, der Veranstalter dagegen als durchtriebener Täter. Diese Opposition wird mit tiefem Ernst und beachtlicher Gründlichkeit durchgehalten: Manipulatoren und Manipulierte, Vorahmer und Nachahmer, Simulanten und Simulierte, Verblöder und Verblödete stehen einander in schöner Symmetrie gegenüber. Offen muß dabei die Frage bleiben, auf welcher Seite der jeweilige Theoretiker zu suchen ist. Entweder er macht von den Medien keinerlei Gebrauch, dann weiß er nicht, wovon er spricht; oder aber er setzt sich ihnen aus, dann stellt sich die Frage, durch welches Wunder er ihrer Wirkung entgangen ist; denn im Gegensatz zu allen andern ist er moralisch völlig intakt geblieben, kann souverän zwischen Blendwerk und Realität unterscheiden und erfreut sich völliger Immunität[7] gegenüber der Idiotie, die er bei jenen kummervoll konstatiert. Oder sollten – fataler Ausweg aus dem Dilemma – seine Theorien ihrerseits Symptome einer universellen Verblödung sein?

Wie dem auch sei, daß sie ihre Wirkung verfehlt hätten, kann man kaum behaupten. Zwar ihr Einfluß auf das, was gesendet wird, hält sich in engen Grenzen, was man je nach Laune betrüblich finden oder dankbar vermerken, aber kaum bestreiten kann. Hingegen haben sie in der sogenannten Medienpolitik offene Ohren gefunden. Das ist auch nicht verwunderlich; denn die Überzeugung, daß er es „draußen im Lande“ mit Millionen von Idioten zu tun hat, gehört zur psychischen Grundausstattung des Berufspolitikers. Der umgekehrte Eindruck festigt sich, wenn man verfolgt, wie die Veteranen[8] des Faches untereinander und mit den Funktionären der Medien um jede Minute kämpfen, wenn es darum geht, ihre Limousine, ihren historischen Auftritt vor der Ehrenkompanie, ihre Frisur hinter dem Blumentopf und vor allem ihre Sprechwerkzeuge vorzuzeigen. Rührender Eifer, mit dem die Zahl der Sendeminuten, der Kamerawinkel, der Grad von Devotion[9] auf Seiten des Reporters, der Pegel des rauschenden Beifalls registriert werden! Die gute alte Manipulationsthese hat es ihnen ganz besonders angetan. Das erklärt den zähen Hader um die „Gremien“, die nie erlahmende Ämterpatronage[10] und den heißen Wunsch, sich ein für alle Male die Kontrolle über den ganzen Laden zu verschaffen.

Aus: Hans Magnus Enzensberger: Das Nullmedium oder Warum alle Klagen über das Fernsehen gegenstandslos sind. Essay. In: ders.: Mittelmaß und Wahn. © Frankfurt/M.: Suhrkamp Verlag 1988, S. 89–92. Aus urheberrechtlichen Gründen nicht in reformierter Schreibung

Worterklärungen:

1 *adaptiert:* aufgenommen und „anverwandelt“
2 *Libertinage:* Liederlichkeit, Zügellosigkeit
3 *affirmativ:* bejahend, bestätigend
4 *konvergieren:* laufen zusammen
5 *anthropologisch:* das Wesen des Menschen betreffend
6 *Mutant:* Individuum mit veränderten Erbeigenschaften
7 *Immunität:* Straffreiheit
8 *Veteran:* alter Soldat
9 *Devotion:* Untertänigkeit
10 *Ämterpatronage:* Begünstigung bei der Vergabe von Ämtern

Scheinbar einfache Lesetechniken: Kritik-Übung
„Soziologie"

Baustein 1
Arbeitsblatt 3

1. *Der unten abgedruckte Text wurde von einem Schüler so, wie er vorliegt, bearbeitet. Schreiben Sie stichwortartig auf, was Sie an den Hervorhebungen (Markierungen, Unterstreichungen, Absatzzeichen) zu kritisieren haben.*
2. *Welche Schlüsselwörter könnte man besonders hervorheben? Es sollten höchstens sechs sein.*
3. *Überlegen Sie, wo Randzeichen (Ziffer, Stichwort) die Gliederung des Textes deutlicher machen könnten.*
4. *Suchen Sie anstelle der Überschrift, die der Schüler gewählt hat, eine treffendere Überschrift.*

Soziologie als soziale Wissenschaft

[...] Soziologie hat etwas mit „sozial" zu tun. Vielleicht kommen wir dieser Wissenschaft also etwas näher, wenn wir uns einige Wortverbindungen und Bedeutungen vergegenwärtigen, in denen das Wort „sozial" in der Alltagssprache auftaucht.
Da gibt es einmal den Gebrauch des Wortes „sozial" zur Beschreibung von persönlichen Eigenschaften, z.B. wenn wir jemandem bescheinigen, er habe „sozial" gedacht, oder einen anderen kritisieren, er sei „unsozial". Auf einer anderen Ebene z.B. ist von „Sozialpolitik" als einem wichtigen Bereich gesetzgeberischer Aktivitäten oder von „sozialen Diensten" die Rede, die von Kommunalverwaltungen eingerichtet werden.
Diese alltagssprachlichen Begriffsverwendungen haben ein gemeinsames Grundthema: „Sozial" hat etwas mit Hilfsbereitschaft, mit der Einrichtung staatlicher Hilfen für Bedürftige, mit „Kümmern um den Nächsten" zu tun. Wer sich „unsozial" verhält, ist rücksichtslos und ignoriert die Interessen und Schwierigkeiten seiner Mitmenschen. / Haben Soziologen also alle eine besondere „soziale Ader", sind sie professionelle Helfer, die von Berufs wegen viel Verständnis für ihre Mitmenschen aufbringen, sind sie gewissermaßen ausgebildete Menschenfreunde mit staatlicher Prüfung? Die alltagssprachliche Verwendung des Begriffs „sozial" verweist auf zwei Dinge, die für die Annäherung an das Thema wichtig sind. Zum einen scheint „sozial" also etwas mit anderen, mit den Mitmenschen zu tun zu haben. „Sozial" bezieht sich also zunächst auf Bedürfnisse und Probleme, die wir in unmittelbarem Kontakt mit den Menschen in der Familie oder am Arbeitsplatz erfahren. Der Kreis, auf den sich „sozial" bezieht, ist begrenzt, überschaubar, betrifft unseren Umgang mit konkreten anderen Menschen. Es ist die Welt im Kleinen, um die es geht.
Zum andern hat „sozial" – dies zeigen Begriffe wie „Sozialpolitik" oder „Sozialpartner" – offensichtlich über unsere eigenen Erfahrungsmöglichkeiten hinaus etwas mit der Lebenssituation ganzer Gruppen zu tun. So wissen wir, dass alte Menschen oft isoliert sind, dass Frauen in bestimmten Berufen keine Chancen haben, dass Arbeitnehmer für ihre Rechte kämpfen usw. Obwohl wir zahlreiche Fälle kennen, in denen dies stimmt – oder auch nicht –, kennen wir die „soziale" Lage dieser Gruppen nicht genau. Wir verlassen uns auf das, was man allgemein dazu sagt.
Schließlich wird der Kreis, auf den sich der Begriff „sozial" bezieht, so groß, dass wir die Lage aller Menschen und Gruppen und die Bedingungen und Formen ihres Zusammenlebens zusammen betrachten. Dann sprechen wir z.B. von der <u>„sozialen" Lage der Bundesrepublik</u> und meinen unsere Gesellschaft „im Großen".
[...] [Jedenfalls] besteht doch Einigkeit darüber, dass sich die Soziologie mit „zwischenmenschlichen Verhältnissen" bzw. „komplexesten Prozessen des menschlichen Zusammenlebens" beschäftigt. Also nicht „Helfen" und „Hilfsbereitschaft" ist das „So-

ziale" am Beruf des Soziologen, sondern die rationale Analyse der Beziehungen zwischen Menschen im gesellschaftlichen Zusammenleben.

Nach H. Abels/H. Stenger: Gesellschaft lernen. Einführung in die Soziologie. Opladen: Leske + Budrich 1998, S. 14–15

Lesen zu zweit: Unterstreichen, Markieren, Randzeichen

„Warum ich chatte“

Baustein 1

Arbeitsblatt 4

1. *Lesen Sie den Text von Fredrika Gers und unterstreichen Sie die Argumente für das Chatten. Achten Sie darauf, jedes Argument eindeutig vom umgebenden Text abzugrenzen. Unterstreichen Sie sparsam!*

2. *Nummerieren Sie die gefundenen Argumente am Rand, zählen Sie dabei nur jedes neue Argument.*

3. *Vergleichen Sie dann Ihre Unterstreichungen mit Ihrem Nachbarn/Ihrer Nachbarin. Haben Sie die gleiche Zahl von Argumenten gefunden? Diskutieren Sie über Ihre Lösungen.*

Fredrika Gers

Warum ich chatte*

Seit ich es 1987 endlich zu einem PC gebracht habe, bin ich fast jeden Abend online. In dieser Zeit habe ich rund hundert User persönlich kennen gelernt. Und mit persönlich meine ich RL, Real Life, Face to Face. Im Ernst, die Leute am anderen Ende der Leitung sind alle aus Fleisch und Blut. Man wird nicht zum virtuellen Monster, nur weil man sich eines Kommunikationsinstruments bedient, das etwas mehr Elektronik enthält als ein Telefon. An dieser Stelle höre ich meine Mutter: „Aber diese kalte Technik dazwischen, wo man sich noch nicht mal sieht – wie kann man sich da kennen lernen?“ Die Antwort lautet: „Besser als sonst wo.“ [...]

Okay, sich da so irgendwie zu unterhalten, mag ja noch hingehen. Aber erzählen Sie mal Ihren Verwandten und Offline-Bekannten, Sie hätten Ihren neuen Freund per Computer kennen gelernt. Es ist, als hätte man sich das Exemplar per Tintenstrahler selbst gedruckt. Aber Sie können ruhig anfassen, alles echt.
Im Cyberspace laufen wirklich die nettesten Männer frei herum. Nette Frauen auch, aber leider immer noch viel zu wenig. Für mich hat das natürlich den Vorteil, immer Henne im Korb zu sein. (Hallo Frauen, dies war jetzt ein offizieller Geheimtipp, verdammt noch mal!)

In der Disko entscheidet ein kurzer Blick, ob der Baggerkönig Chancen hat oder nicht. Dabei ist es ganz egal, was er gegen den Lärm anbrüllt. Im Chat ist es genau umgekehrt. Das Aussehen ist zunächst völlig gleichgültig, es geht ausschließlich um Worte – um die getippten Zeilen auf dem Bildschirm. Zu jung, zu alt, falsche Klamotten – sorry, diese Krücken fehlen. Vielleicht ist es das, was manchen Menschen Angst macht: Sie haben keine Angriffsfläche für ihre Vorurteile.
In diesem Medium lernt man Menschen von innen her kennen. Hat der andere was in der Birne? Hat er Humor, welche politischen Ansichten hat er, ist er schnell beleidigt, was bewegt ihn – was für ein Mensch ist er?

Danke für den Zwischenruf, jaja, es gibt auch Fakes, Leute, die sich online total verstellen. Ich habe aber in fast zehn Jahren erst einen einzigen kennen gelernt. Der hat drei Monate durchgehalten und ein paar Computerkids in sich verliebt gemacht.

Die meisten Leute haben keinen derart langen Atem. Außerdem ist es auch nicht sinnvoll, denn beim ersten persönlichen Treffen kommt sowieso alles raus. Wenn der Chatpartner sich beharrlich weigert, zu einem Treffen, selbst mit mehreren Leuten, im unverbindlichen Rahmen zu erscheinen, ist das ein Indiz, dass Schein und Wirklichkeit nicht ganz zusammenpassen.

Baustein 1

Arbeitsblatt 4

[...]
Vergessen wir die Fakes. Thema Kontaktanbahnung. Genauso wie im wirklichen Leben passieren auch online die besten Sachen, wenn man sie einfach geschehen lässt. Wer sofort nach Betreten des Chats anfängt, alle Personen des anderen beziehungsweise gleichen Geschlechts oder beide wild anzubaggern, hat hier noch weniger Chancen als in der Dorfdisko. Er wird entweder rausgeworfen oder ignoriert. Und dieses Ignorieren geht weit über geflissentliche Nichtbeachtung hinaus. Einfach */ignore Harald* eintippen und Nachrichten von Harald werden mir gar nicht mehr angezeigt. Ende der Fahnenstange.

Ich sitze da also friedlich, gemütlich und sicher zu Hause bei einem Weißbier und schwatze online per Tastatur mit fünf, sechs Typen, die kreuz und quer über die Republik verstreut sind. Einer hat sich auch aus USA zugeschaltet, um sein Deutsch aufzupolieren. Wir reden über dies und das, und die Bemerkungen von dem einen Kerl finde ich immer besonders treffsicher und witzig.
Bald weiß ich, was er beruflich macht und wie alt er ist. Ziemlich schnell unterhalten wir uns auch über wesentlich privatere Dinge. Die Vertrautheit der eigenen Umgebung und das Bewusstsein, jederzeit gehen zu können, tragen viel dazu bei, dass man bei solchen nächtlichen Chats wesentlich mehr aus sich herausgeht als bei einem Kneipengespräch.
Übrigens hat mein Gesprächspartner heutzutage natürlich auch eine Homepage, und weil mein Interesse an ihm sich verdichtet, gucke ich mir die an. Und natürlich ist da auch ein Foto von ihm drauf. Ich weiß jetzt so ziemlich alles von ihm – sogar, wie er aussieht. Ist das vielleicht anonym?

Wenn zwei Leute im Chat verschärftes Interesse aneinander feststellen, treffen sie sich normalerweise früher oder später auch im Real Life. Entweder dezent privat oder unverbindlich auf einem öffentlichen Treffen der jeweiligen Usergemeinde. Das ist dann, als würde man einen Film sehen, dessen Romanvorlage man kennt. Mal sehen, wie die das realisiert haben. Die zwei bis drei Lebensabschnittsgefährten, die ich auf diese Weise kennen gelernt habe, haben alle wesentlich besser zu mir gepasst als frühere Zufallsbekanntschaften.
Gerade Individualisten mit Ecken und Kanten haben meiner Meinung nach online bessere Chancen, einen passenden Partner zu finden. Wer sowieso mit jedem auskommt, kann auch in die Disko gehen.

Fredrika Gers, in: Spiegel special, Computer verändern die Welt, 3/1997

Gelenkstellen erkennen, Gliederungssignale und Strukturwörter nutzen

„Stigma und soziale Identität"

Baustein 1

Arbeitsblatt 5

1. *Lesen Sie den Text und markieren Sie zunächst nur die Gliederungssignale.*
2. *Markieren Sie beim zweiten Lesen wichtige Strukturwörter.*

Erving Goffman

Stigma und soziale Identität

Die Griechen, die offenbar viel für Anschauungshilfen übrig hatten, schufen den Begriff *Stigma* als Verweis auf körperliche Zeichen, die dazu bestimmt waren, etwas Ungewöhnliches oder Schlechtes über den moralischen Zustand des Zeichenträgers zu offenbaren. Die Zeichen wurden in den Körper geschnitten oder gebrannt und taten öffentlich kund, dass der Träger ein Sklave, ein Verbrecher oder ein Verräter war – eine gebrandmarkte, rituell für unrein erklärte Person, die gemieden werden sollte, vor allem auf öffentlichen Plätzen. Später, in christlichen Zeiten, wurden dem Begriff noch zwei metaphorische Inhalte hinzugefügt: der erste bezog sich auf körperliche Zeichen göttlicher Gnade, die in der Form von Blumen auf der Haut aufbrachen; der zweite, eine medizinische Anspielung auf diese religiöse Anspielung, bezog sich auf körperliche Zeichen physischer Unstimmigkeit. Heute wird der Terminus weitgehend in einer Annäherung an seinen ursprünglichen wörtlichen Sinn gebraucht, aber eher auf die Unehre selbst als auf deren körperliche Erscheinungsweise angewandt. Ferner sind Verschiebungen aufgetreten in den Arten von Unehre, die Betroffenheit auslösen. Die Wissenschaftler haben sich jedoch kaum bemüht, die strukturellen Vorbedingungen von Stigma zu beschreiben oder auch nur eine Definition des Begriffs zu liefern. [...]

Aus: Erving Goffman: Stigma. Über Techniken der Bewältigung beschädigter Identität. © Frankfurt/Main: Suhrkamp 1975, S. 9

Gelenkstellen erkennen: Gliederungssignale und Strukturwörter nutzen

„Symmetrische und komplementäre Kommunikation"

Baustein 1

Arbeitsblatt 6

1. *Lesen Sie den Text und markieren Sie zunächst nur die Gliederungssignale.*

2. *Markieren Sie beim zweiten Lesen – in anderer Farbe oder durch Einkreisen – wichtige Strukturwörter. Notieren Sie am Rand ihre Funktion (vgl. Beispiel).*

Paul Watzlawick u.a.

Symmetrische und komplementäre Kommunikation

Funktion der Strukturwörter

[Zwischenmenschliche Kommunikationsabläufe sind entweder symmetrisch oder komplementär, je nachdem, ob die Beziehung zwischen den Partnern auf Gleichheit oder Unterschiedlichkeit beruht.]

Alternative

Im ersten Fall ist das Verhalten der beiden Partner sozusagen spiegelbildlich und ihre Interaktion[1] ist daher *symmetrisch.* Dabei ist es gleichgültig, worin dieses Verhalten im Einzelfall besteht, da die Partner sowohl in Stärke wie Schwäche, Härte wie Güte und jedem anderen Verhalten ebenbürtig sein können. Im zweiten Fall dagegen ergänzt das Verhalten des einen Partners das des anderen, wodurch sich eine grundsätzlich andere Art von verhaltensmäßiger Gestalt ergibt, die *komplementär* ist. Symmetrische Beziehungen zeichnen sich also durch Streben nach Gleichheit und Verminderung von Unterschieden zwischen den Partnern aus, während komplementäre Interaktionen auf sich gegenseitig ergänzenden Unterschiedlichkeiten basieren.

In der komplementären Beziehung gibt es zwei verschiedene Positionen. Ein Partner nimmt die so genannte superiore[2], primäre Stellung ein, der andere die entsprechende inferiore[3], sekundäre. Diese Begriffe dürfen jedoch nicht mit „stark" und „schwach", „gut" und „schlecht" oder ähnlichen Gegensatzpaaren verquickt werden. Komplementäre Beziehungen beruhen auf gesellschaftlichen oder kulturellen Kontexten (wie z.B. im Fall von Mutter und Kind, Arzt und Patient, Lehrer und Schüler), oder sie können die idiosynkratische[4] Beziehungsform einer ganz bestimmten Dyas[5] sein. In beiden Fällen muss jedoch die ineinander verzahnte Natur der Beziehung hervorgehoben werden, wobei unterschiedliche, aber einander ergänzende Verhaltensweisen sich gegenseitig auslösen. Es ist nicht etwa so, dass ein Partner dem anderen eine komplementäre Beziehung aufzwingt; vielmehr verhalten sich beide in einer Weise, die das bestimmte Verhalten des anderen voraussetzt, es aber gleichzeitig auch bedingt.

Aus: Watzlawick, Paul/ Beavin, Janet H./ Jackson, Don D.: Menschliche Kommunikation. Formen, Störungen, Paradoxien. Bern, Stuttgart, Wien: Hans Huber Verlag, 4. Aufl. 1974, S. 69–70

Worterklärungen:

[1] *Interaktion:* aufeinander bezogenes Handeln zweier oder mehrerer Personen

[2] *superior:* übergeordnet

[3] *inferior:* untergeordnet

[4] *idiosynkratisch:* persönlich empfunden

[5] *Dyas:* Zweierbeziehung

Fragen zum Text formulieren
„Das 18. Jahrhundert – Was ist politisch und gesellschaftlich neu?“

Baustein 1

Arbeitsblatt 7

Lesen Sie den Text „Das 18. Jahrhundert – Was ist politisch und gesellschaftlich neu?“ und bearbeiten Sie ihn mit Hervorhebungen und Randzeichen, um ihn genau zu verstehen. Überlegen Sie nach dem Lesen in der Gruppe, auf welche Fragen der Text eine Antwort gibt, es sollen etwa zehn Fragen werden. Formulieren Sie die Fragen möglichst so, dass die Antwort nicht wortwörtlich im Text zu finden ist. Eine andere Gruppe soll die Fragen später beantworten.

Das 18. Jahrhundert – Was ist politisch und gesellschaftlich neu?

Zu Recht ist das 18. Jahrhundert von den Zeitgenossen und später von Historikern als eine Epochenwende und als Beginn der modernen Zeit empfunden worden. Das Deutsche Reich war seit dem Dreißigjährigen Krieg in eine Vielzahl von kleinen und kleinsten Territorien zersplittert und ähnelte mehr einem „Monstrum“ als einem modernen Staat. Neben über 300 souveränen Territorien gab es eine Fülle von halb autonomen Gebieten und Städten, die eine kaum zu entwirrende Parzellierung des Reichsgebietes bewirkt hatten. Die Reichsgewalt des Heiligen Römischen Reiches Deutscher Nation – so der offizielle Titel – lag zwar bis zum Jahre 1806 beim Deutschen Kaiser, sie war aber nur auf ganz wenige Rechte beschränkt und hatte eine mehr symbolische Bedeutung. Die wichtigen politischen Entscheidungen lagen bei den Territorialstaaten, die ihre Gesetzgebung, Gerichtsbarkeit, Landesverteidigung, Polizeigewalt (einschließlich der Zensur) etc. unabhängig von der Reichsgewalt ausübten.

[...]

Die unzähligen Miniaturpotentaten konnten ihre aufwändige Hofhaltung nur durch die rückhaltlose Auspressung ihrer Untertanen aufrechterhalten. Tatsächlich waren die Lebensbedingungen der Bevölkerung mehr als dürftig. Bedrückt von feudalen Lasten und fürstlicher Willkür hatten die Bauern, die zum großen Teil noch Leibeigene ihres jeweiligen Herrn waren, kaum mehr als das Lebensnotwendige, oft sogar, wenn Missernten dazu kamen, noch weniger. Es ist ein düsteres Bild, das man vom 18. Jahrhundert gewinnt, wenn man sich die Lebensbedingungen der Unterschichten, die immerhin über zwei Drittel der Gesamtbevölkerung ausmachten, ansieht. Auch in den großen Staaten wie Preußen oder Sachsen sah es nicht viel besser aus.

[...]

Woher nehmen die Historiker die Rechtfertigung, dennoch vom Anbruch der modernen Zeit zu sprechen? Wenn man die Lage der Unterschichten isoliert von der gesamtgesellschaftlichen Entwicklung betrachtet, übersieht man leicht, dass sich im Schoß jener feudalen Gesellschaft neue ökonomische Kräfte regten und sich eine neue soziale Klasse herausbildete, die die Moderne prägen sollte: der Industriekapitalismus und das Handel treibende und Kapital besitzende Bürgertum. Vor allem in den Städten entwickelte sich ein Bürgertum, das durch Handel, Bankgewerbe und Manufakturwesen zu Geld und sozialem Prestige gelangte. Zwar war dieses Bürgertum noch schwach und zahlenmäßig klein, aber es machte doch deutlich, dass der Feudalismus historisch überfällig war. Die Kräfteverschiebungen im Verhältnis der einzelnen Stände zueinander brachten Spannungen in die seit dem Mittelalter hierarchisch gegliederte Ständepyramide, die zur Auflösung der Ständegesellschaft und zur Herausbildung der bürgerlich-egalitären Gesellschaft führen sollte. Im 18. Jahrhundert zeigten sich diese Spannungen vor allem als Konfrontation zwischen Adel und Bürgertum. Die Bürger waren nicht länger gewillt, die politische und kulturelle Vorherrschaft des Adels, der nur einen verschwindend kleinen Bruchteil der Gesamtbevölkerung ausmachte, als gottgegeben und unveränderlich hinzunehmen. Die Bürger meldeten ihren eigenen Souveränitätsanspruch an.

Aus: Ernst Beutin: Deutsche Literaturgeschichte. Von den Anfängen bis zur Gegenwart. 6. verbess. und erw. Auflage, © 2001 J. B. Metzlersche Verlagsbuchhandlung und Carl Poeschel Verlag GmbH in Stuttgart

Baustein 1

Arbeitsblatt 8

Einen Text durch W-Fragen erschließen
„Protest“

1. *Ordnen Sie die Informationen des Textes in das Fragenraster ein.*
2. *Stellen Sie die Informationen um, sodass die Reihenfolge wer – wann – wo – was – wie – warum entsteht. Wie wirkt der Text im Vergleich zum Original?*
3. *Schreiben Sie selber einen Artikel nach diesem oder einem ähnlichen Muster.*

Protest

Aus Protest gegen eine angeblich ungerechte Geldstrafe hat eine Spanierin den geforderten Geldbetrag von 620 Euro in Münzen von einem Cent eingezahlt. Zusammen mit mehreren Verwandten schleppte die verurteilte María Rosa Bartolía am Donnerstag einen Plastikbeutel mit 62.000 Münzen in das Gerichtsgebäude von Barcelona. Die Münzen wogen fast eine halbe Tonne. Bartolía war verurteilt worden, weil sie ihrem Vetter bei einem Streit eine Ohrfeige gegeben haben soll.

In: taz, 19./20. Okt. 2002

Wer?	
Wann?	
Wo?	
Was?	
Wie?	
Warum?	

Einen Text durch W-Fragen erschließen

„Online-Psychotherapie"

1. *Ordnen Sie die Informationen des Textes in das Fragenraster ein.*
2. *Schreiben Sie auf der Grundlage Ihrer Einträge eine knappe Zusammenfassung des Textes (max. 6 Sätze).*

Hermann Englert

Online-Psychotherapie. Bildschirm statt Couch

Noch ist Internet-Therapie nicht zugelassen. Amsterdamer Forscher beweisen jedoch, dass die Heilung psychischer Störungen per Computer möglich ist.

Kann das wirklich funktionieren? Online zehn Texte verfassen unter der Anleitung eines Therapeuten, den man nie sieht – und dabei ein psychisches Trauma[1] verarbeiten? „Ja", lautet die Antwort von Alfred Lange, dem Leiter der Abteilung für klinische Psychologie an der Universität Amsterdam. Der Mediziner arbeitet an der Entwicklung von psychotherapeutischen Methoden, die auf dem Schreiben von Texten beruhen und so eine Behandlung über das Internet ermöglichen. Dabei geht sein Ansatz über den bloßen Austausch von E-Mails hinaus: „Die Teilnehmer schreiben in eine eigene Webseite, über die sie auch Rückmeldung von ihrem Therapeuten erhalten. Dabei folgt der Behandlungsablauf einem strengen Muster", erklärt Alfred Lange.

Entwickelt wurde Interapy – so heißt diese Methode – für Menschen mit posttraumatischen Belastungsstörungen. Rund 300 Menschen mit diesem Problem wurden von Lange und seinen Kollegen bislang per Internet betreut. Seit einigen Monaten gibt es jetzt ein zweites Angebot: Therapie für Burn-out-Patienten. Interapy findet derzeit leider nur auf holländisch statt. Lange hat jedoch bereits Kooperationen mit ausländischen Universitäten vereinbart, die ihm dabei helfen werden, das Verfahren zunächst auf Englisch, später auch auf Deutsch zugänglich zu machen.

Die Argumente für die Alternative zur Freudschen Couch: Interapy ist erfolgreich und schnell. „Bei rund zwei Dritteln der online betreuten Trauma-Patienten haben sich die Symptome deutlich gebessert", sagt der Forscher. Zum Vergleich: Bei der traditionellen Psychotherapie rechnet man je nach angewandter Methode typischerweise mit einer Erfolgsquote von bestenfalls vierzig bis fünfzig Prozent. Dabei kommt diese in vielen Fällen nicht mit zehn Sitzungen aus wie Interapy.

Für Lange ist das Medium Computer nicht einmal unbedingt für den Erfolg ausschlaggebend: „Der Ablauf von Interapy basiert auf dem Wissen aus zahlreichen erfolgreichen Studien mit Trauma-Opfern, die in persönlichen Sitzungen behandelt wurden." Die internetbasierte Therapie ist jedoch in vielen Fällen eine interessante Alternative: für Menschen, die häufig reisen müssen, die weit weg von einem Therapeuten wohnen – oder die sich nicht ins Zimmer des Psychologen trauen. Viele Menschen möchten ihre intimsten Gedanken und Gefühle lieber einem Computer-Bildschirm anvertrauen als direkt einem anderen Menschen.

Unter www.interapy.nl können sich Interessierte zunächst über Traumata sowie posttraumatische Belastungsstörungen informieren. Wer an Interapy teilnehmen möchte, muss dann mehrere Fragebogen ausfüllen. Einerseits werden dabei die Symptome der psychischen Erkrankung erfasst, andererseits dient dies der Sicherheit des Patienten. Menschen, die möglicherweise an einer Psychose[2] leiden oder selbstmordgefährdet sind, aber auch Drogen- und Alkoholabhängige können nicht an der Online-Therapie teilnehmen. Sie erhalten Informationen über alternative Angebote.

Baustein 1

Arbeitsblatt 9

Die Behandlung selbst basiert auf einem dreischrittigen therapeutischen Modell: Konfrontation, kognitive[3] Neubewertung und Abschied vom Trauma. In der ersten Phase beschreibt der Teilnehmer möglichst plastisch das traumatische Erlebnis und seine Gedanken und Ängste, und zwar im Präsens und in der Ich-Form. Zweck dieses – unter Umständen sehr schmerzhaften – Schrittes ist, sich an die Angst auslösenden Reize zu gewöhnen. Nach der zugrunde liegenden Theorie verlieren diese so ihren Schrecken. Phase zwei besteht darin, eine neue Einstellung zum Trauma zu gewinnen. Opfer eines Überfalls, die sich oftmals selbst die Schuld für die Gewalttat geben, können beispielsweise erkennen, dass sie sich damals völlig richtig und vielleicht sogar mutig verhalten haben. In der letzten Phase haben die Trauma-Opfer die Aufgabe, einen symbolischen Brief zu verfassen, in dem sie ihre Erfahrungen feierlich resümieren, ihre neue Haltung bekräftigen und Vorsätze für die Zukunft niederschreiben. [...]

In: Gehirn & Geist Nr. 3, 2002

Wer?	
Wann?	
Wo?	
Was?	
Wie?	
Warum?	

Worterklärungen:

[1] *Trauma:* seelische Verletzung bzw. Erschütterung

[2] *Psychose:* geistig-seelische Störung

[3] *kognitiv:* verstandesmäßig

Das Kernproblem eines Textes erfragen
„Telearbeiterin im Home-Office"

Baustein 1

Arbeitsblatt 10

1. *Lesen Sie den Text. Bearbeiten Sie ihn mit Markierungen / Unterstreichungen und / oder Randnotizen und konzentrieren Sie sich auf die Stellen, die eine Antwort auf die folgenden Fragen enthalten:*

Um welches Problem geht es?
Wodurch wird es verursacht?
Wie wird es gelöst? Mit welchen Hindernissen, Einschränkungen, Erfolgen?

2. *Tragen Sie die Antworten in das Schema unter dem Text ein. Sie haben damit eine Grundlage für eine Zusammenfassung.*

Telearbeiterin im Home-Office

[...] Die durch Kinder mitbestimmten Pausen kennt auch Andrea Amelung nur zu gut. Die Sekretärin ist als Vollzeitkraft bei Beiersdorf in Hamburg angestellt. Ist ihr sechsjähriger Sohn zu Hause, fordert er die Aufmerksamkeit seiner Mutter. Da muss die 32-jährige Tele-Arbeiterin oft ihr ganzes pädagogisches Geschick aufbringen, um Unmut und Tränen zu vermeiden.

„Alexander wechselte vom Betriebskindergarten in die Vorschule, da brauchte ich einen Halbtagsjob", erinnert sich Frau Amelung. Doch ihr Chef in der Marketing- und Vertriebsabteilung hatte andere Pläne: gleiche Stundenzahl, teils zu Hause und teils im Büro. Sie willigte ein. Wie sie sich ihre Stunden nun aufteilt, richtet sich nach Arbeitsanfall und privaten Bedürfnissen.

Anfangs schlüpfte Andrea Amelung eher in die Rolle eines Tele-Pendlers. „Ich weiß nicht, wie oft ich den PC wieder zu Beiersdorf geschleppt habe oder der Techniker kommen musste, weil das alles nicht funktionierte", erzählt sie. [...] Andrea Amelungs Online-Arbeitsleben beginnt „so richtig erst nach der ‚Sesamstraße'".

Von diesem Arbeitsrhythmus profitiert ihr Chef. Hat er abends um acht „etwas Dringendes", kann er auf die Loyalität[1] seiner Kollegin zählen: „Er weiß ganz genau, ich mach ihm das bis morgens fertig." Ein „riesiges Überstundenkonto" hat Andrea Amelung dennoch nicht mehr. Gearbeitet wird, wenn Arbeit anfällt, „und nicht, wie im Büro, wo man drei Stunden Däumchen dreht, sich die Zeit bezahlen lässt, locker Überstunden macht und irgendwann abbummelt". Doch trotz des flexiblen Einsatzes wird Zeit zur Mangelware. „Längere Plaudereien" kann sich Frau Amelung kaum mehr leisten. „Ohne Kinder", sagt sie, „würde ich die Tele-Arbeit wohl nicht vorziehen." [...]

In: Die Woche, 1997

Worterklärungen:

[1] *Loyalität:* Treue, besonders gegenüber dem Vorgesetzten

Problem?	
Ursache?	
Lösung?	

Baustein 1

Arbeitsblatt 11

Einen Text durch allgemeine inhaltsunabhängige Fragen erschließen

„Den lautlosen Killern soll es an den Kragen gehen“

Lesen Sie den folgenden Text und beantworten Sie – als Vorbereitung einer Zusammenfassung – folgende Fragen. Lassen Sie nach jeder Frage etwas Platz für eventuelle spätere Ergänzungen.

1. *Um welches Thema (um welches Problem / um wen) geht es?*
2. *Was sind die wichtigsten Aussagen zu diesem Thema (zu diesem Problem / dieser Person)?*
3. *Wie kommt der Autor zu diesen Aussagen? / Wie werden diese Aussagen begründet?*
4. *Welche Schlussfolgerung / Bilanz zieht der Autor?*

Edgar Denter

Den lautlosen Killern soll es an den Kragen gehen

Pflanzenschutzmittel wie DDT gehören zu den Stoffen, die Mensch und Umwelt schädigen. Mit der Stockholm-Konvention werden sie weltweit verboten.

Bonn. Als tickende Zeitbomben lagern gefährliche Giftstoffe rund um den Erdball. Besonders ärmere Entwicklungsländer stehen vor einem immensen Entsorgungsproblem dieser „lautlosen Killer“, bei denen es vor allem um Pestizide von Chemiekonzernen aus den Industrieländern geht. Jahrelang hat die internationale Staatengemeinschaft um ein weltweites Verbot dieser Schadstoffe gerungen. Nun ist ein Abkommen unter Dach und Fach.

Rund 120 Vertragsstaaten wollen die Konvention am Mittwoch in Stockholm feierlich unterzeichnen. Mit ihr werden Produktion und Anwendung von zwölf besonders gefährlichen und schwer abbaubaren organischen Schadstoffen (Persistant Organic Pollutants – kurz: POPs) verboten. Dieses „dreckige Dutzend“ – Pflanzenschutzmittel wie DDT, Aldrin oder Heptachlor sowie Dioxine, Furane und polychlorierte Biphenyle (PCB) – kann nach wissenschaftlichen Erkenntnissen auch in kleinen Dosen zu Krebs, Störungen des Immun- und Hormonsystems sowie zu schleichenden Umweltzerstörungen führen.

Die USA, die sich unter der neuen Regierung Bush nicht gerade als Umweltfreund präsentieren, sind bei dieser Unterzeichnung dabei. Deutschland war nach dem Urteil der federführenden Umweltbehörde der Vereinten Nationen (Unep) die treibende Kraft bei den Verhandlungen. Bundesumweltminister Trittin kündigte an, dass Deutschland das Abkommen als einer der Ersten ratifizieren werde. Mindestens 50 Staaten müssen diesen Schritt

Seveso 1976: Das gespenstische Bild einer Chemie-Katastrophe. © dpa-Bildarchiv

Baustein 1

Arbeitsblatt 11

tun, damit es völkerrechtlich bindend in Kraft tritt.

Die Stockholm-Konvention, auf die sich die Vertragsstaaten im Dezember 2000 in Johannesburg verständigten, gilt als Meilenstein auf dem Weg zu mehr Chemikalien-Sicherheit und einem koordinierten Management. Dabei geht es nicht um die Bewältigung einer unfallartigen Katastrophe, sondern um Stoffe, die dauerhaft und langfristig Mensch und Umwelt schädigen. Nach einer Studie der Welternährungsorganisation FAO bedrohen mehr als eine halbe Million Tonnen Altpestizide die Gesundheit von Millionen Menschen in fast allen Entwicklungsländern.

In der EU sowie in den meisten anderen Industriestaaten sind die betreffenden Pflanzenschutzmittel längst verboten. Für andere Stoffe wie Dioxine oder PCB gelten scharfe Bestimmungen. In vielen Entwicklungs- und Schwellenländern (insbesondere in China, Indien und Mexiko) werden solche Chemiegifte aber noch immer hergestellt und eingesetzt. Mit der Konvention werden die Industriestaaten in die Pflicht genommen, den Entwicklungsländern finanzielle und technische Hilfe zu leisten. Greenpeace hat westliche und nicht zuletzt deutsche Unternehmen bereits zu größerem Engagement aufgefordert, schließlich stammten die Altlasten meist von ihnen. Die Konzerne hätten ihre Produkte über Jahrzehnte hinweg „offensiv vermarktet“ und über Hilfsprogramme „in jeden Winkel des Globus geschleust“.

In: Westdeutsche Zeitung, 21.5.2001

Textpuzzle: den Textaufbau erkennen
„Der Floh“

Baustein 1

Arbeitsblatt 12

1. *Der Text ist verwürfelt. Sie sollen die ursprüngliche Fassung rekonstruieren. Arbeiten Sie zu zweit und versuchen Sie eine sinnvolle Reihenfolge der Abschnitte herzustellen und zu begründen. Schreiben Sie die vermutete Reihenfolge der Buchstaben auf und notieren Sie in Stichworten, warum Sie sich für die jeweilige Reihenfolge entscheiden (ein Beispiel ist vorgegeben).*

2. *Wenn Sie fertig sind, tauschen Sie Ihre Ergebnisse mit einer anderen Zweiergruppe aus. Einigen Sie sich auf eine gemeinsame Lösung und korrigieren Sie ggf. Ihre Begründungen entsprechend der nun gewählten Reihenfolge.*

Kurt Tucholsky
Der Floh

A Die hatte eine böse Angewohnheit: Sie machte ein bisschen die Briefe auf und las sie. Das wusste alle Welt.
B Als der Brief ankam, war einer drin.
C Er bestellte sich einen Gerichtsvollzieher auf das Schloss und schrieb in seiner Gegenwart an einen Freund:
D Aber wie das so in Frankreich geht: Concierge, Telefon und Post, das sind geheiligte Institutionen, und daran kann man schon rühren, aber daran darf man nicht rühren, und so tut es denn auch keiner.
E Im Département wohnte auf einem schönen Schlosse ein kluger Graf. Grafen sind nämlich manchmal klug. In Frankreich. Und dieser Graf tat eines Tages Folgendes:
F Im Département du Gard – ganz richtig, da, wo Nîmes liegt und der Pont du Gard, im südlichen Frankreich – da saß in einem Postbüro ein älteres Fräulein als Beamtin.
G Lieber Freund! Da ich weiß, dass das Postfräulein Emilie Dupont dauernd unsere Briefe öffnet und liest, weil sie vor lauter Neugier platzt, so sende ich dir anliegend, um ihr einmal das Handwerk zu legen, einen lebendigen Floh. Mit vielen schönen Grüßen: Graf Koks.
H Das Fräulein also las die Briefe und bereitete mit ihren Indiskretionen den Leuten manchen Kummer.
I Und diesen Brief verschloss er in Gegenwart eines Gerichtsvollziehers. Er legte aber keinen Floh hinein.

Reihenfolge	Begründung
1. =	einziger voraussetzungsloser Satz
2. =	
3. =	
4. =	
5. =	
6. =	
7. =	
8. =	
9. =	

Textpuzzle: den Textaufbau erkennen
„Beantwortung der Frage: Was ist Aufklärung?“

Baustein 1

Arbeitsblatt 13

Arbeiten Sie in Vierergruppen. Jedes Mitglied der Gruppe erhält einen der vier Abschnitte des Textes und kennt nur diesen einen Abschnitt.

1. *Jeder liest gründlich seinen Textabschnitt und markiert wichtige Begriffe und Stellen.*
2. *Dann stellt jedes Mitglied der Gruppe seinen Textteil vor: In meinem Abschnitt ist die Rede von ...; außerdem ...; am Ende heißt es dann ... usw.*
3. *Allmählich werden Vermutungen über die Reihenfolge angestellt.*
4. *Erst wenn die Reihenfolge klar zu sein scheint, werden alle Textteile auf den Tisch gelegt, um die Reihenfolge noch einmal zu überprüfen.*

Immanuel Kant

Beantwortung der Frage: Was ist Aufklärung?

Mit dem folgenden Aufsatz, der in Auszügen abgedruckt ist, versucht der Philosoph Immanuel Kant (1724–1804) die Frage „Was ist Aufklärung?“ zu beantworten. Der Aufsatz erschien zuerst 1784 in der „Berlinischen Monatsschrift“.

Aufklärung ist der Ausgang des Menschen aus seiner selbst verschuldeten Unmündigkeit. Unmündigkeit ist das Unvermögen, sich seines Verstandes ohne Leitung eines anderen zu bedienen. *Selbst verschuldet* ist diese Unmündigkeit, wenn die Ursache derselben nicht am Mangel des Verstandes, sondern der Entschließung und des Mutes liegt, sich seiner ohne Leitung eines andern zu bedienen! Sapere aude! Habe Mut, dich deines *eigenen* Verstandes zu bedienen! ist also der Wahlspruch der Aufklärung.

Faulheit und Feigheit sind die Ursachen, warum ein so großer Teil der Menschen, nachdem sie die Natur längst von fremder Leitung freigesprochen (naturaliter majorennes), dennoch gerne zeitlebens unmündig bleiben; und es anderen so leicht wird, sich zu deren Vormündern aufzuwerfen. Es ist so bequem, unmündig zu sein. Habe ich ein Buch, das für mich Verstand hat, einen Seelsorger, der für mich Gewissen hat, einen Arzt, der für mich die Diät beurteilt usw., so brauche ich mich ja nicht selbst zu bemühen. Ich habe nicht nötig zu denken, wenn ich nur bezahlen kann; andere werden das verdrießliche Geschäft schon für mich übernehmen. Dass der bei weitem größte Teil der Menschen (darunter das ganze schöne Geschlecht) den Schritt zur Mündigkeit außer dem, dass er beschwerlich ist, auch für sehr gefährlich halte: dafür sorgen schon jene Vormünder, die die Oberaufsicht über sie gütigst auf sich genommen haben. Nachdem sie ihr Hausvieh zuerst dumm gemacht haben und sorgfaltig verhüteten, dass diese ruhigen Geschöpfe ja keinen Schritt außer dem Gängelwagen, darin sie sie einsperreten, wagen durften, so zeigen sie ihnen nachher die Gefahr, die ihnen drohet, wenn sie es versuchen, allein zu gehen. Nun ist diese Gefahr zwar eben so groß nicht, denn sie würden durch einigemal Fallen wohl endlich gehen lernen; allein ein Beispiel von der Art macht doch schüchtern und schreckt gemeiniglich von allen ferneren Versuchen ab.

[...]

Baustein 1

Arbeitsblatt 13

Zu dieser Aufklärung aber wird nichts erfordert als *Freiheit;* und zwar die unschädlichste unter allem, was nur Freiheit heißen mag, nämlich die: von seiner Vernunft in allen Stücken *öffentlichen Gebrauch* zu machen. Nun höre ich aber von allen Seiten rufen: *räsoniert nicht!* Der Offizier sagt: räsoniert nicht, sondern exerziert! Der Finanzrat: räsoniert nicht, sondern bezahlt! Der Geistliche: räsoniert nicht, sondern glaubt! (Nur ein einziger Herr in der Welt sagt: *räsoniert,* soviel ihr wollt und worüber ihr wollt; aber *gehorcht.* Hier ist überall Einschränkung der Freiheit. Welche Einschränkung aber ist der Aufklärung hinderlich? Welche nicht, sondern ihr wohl gar beförderlich? – Ich antworte: der *öffentliche* Gebrauch seiner Vernunft muss jederzeit frei sein, und der allein kann Aufklärung unter Menschen zustande bringen; der *Privatgebrauch* derselben aber darf öfters sehr enge eingeschränkt sein, ohne doch darum den Fortschritt der Aufklärung sonderlich zu hindern. Ich verstehe aber unter dem öffentlichen Gebrauche seiner eigenen Vernunft denjenigen, den jemand als *Gelehrter von* ihr vor dem ganzen Publikum der *Leserwelt* macht. Privatgebrauch nenne ich denjenigen, den er in einem gewissen ihm anvertrauten *bürgerlichen Posten* oder Amte von seiner Vernunft machen darf.
[...]

Wenn denn nun gefragt wird: Leben wir jetzt in einem *aufgeklärten* Zeitalter? so ist die Antwort: Nein, aber wohl in einem Zeitalter der *Aufklärung.* Dass die Menschen, wie die Sachen jetzt stehen, im Ganzen genommen, schon im Stande wären oder darin auch nur gesetzt werden könnten, in Religionsdingen sich ihres eigenen Verstandes ohne Leitung eines andern sicher und gut zu bedienen, daran fehlt noch sehr viel. Allein, dass jetzt ihnen doch das Feld geöffnet wird, sich darin frei zu bearbeiten, und die Hindernisse der allgemeinen Aufklärung oder des Ausganges aus ihrer selbst verschuldeten Unmündigkeit allmählich weniger werden, davon haben wir doch deutliche Anzeigen.

In: Immanuel Kant: Werke in sechs Bänden, Bd. VI, hg. von Wilhelm Weischedel. Frankfurt: Insel 1956, S. 53–61 (gekürzt)

Worterklärungen:

ein einziger Herr:
Friedrich II. der Große

Gängelwagen:
Lauflernhilfe

naturaliter majorennes:
von Natur aus erwachsen

räsoniert nicht!:
diskutiert nicht, schimpft nicht immer!

sapere aude!:
wage zu wissen!

Abschnitte nutzen – Lesepause und Verständniskontrolle

„40 Jahre Kampf für die Menschenrechte“

Baustein 1

Arbeitsblatt 14

Der folgende Text über Amnesty International hat sieben Abschnitte; der erste und der letzte Abschnitt sind erwartungsgemäß Einleitung und Schluss gewidmet. Worum geht es in den einzelnen Abschnitten? Markieren Sie beim Lesen wichtige Informationen. Fragen Sie sich bei jedem Absatz: ***Welche Funktion hatte dieser Abschnitt, worum ging es in diesem Abschnitt?*** *und notieren Sie jeweils ein Stichwort. Anhand Ihrer Stichworte müssten Sie den Textinhalt leicht zusammenfassen können.*

Dieter Ebeling

40 Jahre Kampf für die Menschenrechte

Der Protest gegen die Verhaftung von Studenten in Portugal war der Auslöser für die Gründung von Amnesty International. Heute prangert man weltweit Missstände an.

London. Mit Menschenrechtsfragen ist Pierre Sané (52) groß geworden. Für alle Kinder in Senegal gehörte ein Besuch auf der Dakar vorgelagerten Insel Gorée zum Pflichtprogramm – die war seit dem 16. Jahrhundert ein wichtiger Umschlagplatz für afrikanische Sklaven auf dem Weg nach Amerika. „Wir lernen diesen Teil der Geschichte nicht nur durch Bücher kennen“, sagte Sané einmal. Seit 1992 ist er Generalsekretär von Amnesty International. 40 Jahre alt wird die Gefangenenhilfsorganisation heute – ein lautstarker Rufer und Mahner gegen die Missachtung von Menschenrechten.

Angefangen hatte es 1961 damit, dass in Portugal Studenten das Glas „auf die Freiheit“ erhoben hatten und dafür eingesperrt wurden. Als der Londoner Anwalt Peter Benenson das las, war er so entrüstet, dass er einen Aufruf mit dem Titel „Appeal for Amnesty“ veröffentlichte. Er sprach von „aus politischen oder religiösen Gründen Inhaftierten“ und forderte dazu auf, in Briefen an Regierende jener Länder, die solche Gefangenen hatten, deren Freilassung zu fordern. Die Kampagne wuchs – und noch 1961 wurde die Organisation Amnesty International gegründet.

Seither ist Amnesty durch ständiges Aufdecken unmenschlicher Zustände in den Gefängnissen, durch Proteste gegen unfaire Prozesse und durch beharrlichen Kampf gegen jede Verfolgung aus politischen, religiösen, ethnischen oder sexuellen Gründen zu einer Art moralischer Instanz geworden. In 144 Ländern – keineswegs nur in den so genannten Krisengebieten – gebe es Verstöße gegen die Menschenrechte durch Beamte und Regierungen. Im letzten Jahresbericht beklagt Amnesty Hinrichtungen ohne rechtliche Grundlage in 38 Ländern. In 37 Staaten seien Menschen einfach verschwunden.

Die Organisation ist inzwischen ein weit verzweigtes Geflecht von 56 nationalen Organisationen und mehr als einer Million Mitgliedern in 160 Ländern geworden. Das Nervenzentrum ist das Internationale Sekretariat in London, wo 320 hauptamtliche Angestellte versuchen, die Aktivitäten zu koordinieren.

Das ist nur zu einem gewissen Grad erfolgreich. Die dezentrale Struktur macht Amnesty schwer überschaubar. Sané will daran nichts ändern. Der gelernte Buchhalter denkt noch heute voller Freude an seine Zeit als Student 1968 in Bordeaux zurück. Das Schöne damals sei gewesen,

dass die Aktionen nicht zentral gesteuert, sondern spontan entstanden seien. Und diese Spontaneität wolle er auch Amnesty erhalten.
Nach der Gründung auf der Höhe des Kalten Krieges hat sich Amnesty bemüht, die eigene Glaubwürdigkeit zu stärken. Vor allem gilt es, die Überparteilichkeit und die Unabhängigkeit sichtbar zu machen. Deswegen gilt das Prinzip, dass in allen Menschenrechtsfragen Mitglieder von Amnesty nicht in den eigenen Heimatländern aktiv werden. Damit sollen Einseitigkeiten vermieden werden. Außerdem seien in vielen Staaten Ausländer sicherer als Einheimische.
1977 bekam die Organisation den Friedensnobelpreis. Auch viele Prominente unterstützen das Amnesty-Anliegen. So wird bei einem Geburtstagskonzert Tom Jones das Mikrofon ergreifen. Das Motto der Feier ist der gefürchtete Spruch aller Geheimpolizisten dieser Welt: „Wir wissen, wo Sie wohnen ...“

In: Westdeutsche Zeitung, 28.5.2001

Abschnitte nutzen – Lesepause und Verständniskontrolle
„Sprache und Evolution"

Nummerieren Sie die Abschnitte, fassen Sie dabei die Zeilen 50–68 zu einem Abschnitt zusammen, sodass sich insgesamt 11 Abschnitte ergeben.
Markieren Sie beim Lesen wichtige Informationen. Fragen Sie sich bei jedem Absatz: ***Worum ging es in diesem Abschnitt? / Was hat der Abschnitt Neues gebracht?*** *und notieren Sie jeweils ein Stichwort (das aus mehreren Wörtern bestehen darf).*

Dieter E. Zimmer
Sprache und Evolution*

Das Wesen, von dem der heutige Mensch mutmaßlich abstammt, war der Homo erectus, der aufrechte Mensch, der vor etwa 1,5 Millionen Jahren auf den Plan trat und vor einer Viertelmillion Jahren von höher entwickelten Nachkommen abgelöst wurde. Der Großteil des Hirnwachstums spielte sich in der Jahrmillion ab, die Homo erectus existierte. Die Werkzeuge, die er hinterlassen hat, wurden komplizierter als die seiner Vorgänger, des Homo habilis und der verschiedenen Australopithecinen. Wie Werkzeuge gefertigt und gebraucht werden, lässt sich durch Demonstration weitergeben – aber es stimmt, die Tradierung wäre viel effizienter, wenn ihr sprachliche Anweisungen und Erläuterungen zu Hilfe kämen. Eine unerlässliche Voraussetzung für verfeinerte Werkzeugtechniken ist die Sprache nicht; aber sie machte die Kulturfortschritte, die sich uns in Form immer raffinierterer Steinwerkzeuge darstellen, doch etwas plausibler.
Vor etwa einer Million Jahren begann Homo erectus mit der Großwildjagd. Auch die müsste ihm leichter gefallen sein, wenn er sich schon sprachlich verständigen konnte. Zwar vollzieht sich die gemeinschaftliche Jagd bis heute meist stumm. Aber vorher müssen sich die Jäger abstimmen. Auch Wölfe etwa jagen zwar Großwild in Rudeln und brauchen dazu keine Sprache. Sie müssen ein genetisches Programm für Gruppenjagdverhalten besitzen. Die mit dem Menschen verwandten Menschenaffen besitzen kein solches Programm, und beim heutigen Menschen existiert es nicht (abgesehen vielleicht von einer vagen Prädisposition[1] von Männergruppen für riskante und hoffentlich einträgliche Unternehmungen). Hätte es bei den Hominiden[2] je ein genetisches Programm für das Jagdverhalten gegeben, so hätte es relativ schnell entstehen und ziemlich gründlich wieder zerfallen müssen – beides nicht eben wahrscheinlich. Bestand aber kein genetisches Verhaltensprogramm, so wäre eine Sprache für die Abstimmung vor der Jagd in der Tat sehr nützlich gewesen.
Vor etwa 750000 Jahren zähmte Homo erectus das Feuer. Zunächst setzt er es wohl ein, um Gelände zu roden. Später lernte er seine Nahrung zu kochen – ein großer hygienischer Fortschritt, der ihn von manchen Plagen befreit haben dürfte. Das Feuer versetzte ihn auch in die Lage, es bei Kälte warm und im Dunkeln hell zu haben. Das erhöhte nicht nur seine Bequemlichkeit. Es gab ihm auch Schutz vor seinen Raubfeinden. Kein anderes Lebewesen beherrscht das Feuer; mit ihm erhob sich der Mensch erstmals über die Zwänge der Natur. Der griechische Prometheus-Mythos ist also gar nicht dumm. Er erkennt, wie entscheidend es für den Menschen war, in den Besitz des Feuers zu kommen; und er hält etwas von der Traurigkeit fest, die mit diesem ersten großen technischen Fortschritt verbunden war: Prometheus brachte den Leuten das Feuer und nahm ihnen gleichzeitig die Gabe der Voraussicht, denn sie hätte ihnen das Herz gebrochen. Alle jene Techniken aber, die den Gebrauch des Feuers einschlossen, sind ohne Sprache schwer vorzustellen.
Subtilerer Werkzeuggebrauch, komplexere Formen des gemeinsamen Lebens und der gemeinsamen Jagd, die Herrschaft über das Feuer und die damit möglich gewordenen Pyrotechniken[3] – dieser allmähliche Kulturfortschritt legt nahe, dass ein

allmählicher Kommunikationsfortschritt ihn begleitete und förderte. Je komplexer die Kultur, umso mehr gab es mitzuteilen, und je mehr mitgeteilt werden konnte, desto komplexer konnten die kulturellen Formen werden. So weit ist die Überlegung durchaus plausibel. Aber alle diese Kulturleistungen sind allenfalls auch ohne Sprache denkbar oder mit einer nur sehr geringen Sprachfähigkeit. So vorteilhaft der Besitz der Sprache für die altsteinzeitlichen Kulturformen mit Sicherheit auch gewesen wäre, er lässt sich aus ihnen nicht mit Sicherheit entnehmen. Alle diese Indizien helfen nicht weiter.

Also muss die Wissenschaft doch passen? Nein, sie muss es noch nicht. Einige amerikanische Wissenschaftler haben während der siebziger Jahre eine andere Fährte verfolgt – vor allem Philip Lieberman, Phonetiker an der Brown-Universität, der New Yorker Anatom Jeffrey Laitman und Edmund Crelin, Anthropologe an der Yale-Universität.

Die Frage war: Lässt sich den Schädelknochen, die von den Hominiden übrig geblieben sind, irgendein Hinweis auf ihre Sprechstimme entnehmen? Die Stimme wird zwar nicht von Knochen hervorgebracht, sondern von Weichteilen, die ebenfalls den Weg allen Fleisches gegangen sind. Aber die Knochen geben Aufschluss darüber, wo einmal Muskeln an ihnen befestigt waren, wie stark sie gewesen sein müssen und in welche Richtung sie gezogen haben. Und wenn man dazu weiß, wie bei heute lebenden Tieren die oberen Luftwege und der Stimmapparat gebaut sind und wie sehr bestimmte Bauarten auf bestimmten Formen der Schädelknochen beruhen, kann man darangehen, aufgrund der Schädelfunde Stimmapparate zu rekonstruieren. Hat man aber Stimmapparate rekonstruiert, so kann man experimentell erproben, welche Laute sich mit ihnen erzeugen lassen.

Die menschliche Sprache ist nun einmal Lautsprache, und als solche setzt sie spezielle Fertigkeiten bei der Hervorbringung wie bei der Wahrnehmung von Lauten voraus.

[...]

Die Australopithecinen, die vor vier bis eine Million Jahren und vielleicht noch länger in Südostafrika lebten und von denen eine Art möglicherweise in direkter Linie mit der Gattung Homo verwandt ist, gingen bereits aufrecht, waren wohl auch schon Rechtshänder und stellten sich sehr einfache Steinwerkzeuge her. Ihr Stimmtrakt aber wich von dem allgemeinen Primatenmuster[4] noch nicht ab. Die Laute der menschlichen Sprache konnten sie mit ihm also wohl nicht erzeugen. Ihr Lautrepertoire kann allenfalls das von heutigen menschlichen Säuglingen in ihren ersten drei Lebensmonaten gewesen sein. Eine der heutigen ähnliche Lautsprache können sie nicht gesprochen haben.

Das Ansatzrohr von Homo erectus unterscheidet sich von dem der Australopithecinen. Er konnte Trink- und Atemweg nicht mehr voneinander trennen, denn sein Kehlkopf saß bereits etwas tiefer. Möglicherweise aber hatte diese anatomische Veränderung vor allem oder nur den Zweck, ihm bei längeren körperlichen Anstrengungen zeitweise das Atmen durch den Mund zu erleichtern.

Vor etwa 500.000 Jahren waren diese Veränderungen so weit fortgeschritten, dass Homo erectus erreichte, was Lieberman eine „funktionale Weiche" nennt. Eine Linie setzte weiterhin auf die körperlichen Funktionen, die Muskelkraft, die große Kaufläche; bei ihr wanderte der Kehlkopf nicht weiter nach unten, die Schädelbasislinie blieb relativ flach, die Zunge lag innerhalb des Mundes. Diese Linie endete mit den Neandertalern, die bis vor 35.000 Jahren in Nordafrika, Europa und im Mittleren Osten lebten. Ihr Hirnvolumen war mit 1500 Kubikzentimetern größer als das heutiger Menschen; ihren geschmückten Gräbern ist zu entnehmen, dass sie eine

Baustein 1

Arbeitsblatt 15

Kultur gehabt haben müssen; dabei waren sie sehr viel kräftiger als Homo sapiens sapiens. Dennoch starben sie vor 35.000 Jahren aus.
Inzwischen hatte sich nämlich die andere Linie der Hominiden ausgebreitet, die an jener funktionalen Weiche nicht auf Körperkraft, sondern auf Kommunikation gesetzt und in deren Dienst ihren Stimmapparat perfektioniert hatte. Vor etwa 250.000 Jahren begann sich die Schädelbasis bei dieser Linie zu verändern, begann sich der Gaumen zu wölben, die Zunge nach hinten zu runden. Der Cro-Magnon-Mensch, der vor gut 35.000 Jahren in Europa auf den Plan trat, hatte dann eine völlig moderne Anatomie mit einem modernen Stimmtrakt. Dessen Rekonstruktionen führen also zu dem Schluss: Dass Australopithecinen, Homo habilis, Homo erectus und die Linie hin bis zum Neandertaler ein Kommunikationssystem hatten, das auch lautliche Elemente enthielt, ist nicht auszuschließen und aus anderen Gründen sogar wahrscheinlich; aber die eigentliche menschliche Lautsprache hat sich vor zwischen 250.000 und 35.000 Jahren entwickelt. Diese Auskunft ist mehr, als man erhoffen konnte. [...]

Rekonstruktion eines Neandertalers
Neanderthal Museum, Mettmann

Das unlösbar scheinende Rätsel der Herkunft unserer Sprache hat also doch einige vorläufige Antworten gefunden, die mehr sind als scharfsinnige oder dümmliche, interessante oder abstruse Spekulationen. Die kognitiven Voraussetzungen für die Sprache haben sich mit ihrem neuralen Substrat[5] über viele Jahrmillionen hin langsam angesammelt, stark beschleunigt dann mit dem vor anderthalb Millionen Jahren einsetzenden rapiden Gehirnwachstum. Die eigentliche menschliche Lautsprache mitsamt ihrer Syntax aber begann sich wohl erst vor 250.000 Jahren zu entwickeln und war vor spätestens 35.000 Jahren fertig. Sie erforderte einige rein sprachspezifische neurale Anpassungen vor allem bei der Sprachwahrnehmung, möglicherweise auch bei der Strukturierung ihrer Grammatik.
Wahrscheinlich ist es müßig, nach dem einen Faktor zu suchen, der diese folgenreiche Entwicklung antrieb – die Werkzeugherstellung, die gemeinsame Jagd, die Kriegführung, die Kooperation. Die Sprache war ein Werkzeug, das sich in allen Bereichen nützlich machte.

Aus: Dieter E. Zimmer: So kommt der Mensch zur Sprache. Über Spracherwerb, Sprachentstehung, Sprache und Denken. Zürich: Haffmann 1987, S. 168–173

Worterklärungen:

[1] Prädisposition: Anlage
[2] Hominiden: Familie der Menschenartigen
[3] Pyro-: (griech.) Feuer
[4] Primaten: die höchstentwickelten Säugetiere
[5] neutrales Substrat: Grundlage im Nervensystem

Baustein 1

Arbeitsblatt 16

Typische Textstrukturen nutzen

Lexikoneinträge zu „Fiktion“ und „Verfremdung“[1]

a) Lexikoneintrag „Fiktion“

Lesen Sie den Artikel und markieren bzw. notieren Sie, was Ihnen als für einen Lexikonartikel typisch auffällt.

Fiktion, f. [von lat. fingere = bilden, erdichten],
1. allgemeine Bedeutung: eine Annahme, für die (im Gegensatz zur Hypothese) kein Wahrheits- oder Wahrscheinlichkeitsbeweis im Sinne eines logischen Realitätsbezuges angetreten wird.
2. lit. wissenschaftl. Begriff: Grundelement der mimet. (erzählenden und dramat.) Dichtungsarten, die reale oder nichtreale (erfundene) Sachverhalte als *wirkliche* darstellen, aber prinzipiell keine feste Beziehung zwischen dieser Darstellung und einer von ihr unabhängigen, objektiv zugänglichen und verifizierbaren Wirklichkeit behaupten (wie etwa die Geschichtsschreibung). Die Figuren eines Romans oder Dramas sind fiktiv, d.h. sie sind Teile einer als *wirkl. erscheinenden* nichtwirklichen Welt, sie sind aber nicht fingiert, d.h. = es wird nicht der Eindruck vorgetäuscht, als ob sie wirklich existierten. Fiktionalisierende Mittel sind insbes. der Dialog und (in der Erzählung) der fluktuierende Übergang vom ↗ Bericht zu ↗ direkter, ↗ indirekter und ↗ erlebter Rede. Die für das Verständnis der Existenzweise von Dichtung entscheidende Differenz zwischen der tatsächlichen Nicht-Wirklichkeit des Fiktiven und der behaupteten (Als-ob-)Wirklichkeit des Fingierten ist erst in der Neuzeit allmählich bewusst geworden; ihre Unkenntnis ist einer der Gründe für den seit Platon erhobenen Vorwurf der Unwahrheit fiktionaler Aussagen („Dichter lügen“). ↗ Mimesis, ↗ Poetik.

📖 Keller, U.: Fiktionalität als lit. wiss. Kategorie. Hdbg. 1980. – Henrich, D./Iser, W. (Hrsg.): Funktionen des Fiktiven. Mchn. 1982. – Hamburger, K.: Die Logik d. Dichtung. Stuttg. ^{3}1977. – Gabriel, G.: F. und Wahrheit. Stuttg. 1975. – Höger, A.: Fiktionalität als Kriterium poet. Technik. In: Orbis litterarum 26 (1971) 262–283. – Lubbok, P.: The craft of fiction. New York ^{2}1955. – RL. ST

[1] Beide Artikel aus:
Günther und Irmgard Schweikle (Hrg.): Metzler Literatur Lexikon. Begriffe und Definitionen, 2. überarb. Auflage, © 1990 J. B. Metzlersche Verlagsbuchhandlung und Carl Ernst Poeschel Verlag GmbH in Stuttgart

Baustein 1

Arbeitsblatt 16

b) Lexikoneintrag „Verfremdung“

Lesen Sie den Artikel aufmerksam. Achten Sie auf den Aufbau und kennzeichnen Sie die einzelnen Teile am Rand. Unterstreichen Sie diejenigen Aussagen, die Ihnen wichtig scheinen, um jemandem den Begriff „Verfremdung“ zu erklären.

Verfremdung, Begriff der Literaturtheorie:
1. *allgemein* für die grundlegende Distanz der poet. Sprache zur Alltagssprache. Er dient in der Lit.wiss. deshalb zur Kennzeichnung literar. Strömungen, in denen diese Distanz bewusst künstler. eingesetzt wird: vom rhetor. ↗ Asianismus der Antike über den ↗ Manierismus, das ↗ Wiener Volkstheater bis zur modernen Lyrik oder zum ↗ absurden Theater der Gegenwart. Gemeinsame Intention: das Publikum soll aus seinen Sprachgewohnheiten (sowohl der Alltagssprache als auch der Rezeption von Lit.) herausgerissen, damit auf das Neue der künstler. Darstellung und der in ihr vermittelten Wirklichkeit aufmerksam gemacht werden. Dies setzt auf Seiten des Autors die bewusste Wendung gegen literar. oder weltanschaul. Traditionen, auch gegen gesellschaftl. Phänomene voraus. Techniken der V. sind deshalb Witz, Satire, Parodie, Groteske, oder auch Metaphorik, Dunkelheit, Hermetismus.
2. im *russ. Formalismus* wurde der Begriff V. geprägt von V. Schklowski („Die Kunst als Verfahren“, 1916). Das „Verfahren der V.“ *(priem ostranenija)* erscheint hier als *die* charakterist. Methode der Kunst, Ziel jeder lit. Sprache sei es, die durch sprachl. und gesellschaftl. Konventionen automatisierte Wahrnehmung zu erschweren: „ein Empfinden des Gegenstandes zu vermitteln, als *Sehen,* und nicht als *Wiedererkennen“.* Zugleich aber werde das Interesse des Rezipienten auf die verfremdende künstler. Form selbst gelenkt. Deshalb wendet sich der russ. Formalismus weniger dem durch die Kunst veränderten Blick auf das Leben als innerliterar. Phänomenen zu, etwa in J. Tynjanovs Darstellung der literar. Evolution als einer Tradition formaler Traditionsbrüche. Die linguist. Texttheorie greift auf diese Erkenntnisse der Formalisten zurück.
3. Begriff in Bertolt Brechts *Theorie vom ↗ epischen Theater,* entwickelt wohl in Auseinandersetzung mit dem Formalismus (1935 Besuch in Moskau). Dessen Formel vom „Sehen“ statt „Wiedererkennen“ wird zugleich dialekt. verstanden (Hegel: „Das Bekannte überhaupt ist darum, weil es bekannt ist, nicht erkannt“): das vorhandene ungenügende Verstehen soll durch den Schock des Nicht-Verstehens zum wirkl. Verstehen geführt werden: V. als Negation der Negation. Das formale Prinzip wird zugleich mit der marxist. Gesellschaftstheorie (Begriff der *Ent*fremdung) verbunden: Ziel des Theaters sei, dem Zuschauer die Wirklichkeit als historische, also widersprüchliche und veränderbare aufzuzeigen. Der bisher allein auf die Natur angewandte wissenschaftl. Blick solle durch das Theater auch auf die menschl. Gesellschaft gerichtet werden. V. wird zum didakt. Prinzip. Damit wendet sich Brecht sowohl gegen Intention (Einfühlung, ↗ Katharsis) als auch Weltbild (unabänderl. Schicksal, menschl. Tragik) der „aristotel. Dramatik“. Das dialekt. Theater ist dabei nicht emotionslos: statt passiver Furcht und Mitleid solle aktive Wissensbegierde und Hilfsbereitschaft im Zuschauer geweckt werden. Die V. läuft technisch auf 3 Ebenen ab: in Dramenbau, Bühnenbau (Inszenierung) und Spielweise werden ↗ Verfremdungseffekte, (V.-effekte) eingesetzt. Wichtig v.a. Brechts Rede „Über experimentelles Theater“ (1939), die Zusammenfassung der „Dialoge aus dem Messingkauf“ im „Kleines Organon für das Theater“ (1948).

📖 Helmers, H. (Hrsg.): V. in d. Lit. Darmst. 1984. – Knopf. J.: V. In: J. K.: Brecht-Hdb. Theater. Stuttg. 1980, – J. Striedter: Texte der russ. Formalisten. 2. Bde. München (1969). – R. Grimm: V. In: Revue de Littérature Comparée 35 (1961). – Ders.: Vom Novum Organon zum Kleinen Organon. Gedanken zur V. In: Das Ärgernis Brecht. Basel-Stuttg. 1961. – RL. DW

Einen Text durch grafische Darstellung besser durchschauen
„Normen und Werte“

Baustein 1
Arbeitsblatt 17

Lesen Sie den Text (mindestens zweimal) und heben Sie Wichtiges optisch hervor. Erstellen Sie eine einfache ***Strukturskizze,*** *die die Textaussage klarer macht. Stellen Sie dabei wichtige Schlüsselwörter des Textes gegenüber.*

In dem Text geht es um die Frage, was Normen bzw. Werte (im Text praktisch gleichbedeutend verwendete Begriffe) für den Einzelnen und den Zusammenhalt der Gesellschaft bedeuten.

Normen und Werte*

Die Mitglieder einer Gesellschaft – welche verschiedenen Glaubensüberzeugungen und Lebensweisen sie sonst trennen sollten – werden zusammengehalten von einem Minimalkatalog individual- und sozialethischer Normen. Bei diesen Basiswerten hat man einen quantitativ kleinen Bestand von „absoluten“, in der Natur des Menschen begründeten und einen quantitativ großen Bestand von „relativen“, von Kultur zu Kultur und Entwicklungsstufe zu Entwicklungsstufe wechselnden Werten zu unterscheiden. Zu den absoluten Werten, die Geltung haben, seitdem es Lebewesen gibt, gehören alle Gebote, die sich auf die Erhaltung des eigenen Lebens und die Erhaltung des Lebens der unmittelbar Nächsten beziehen; zu den relativen, kultur- und zeitbedingten, also dem ständigen Wechsel unterworfenen Normen gehören fast alle Konventionen[1], die beispielsweise die Eigentums-, die Sexual-, die Sozialordnung betreffen. Bei diesen Normen handelt es sich um das gemeinsame Erbe an Traditionen und Konventionen, das alle Mitglieder einer Gesellschaft übernehmen und von dem sie sich in dieser oder jener Hinsicht habituell[2] oder intellektuell absetzen, aber im Ganzen doch nicht lösen können. Die gemeinsame Geschichte ist es also, die diese gemeinsamen Vorstellungs- und Verhaltensweisen hervorbringt. Die allgemein geografisch-klimatischen, wirtschaftlichen, sozialen, zivilisatorischen oder kulturellen Lebensbedingungen einer Kultur schaffen – mit oder ohne Zustimmung der Betroffenen – eine breite und fest gegründete Basis von allgemein verbindlichen Überzeugungen und Reaktionsweisen. Der Bestand an gemeinsamen Werten in einer Gesellschaft ist also sehr groß. Er erstreckt sich über alle Lebensbereiche und umfasst allgemein verbindliche Vorstellungen über das richtige moralische Verhalten genauso wie gemeinsame Begrüßungszeremonien, Tischsitten und ästhetische Vor-Urteile. Es sind diese vorreflektierten Gemeinsamkeiten, die eine Gesellschaft zu einer Gesellschaft machen, nicht das intellektuelle Bekenntnis zu irgendeiner Philosophie oder politischen Lehre.

Nach: Gerhard Szczesny: Das so genannte Gute. Reinbek: Rowohlt 1971

Worterklärungen:

[1] *Konvention:* Übereinkunft

[2] *habituell:* zur Gewohnheit geworden, zum Charakter gehörend

Thematische Aspekte eines Textes klären
„Woher die Woche kommt: Feiertage als Kampftage"

Baustein 1
Arbeitsblatt 18

Lesen Sie den Text und markieren Sie Ihnen wichtig oder interessant erscheinende Aussagen. Überlegen Sie dann innerhalb Ihrer Gruppe, welche 4–5 Aussagen Sie auswählen und auf Kärtchen schreiben wollen, damit sie bei der späteren Besprechung des Textes berücksichtigt werden.

Jürgen P. Rinderspacher
Woher die Woche kommt: Feiertage als Kampftage

Wie sehr Zeiteinteilungen mit gesellschaftlichen und wirtschaftlichen oder ganz allgemein: mit Herrschaftsinteressen verbunden sind, zeigt beispielsweise, dass in Indien noch bis vor 40 Jahren nicht weniger als 30 Kalender nebeneinander existierten. Die Einsetzung und Aufrechterhaltung eines Kalenders war ein Vorrecht des Herrschers bzw. einer Dynastie[1], die u.a. hiermit ihren Machtanspruch sichtbar darstellten. Denn mit der Anerkennung des Kalenders geht die seines Schöpfers und Bewahrers einher; die so geartete symbolische wie auch religiöse Bedeutung lag weit über der alltagspraktischen Funktion eines Kalenders, da der Entwicklungsstand der Ökonomie und Technologie derart präzise Jahresgliederungen gar nicht erfordert hätte. Ebenso symbolbesetzt und weniger praktischen Ursprungs war eine (einzige) mit viel Aufwand betriebene Uhr im Alten China, die dazu erdacht war, das Monopol der Zeitbestimmung durch den Kaiser zu sichern, gewissermaßen über die Legitimation durch eine neue Technologie, die aber ausschließlich der Verherrlichung des Kaisers gewidmet war.
Einige asiatische Kulturen wie die chinesische und japanische kannten keinen Wochenrhythmus, wie er uns in der westlichen Tradition geläufig ist; die Gliederung des Jahres war hier durch unregelmäßige, hoheitlich gesetzte Feiertage verfügt.
„Die Woche" bzw. der Wochenrhythmus ist eine wesentlich kulturelle Errungenschaft, also, soweit man heute sehen kann, im eigentlichen Sinne keine anthropologische Konstante, wenngleich sie für bestimmte Kulturkreise als Institution seit Menschengedenken besteht und somit als Quasikonstante anzusprechen ist.
Die Herausbildung eines regelmäßigen Wochenrhythmus in der westlichen Zivilisation geht, soweit man heute weiß, vor allem auf Gewohnheiten im Warentausch zurück, zu dem man regelmäßig zusammenkam. Dabei ist der Sieben-Tage-Rhythmus nur einer von vielen denkbaren Intervallen. Bekannt aus der Geschichte der Menschheit sind Wochen-Intervalle zwischen drei und zehn Tagen.
Regelmäßige Einschnitte bzw. Höhepunkte im Wochenverlauf müssen nicht unbedingt durch Verbot oder Unterlassung von Erwerb, jeder anderen Form von Arbeit markiert sein. So erhält der Markttag allein durch die sichtbare Zusammenkunft der Händler an einem Ort seine Besonderheit und erfüllt hiermit zugleich eine anthropologisch wichtige Gliederungsfunktion, über die später noch zu sprechen sein wird. Mit anderen Worten war und ist die Arbeitsruhe nur eine von mehreren Möglichkeiten, die Herausgehobenheit eines Tages im Rhythmus der Woche zu demonstrieren.
Die ersten bekannten regelmäßigen Wocheneinschnitte im Sieben-Tage-Rhythmus sind aus Ägypten und Babylon bekannt und von hier aus über das Judentum und Christentum in unsere westliche Zivilisation eingegangen bzw. ist diese davon wesentlich geprägt worden. Ein kurzer Blick zurück auf die

abendländische Tradition des wöchentlichen Feiertags macht deutlich, wie sehr das alltagspraktische Element, das Ruhebedürfnis auf der einen Seite und das symbolische, kultische Element auf der anderen gleichermaßen den Feiertag konstituieren.
Der uns geläufige Wocheneinschnitt durch den Sonntag geht zurück auf die Sabbat-Tradition des Judentums. War im Judentum traditionsgemäß der Sabbat (Samstag) der heilige Tag, ausgedrückt durch das Arbeitsverbot, so versammelten sich die ersten Christengemeinden – nachdem zumindest die Judenchristen zunächst den Sabbat und den Sonntag begangen hatten – mit zunehmender Abgrenzung vom Judentum am Sonntag, zum Gedenken an den Tag, an dem nach ihrem Glauben die Auferstehung des Herrn stattgefunden hatte. Bis das Christentum etwa 400 n. Chr. unter Kaiser Konstantin Staatsreligion des Römischen Reiches wurde, wurde die Herausgehobenheit des Tages ausschließlich durch den Gottesdienst, nicht jedoch durch eine (nicht mögliche) allgemeine Arbeitsunterbrechung für die christliche Minderheit verwirklicht. Der christliche Sonntag kann in seinem Ursprung also auch als „Kampftag“ interpretiert werden, der die Funktion hatte, in Abgrenzung zum herrschenden kulturellen Selbstverständnis, dargestellt in Religion und politischer Macht, die Identität der eigenen Gruppe zu bekräftigen.
Darin unterscheidet sich seinem Wesen nach der christliche Sonntag nun kaum vom jüdischen Sabbat. Dieser datiert aus der babylonischen Gefangenschaft des Volkes Israel etwa 587 bis 520 v.Chr. Um der Vereinnahmung der babylonischen Kultur und Religion zu begegnen, wurde zum einen die Niederschrift der jüdischen Überlieferungen in Form des Alten Testamentes stark vorangetrieben und teilweise abgeschlossen wie auch ein regelmäßiger Feiertag begangen. Der demonstrative und damit identitätsstiftende Charakter dieser kultisch begründeten und öffentlich dargestellten Wochenzäsur[2] am Samstag lag in der Abgrenzung vom regelmäßigen Feiertag der Babylonier am Freitag. So waren sichtbare Zeichen gesetzt: Wer den Feiertag am Freitag beging, zählte sich zu den Babyloniern, wer am Sabbat ruhte, gehörte dem Volk Israel an.
Die Tradition der Feiertage als Kampftage ist nun aber mit dem jüdischen Sabbat und dem christlichen Sonntag nicht abgerissen. Nach fast 2000 Jahren ist ein neuer herausgehobener Tag zum Sonntag hinzugetreten: der „freie Samstag“. Dieser ist, obwohl an gleicher Stelle wie der Sabbat lokalisiert[3], hinsichtlich seiner Tradition und Symbolik nicht mit dem Sabbat in eins zu setzen. Auch der „freie Samstag“ ist aber Ausdruck eines langen Kampfes und Identitätsfindungsprozesses und nicht auf seine alltagspraktische Bedeutung als Ausruhetag beschränkt. Als Tag der Arbeitnehmer bezieht sich dessen Symbolik nicht auf die Zugehörigkeit zu einem Volk oder einer Glaubensgemeinschaft, wohl aber auf die Zugehörigkeit zu einer sozialen Gruppierung, der Arbeitnehmerschaft. Die ja erst mit der Industrialisierung entstehende Arbeitnehmerschaft hat sich mit dem Samstag ihren eigenen, regelmäßigen Höhepunkt der Woche geschaffen. Gerade durch diese auf die arbeitenden Menschen bezogene Tradition ist der Samstag der Deutungskompetenz der Kirche wie auch staatlicher Organe, gewissermaßen der des Ancien Régime[4], entzogen und der eigenen Ausgestaltung durch Elemente der Arbeitnehmerkultur zugänglich gemacht worden.
Freilich kann die Feiertagskultur in einer Konsum- und Wegwerfgesellschaft keine wesentlich weiteren Schatten werfen als die Gesellschaft, in der sie

Baustein 1

Arbeitsblatt 18

besteht. Die in der Gesetzgebung des Grundgesetzes und der Bundesländer noch geforderte Ruhe zum Zwecke der „seelischen Erhebung“ kann zwar in dieser kirchlich geprägten Form für den Samstag nicht geltend gemacht werden. Wohl aber ist eine neue, der säkularisierten Gesellschaft vielleicht adäquatere Form der „Besinnung“ oder des „Zu-sich-Kommens“ mit dem Samstag verbunden. Ist der Sonntag, bedingt durch seine Tradition, noch durch viele Gebote und Verbote geprägt – bezüglich Verhaltensweisen, Kleiderordnung, Lärmvorschriften u.a. –, so ist der Samstag durch die nicht immer hochstehenden Angebote der Konsumgesellschaft bestimmt.

Der Samstag ist anders als der Sonntag nicht durch die sehr weit reichende Abwesenheit von Arbeit gekennzeichnet, sondern durch die selektive Zulassung bzw. Praktizierung bestimmter Arbeitstätigkeiten – Erwerbs- wie Eigenarbeit – zu bestimmten Tageszeiten. Für bestimmte Wirtschaftszweige wie den Handel ist die Arbeit durch Gesetz zeitlich eingeschränkt. Für andere Bereiche gelten entweder Tarifverträge oder die weithin geübte Praxis, gewerbliche Arbeit am Samstag möglichst ganz zu vermeiden. Diese Regel war bislang allgemein anerkannt, sodass weder eine generelle gesetzliche Regelung auf höherer Ebene noch tarifvertraglich fixierte Abmachungen (mit wenigen Ausnahmen) für nötig befunden wurden. Auch wenn der Samstag „offiziell“ noch als Werktag gilt, so hat die Anerkennung der Besonderheit durch die gelebte Praxis die gesetzlichen Rahmensetzungen doch für jedermann ersichtlich überholt.

Die Herausgehobenheit wird hier also durch den praktischen Vollzug einer sehr differenzierten konsensualen[5] Praxis sichergestellt. Das heißt aber auch, dass mit der in einem höheren Ausmaß praktizierten Arbeitsruhe am Sonntag nicht gewissermaßen eine Rangskala der Wertigkeit festgelegt ist, die den Sonntag über den Samstag stellt. Für beide Tage gelten ja selektive Arbeitsverbote, wenn auch mit unterschiedlicher Herleitung sowie quantitativer Ausdehnung. Beide Tage sind gleichrangig für sich aus ihrem jeweiligen sozialen und kulturellen Kontext, aus ihrer Entstehungsgeschichte und ihrer gelebten Praxis heraus zu verstehen und zu bewerten.

Aus: Frank von Auer u.a. (Hg.): Auf der Suche nach der gewonnenen Zeit. Beiträge für eine neue gesellschaftliche Zeitgestaltung. Bd. 2. Mössingen-Talheim: Talheimer Verlag 1990, S. 124–128

Worterklärungen:

[1] *Dynastie:* Herrschergeschlecht, Herrscherhaus

[2] *Wochenzäsur; Zäsur:* Einschnitt

[3] *lokalisieren:* örtlich bestimmen, festlegen

[4] *Ancien Régime:* Bezeichnung für das Herrschafts- und Gesellschaftssystem in Frankreich vor 1789

[5] *konsensual:* auf übereinkunft (Konsens) beruhend

Baustein 2

Ökonomisch lesen

Ökonomisches Lesen ist nicht einfach schnelles Lesen[1], sondern ein Lesen, das sich als effizient erweist, obwohl der Zeitaufwand zunächst größer scheint. Den hier behandelten Strategien für ein ökonomisches Vorgehen beim Lesen liegt der Gedanke zugrunde, dass Lesen eine aktive Auseinandersetzung des Lesenden mit einem Text ist, der nicht für diesen speziellen Leser, sondern für eine dem Autor weitgehend unbekannte Gruppe von Menschen geschrieben wurde. Sich bewusst zu machen, was man selbst in die Lesesituation einbringt, ist in diesem Zusammenhang besonders wichtig. Das werden vor allem die Ziele und Erwartungen sein, die man mit dem jeweiligen Leseanlass verbindet. Auch das eigene Vorwissen beeinflusst den Umgang mit einem Text. Ziele, Erwartungen und Vorwissen werden überwiegend *vor* dem eigentlichen Lesen oder beim Beginn des Leseprozesses wirksam und können ihn entscheidend steuern.

Aber auch *während* des Lesens gibt es Möglichkeiten, die Effizienz des Lesens zu erhöhen. Leser müssen sich im Klaren sein, mit welchen Intentionen sie jeweils an den Text herangehen. Es ist z.B. nur selten sinnvoll, einen Text durchgängig mit gleicher Intensität zu lesen. In welchen Situationen man Texte überfliegend und schneller liest, wann man zwischen intensivem und überfliegendem Lesen wechselt, und wie man vorgeht, wenn man sich bestimmte Informationen aus einem Text rasch merken möchte, ist erlernbar, wenn man geeignete Lesestrategien bewusst für den jeweiligen Zweck einsetzt. Solche Überlegungen gehören zum Lesen. Wer kompetenter Leser werden möchte, darf die Reflexion über das Lesen nicht ausklammern. Einige auf diesen Metakognitionen beruhende Lesetechniken werden in den folgenden Kapiteln angesprochen.

Im Einzelnen gehen wir auf folgende Themen ein:

2.1 Leseabsicht klären – Lernziel adaptives Lesen

2.2 Antizipieren – Vorwissen aktivieren

2.3 Bücher und Texte anlesen

2.4 Überfliegen und auswählen – selektiv lesen

2.5 Gelesenes besser behalten – Konzentration beim Lesen

2.1 Leseabsicht klären – Lernziel adaptives Lesen

Viele Schüler neigen dazu, jeden Text mit der gleichen Intensität oder Oberflächlichkeit zu lesen, ohne zu überlegen, welchem Zweck die Lektüre dienen soll. Die schulische Lesepraxis gewöhnt die Schüler nicht daran, selbst zu überlegen, wozu sie einen Text lesen. Meist ist im Unterricht eine bestimmte Aufgabe gestellt worden, und die Schüler führen sie mehr oder weniger bereitwillig aus.

Zum Fernziel selbstständigen Lesens trägt das wenig bei. Die Schüler sollten aber spätestens im Lauf der Oberstufe ein erwachsenes, ihrem Alter und Bildungsstand angemessenes Lesen entwickeln. Dazu gehört, dass sie insgesamt bewusster vorgehen, und dazu gehört vor allem, dass sie in der Lage sind, selbst eine *Leseabsicht* zu entwickeln. Diese wird in den meisten Fällen mit der vom Lehrer oder Schulbuch vorgegebenen Aufgabe oder Fragestellung zusammenfallen; es geht dann darum, sich

[1] Interessante Trainingsaufgaben zur Steigerung der Lesegeschwindigkeit über eine Erweiterung des Gesichtsfeldes sowie zu Techniken des selektiven Lesens gibt es in: Brigitte Chevalier: Effektiv lesen. Lesekapazität und Textverständnis erhöhen. Frankfurt/M.: Eichborn 2002.

die Leseabsicht bewusst und zu Eigen zu machen und eine dem Zweck entsprechende Lesestrategie zu wählen.

Ganz allgemein wird man lesen, um etwas Neues zu erfahren und etwas dazuzulernen. Jeder Leser bringt eine gewisse Neugier mit, möchte den Text verstehen und in der Regel seinen Inhalt behalten. Je nach der Lesesituation gibt es aber doch Unterschiede: Will ich einen Text im Lehrbuch für die anstehende Klausur lesen, steht das Behalten im Vordergrund; beim Zeitungsartikel bin ich vor allem neugierig und habe vielleicht nichts dagegen, den Text nach dem Lesen ruhig zu vergessen; wenn ich mehrere Texte für ein Referat lese, interessieren mich nur diejenigen Stellen, die Informationen zu einem bestimmten Problem enthalten; eine Gebrauchsanweisung lese ich so, dass ich das Gelesene unmittelbar anwenden kann. Die Leseabsicht entscheidet also darüber, ob ich schnell z.B. einen Überblick über einen Text bekommen will und darum zügig lese. Sie entscheidet aber auch, an welchen Stellen ich genau und sorgfältig lesen muss. Deswegen sprechen wir im Zusammenhang mit einer Ökonomie des Lesens auch vom adaptiven Lesen, angepasst an die jeweilige Leseabsicht.

Zu diesem Aspekt des ökonomischen Lesens gibt es keine Übungen, da das Entwickeln einer Leseabsicht an die jeweilige, individuelle Lesesituation gebunden ist.

2.2 Antizipieren – Vorwissen aktivieren

Eine andere Strategie zum ökonomischen Lesen, das Antizipieren, setzt vor der Informationsentnahme an, weil sie den *Einstieg* in den Leseprozess erleichtern und steuern soll. Es wird ein rascheres Textverstehen vorbereitet und man erspart sich das wiederholte Durchlesen schwieriger Textanfänge.

Der Begriff ‚Antizipieren' stammt aus der kognitiven Lerntheorie. Mit ‚Antizipieren' ist eine Vorwegnahme des im Text zu erwartenden Inhalts gemeint. Gleichzeitig macht man sich bewusst, was man selbst schon über den Inhalt weiß (oder wissen möchte).

Die Überschrift eines Textes benennt in der Regel die relevanten Textinhalte in pointierter Form, oft auf einer abstrakteren Ebene, als das im Text geschieht. Wenn man beim Lesen der Überschrift kurz innehält und überdenkt, was man mit dem Inhalt verbindet, aktiviert man im Langzeitgedächtnis gespeicherte konkrete Inhalte. Das ist auch wichtig, denn die konkreten Vorstellungen sind besonders wirksam bei der Rezeption von neuen Inhalten.

Es gibt natürlich auch die Lesesituation, in der man noch gar nichts über das Thema weiß, mit dem der Text sich beschäftigt. Auch dann ist es gut, wenn man sich klar darüber ist, was man aus dem Text erfahren möchte. Man stellt dann quasi Fragen an den Text, was dazu führt, dass das, was man lesen wird, schneller aufgenommen werden kann und dass man es besser behält. Die Aufmerksamkeit wird gezielt auf Aspekte gelenkt, die in dem zu lesenden Text angesprochen werden und die mit den vagen Vorstellungen des Lesers zusammenhängen. Findet man das, was man erwartet, und passt es zu den Vorstellungen, dann wird das Neue rasch mit dem Alten verbunden. Steht das Neue aber den eigenen Erwartungen entgegen, wird dieser Tatbestand schneller offenbar, als wenn man sich den eigenen status quo vor dem Lesen nicht vor Augen geführt hat.

Von großem Nutzen ist das Antizipieren, wenn man einen Text *kritisch lesen* möchte. Ein überzeugend geschriebener Text erfordert schon einigen Widerstand, aber Leser sind besser in der Lage dagegenzuhalten, wenn sie beim Lesen von Anfang an ihre eigenen Gedanken und Meinungen zum Thema parat haben.

Die Lesestrategie Antizipieren wird häufig als Zeitverschwendung abgetan. Das liegt daran, dass man die Forschungsergebnisse der Kognitionsforschung noch nicht allzu lange für den Unterricht nutzt. Ein weiterer Einwand ist, dass das Antizipieren auch von geübten Lesern nicht praktiziert würde. Das stimmt aber nicht, denn die meisten Leser halten nach dem Lesen der Überschrift ganz unbewusst inne, z.B. wenn sie aufgrund der Überschrift entscheiden, ob sie einen Artikel lesen oder nicht. Im Übrigen laufen diese Prozesse ungeheuer schnell ab, wenn sie erst einmal automatisiert sind.

Sie können das Antizipieren üben, indem Sie zunächst nur die Überschrift eines Textes bekannt geben und die Schüler auffordern, sich dazu zu überlegen, was sie über das Thema wissen. Wenn die Strategie noch nicht bekannt ist, sollte man die Gedanken kurz aufschreiben, später ist das nicht mehr nötig. Diskutieren Sie anfangs nach dem Lesen, wie sich das Antizipieren ausgewirkt hat. Enthält eine Überschrift viel Information, dann ist das Antizipieren stärker gelenkt. Ist die Überschrift nicht sehr aussagekräftig, wird das Antizipieren offener, aber nicht weniger nützlich. Vergessen Sie bei der Auswertung dieser Übungen nicht, dass alle Ihre Schüler natürlich auch unterschiedliches Vorwissen und damit unterschiedliche Voraussetzungen in diese Aufgabe einbringen.

Raten Sie Ihren Schülern, sich die Technik des Antizipierens so zur Gewohnheit zu machen, dass sie sie vor jedem Lesen eines Fachtextes anwenden. Fördern Sie das Antizipieren, indem Sie Ihre Schüler häufig vor dem Lesen dazu auffordern.

Mit einer kombinierten Partnerübung können Sie gut in das Antizipieren einführen. Dabei verbinden Sie das sonst vielleicht etwas unnatürlich wirkende Aufschreiben der Resultate des Antizipierens mit einem *Schreibgespräch:* Jeweils zwei Schüler notieren ihre Gedanken auf einem Blatt, das möglichst oft zwischen den Schülern hin- und herwandern soll.

Den Textinhalt antizipieren und den Text zusammenfassen
„Schwarz ist weiß, ja heißt nein"

zu Arbeitsblatt 19 (S. 81f.)

1. Führen Sie zunächst in Sinn und Zweck des Antizipierens ein (s.o.).
2. Nennen Sie dann die Überschrift: *Schwarz ist weiß, ja heißt nein* und bitten Sie jeweils zwei Schüler, ein Tandem zu bilden. Dort tauschen sie sich mündlich darüber aus, worum es in dem Artikel gehen könnte. Nach kurzer Zeit lassen Sie im Plenum über die Vermutungen berichten.
3. Sie schreiben dann den Untertitel an die Tafel: *Andere Kulturen, andere Sitten: Was man aus Ignoranz leicht falsch macht.* Dazu notieren die Schüler im Tandem ihre Ideen auf einem Blatt, das sie so lange austauschen, bis ihnen nichts Neues mehr zum Thema einfällt.
4. Erst nach dem Antizipieren wird der Text ausgegeben. Er soll gelesen, bearbeitet und anschließend schriftlich zusammengefasst werden, am besten, indem zunächst pro Absatz ein zusammenfassender Satz formuliert wird und anschließend ein oder zwei Sätze über den Inhalt des gesamten Artikels formuliert werden.
5. Führen Sie ein Abschlussgespräch über den Inhalt des Artikels. Sprechen Sie auch über die Wirkung der Vorüberlegungen beim Antizipieren auf das Verständnis der Informationen im Text, ihre raschere bzw. tiefere Verarbeitung und das Augenfälligwerden von Schwächen oder Stärken des Textes.

Lösungsvorschlag

zu 2 und 3:
freie Lösungen

zu 4:
a) Ein Satz pro Abschnitt (Abschnitt 3 + 4 = Sinnabschnitt 3)
Abschnitt 1 (Zeile 0–11): Ein Amerikaner vergreift sich bei der Anrede aufgrund mangelhafter Japanischkenntnisse im Ton und verletzt dadurch einen japanischen Geschäftspartner.
Abschnitt 2 (Zeile 12–21) Eine chinesische Zeitung lehnt das Manuskript eines britischen Journalisten mit überschwänglichen Lobeshymnen ab.
Abschnitt 3 (Zeile 22–39): Probleme der Kommunikation zwischen Angehörigen verschiedener Kulturen: Thais halten Individualismus und Wahrung der Gruppen-

harmonie für so hohe Werte, dass sie Disziplinforderungen und Verhaltensvorschriften ablehnen; Japaner sehen in zwanglosen Gesten und zwangloser Wortwahl eher Beleidigungen als Amerikaner, besonders wenn diese Äußerungen von Jüngeren und in sozialer Hierarchie niedriger Stehenden ausgehen.
Abschnitt 4 (Zeile 40–49): Der kommunikative Stil (= Wortwahl, Lautstärke, Pausenlängen, Betonungsmuster) ist kulturspezifisch ausgeprägt.
Abschnitt 5 (Zeile 50–57): Blickkontakt und Direktheit im Ausdruck sind Merkmale unterschiedlicher Konventionen in einzelnen Kulturen.
Abschnitt 6 (Zeile 58–63): Amerikaner und Russen unterscheiden sich im Hinblick auf einen eher induktiven bzw. deduktiven Argumentationsstil.
Abschnitt 7 (Zeile 64–72): Selbst der Gebrauch des Englischen als internationaler Verkehrssprache schließt nicht aus, dass jeder Sprecher seine eigenen Denkgewohnheiten, Verhaltensweisen und den eigenen kommunikativen Stil beibehält.

b) Zusammenfassung in zwei Sätzen:
In dem Artikel von Karlfried Knapp: *„Schwarz ist weiß, ja heißt nein"* in der ZEIT vom 15.1.1988 geht es um Verhaltensaspekte, die bei interkultureller Kommunikation eine Rolle spielen. Bei den Verhaltensaspekten handelt es sich um Denkgewohnheiten, Gesten und verbale Verhaltensweisen wie den kommunikativen Stil, Direktheit im Ausdruck und Argumentationsstil.

zu 5:
Die Überschrift dieses Artikels hat wahrscheinlich zu sehr unterschiedlichen Vermutungen geführt und das Antizipieren wenig auf den Textinhalt hin gelenkt. In der abschließenden Diskussion kann herausgearbeitet werden, wie sich Überlegungen, die etwa in die Richtung des Textinhalts gingen, im Vergleich zu abweichenden Vorüberlegungen ausgewirkt haben. Man kann auch schon ansprechen, dass Fachartikel in der Regel sehr aussagekräftige Überschriften, häufig Untertitel und/oder Illustrationen enthalten, die ein Antizipieren dann stärker lenken. Unbedingt sollten die Schüler so lange zum Antizipieren angehalten werden, bis sie diese Strategie in ihr Repertoire von Lesestrategien aufgenommen haben. Wir haben in diesem Band bei einigen Übungen entsprechende Vorschläge gemacht.

Transfer

Am Anfang ist es gut, wenn die Überschrift auf tatsächliche Erfahrungen bzw. vorhandenes Wissen Bezug nimmt. Später sollte man dann auch vollkommen Neues ansprechen, damit die Schüler üben können, selbst Fragen an den Text zu stellen, etwas vom Text wissen zu wollen. Fast jede Überschrift eignet sich zum Antizipieren.

2.3 Bücher und Texte anlesen

In der Schule wird dazu angehalten, *gründlich* zu lesen, aber im späteren Studium oder Beruf ist oft auch das schnelle, oberflächliche, orientierende Lesen oder Anlesen von Büchern und Texten gefragt. Während in der Schule nur Texte gelesen werden, die insgesamt als lesenswert (= vollständig lesenswert) ausgewählt wurden, müssen wir als Erwachsene selbst aus der Fülle von Publiziertem auswählen, was wir für lesenswert halten. Auch als Student muss man selbst herausfinden, was man für den jeweiligen Zweck gebrauchen kann und dafür oft erhebliche Mengen von Geschriebenem wenigstens „durchsehen".

Direkte Übungen dazu haben den Nachteil des Trockenschwimmens und es ist sicher sinnvoller und für die Schüler einleuchtender, das Anlesen z.B. im Zusammenhang mit der Facharbeit zu thematisieren. Denn gerade Fachtexte und -bücher liest man ja nicht einfach so, sondern weil man Informationen zu einem bestimmten Thema, zu einer bestimmten Fragestellung sucht, sodass auch das Anlesen schon eine bestimmte Richtung hat und mit einer bestimmten eigenen Leseabsicht verbunden ist.
Trotzdem hier ein Vorschlag für eine gezielte Übung zum Anlesen von Büchern und Texten (Bücher kann man selbst mitbringen oder in der Schulbibliothek suchen lassen).

Sich einen Überblick über ein Buch verschaffen

zu Arbeitsblatt 20 (S. 83)

1. Vorklärung: Im Unterschied zum *selektiven Lesen,* bei dem die *Leseabsicht* ist, in einem längeren Text nach ganz bestimmten Informationen zu suchen, geht es beim *Anlesen* von Büchern um den Überblick über das Ganze, und das in begrenzter Zeit, also schnell.
Weisen Sie daraufhin, dass es bei Büchern markante Stellen gibt, bei denen es sich besonders lohnt hinzuschauen.
Diese markanten Stellen können gemeinsam gesammelt werden (vgl. Arbeitsblatt): Untertitel, Inhaltsverzeichnis, Vorwort, Klappentext, ggf. Zusammenfassung am Ende; gibt es ein Register? Ist das Erscheinungsjahr von Belang?

2. Je zwei Schüler suchen sich eins der mitgebrachten Bücher aus (oder gehen in die Bibliothek). Alle erhalten die Aufforderung, sich innerhalb von 10–20 Minuten anhand der auf dem Aufgabenblatt genannten 'markanten Stellen' über ein Buch zu informieren, das ihnen vorher nicht bekannt war. Sie sollen sich an der entsprechenden Stelle des Aufgabenblattes Notizen machen. Achtung: Nicht für jedes Buch sind alle Angaben gleich wichtig!

3. Nach etwa 15 Minuten (möglichst nicht länger, damit die Funktion des Anlesens deutlich bleibt) können einige Tandems kurz über „ihr" Buch berichten. Auch mögliche Schwierigkeiten, in so kurzer Zeit relevante Informationen zu sammeln, sollten besprochen werden.

4. Zur Festigung der Ratschläge zum Anlesen von Büchern können Sie – vielleicht bei späterer Gelegenheit – das Flussdiagramm verwenden, mit dem J. Stary/H. Kretschmer in dem für Studenten geschriebenen Buch „Umgang mit wissenschaftlicher Literatur" die Methode des Anlesens verdeutlichen. Dieses Flussdiagramm hebt besonders den Vorgang des Prüfens und Entscheidens hervor[1].

Anlesen

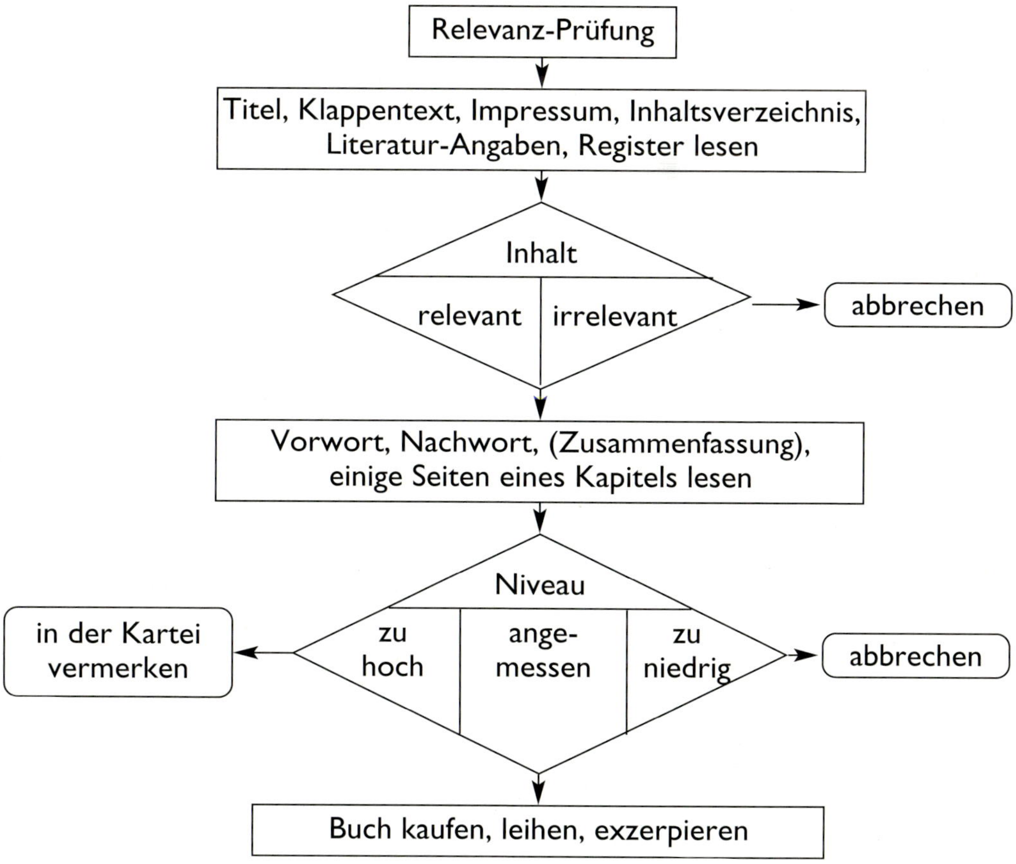

Joachim Stary/Horst Kretschmer: Umgang mit wissenschaftlicher Literatur. Frankfurt 1994, S. 48

[1] Zum Lesen von Flussdiagrammen vgl. Baustein 5, „Tabellen und Grafiken lesen", besonders S. 142ff.

2.4 Überfliegen und auswählen: selektiv lesen

Oft möchte man aus einem Text nur bestimmte Informationen verwerten. Wenn man merkt, dass einem nicht alle Informationen wichtig sind, ist es nicht sinnvoll, allen Teilen des Textes dieselbe Aufmerksamkeit zu schenken. In diesem Fall sollte man ökonomisch vorgehen und zwischen schnellem und langsamem Lesen wechseln, um nur die relevanten Textstellen sorgfältig zu lesen. Es handelt sich bei diesem schnellen Lesen nicht um oberflächliches Lesen, sondern um ein selektives Lesen, das schnell, aber suchend vorgeht, um innezuhalten zur genauen Informationsaufnahme.

So könnte man z.B. in einem Lexikonartikel eine Worterklärung suchen, sich aber nicht für die Geschichte dieses Begriffes interessieren. Dann wird man seine Aufmerksamkeit und die Lesegeschwindigkeit dem Aufbau des Lexikonartikels anpassen. Die Teile des Textes zur Geschichte liest man schnell und hält an, wenn das, was man wissen will, nämlich die Definition des Begriffs, angesprochen wird. Nur da wird man langsam und gründlich weiterlesen.

Es ist bei dieser Lesestrategie entscheidend, dass man sich sehr genau überlegt, welche Begriffe mit der eigenen Fragestellung zu tun haben könnten. Diese Begriffe steuern dann den Leseprozess, indem sie ihn verlangsamen, wenn sie im Text auftauchen. Bei Texten, die im Allgemeinen für die Schule ausgewählt werden, scheint alles relevant. Daher lernen die Schüler nicht, selektiv zu lesen. Aber wenn sie z.B. Referate vorbereiten und verschiedene Texte dafür nutzen wollen, werden sie die Strategie brauchen. Übungen zum selektiven Lesen dienen vor allem dazu, den Schülern bewusst zumachen, dass man die Lesegeschwindigkeit den Gegebenheiten des Textes anpassen sollte. Man kann mit diesen Übungen auf einfache Weise in ein adaptives, an die konkreten Gegebenheiten angepasstes Lesen einführen. Ohne eine Bewusstmachung der unterschiedlichen Lesegeschwindigkeiten ist es relativ unwahrscheinlich, dass Schüler in anderen Situationen den eigenen Leseprozess steuern und daraus eine Strategie entwickeln.

Wir haben zwei Texte ausgewählt, an denen diese Lesestrategie geübt werden kann. Der erste Text ist kurz und lässt sich daher gut als Einführung in die neue Strategie verwenden. Der andere ist dagegen lang, aber nicht schwierig; inhaltlich wäre er für einen Pädagogik-Kurs geeignet.

zu Arbeitsblatt 21 (S. 84)

Überfliegen und auswählen: selektiv lesen

„Was geht in unseren Köpfen vor?“

1. Bevor die Schüler die Texte erhalten, wird die Überschrift an die Tafel geschrieben und gemeinsam darüber gesprochen, welche Begriffe in einem Artikel zu dieser Frage auftauchen könnten. Damit wird noch einmal das Antizipieren (vgl. Kap. 2.2) geübt. Begriffe wie „Gehirn“, „Nervenzellen“, „Erinnerung“, ggf. auch weitere Wörter aus dem Begriffsfeld schreibt man an die Tafel.

2. Lassen Sie den Text in Einzelarbeit so schnell wie möglich lesen, um die Frage der Überschrift zu beantworten;
- Anfangs- und Endzeit des Lesens protokollieren und beim Lesen auf die Lesegeschwindigkeit achten;
- am Rand kennzeichnen, wo langsamer gelesen wurde;
- die zur Beantwortung der Frage relevanten Textstellen markieren.

3. Das anschließende Unterrichtsgespräch behandelt folgende Fragen:
- die Lesegeschwindigkeit: An welchen Textstellen wurde schnell, wo langsam gelesen? – Warum?
- die Sachinformation: Welche Abschnitte sind markiert? Was erfahren wir über die eingangs gestellte Frage? Haben die Schüler die informative Unterschrift zur Abbildung berücksichtigt?
- Es bietet sich an, abschließend den Artikel zu kritisieren.

Lösungsvorschlag

zu 1:
Als relevante und daher langsam zu lesende Textstellen sollten die Schüler den ersten und dritten Absatz sowie den informativen Untertext zur Grafik gekennzeichnet haben.

zu 2:
Die Sachinformationen zum Thema finden sich in den unten abgebildeten Textstellen (= 1. + 3. Abschnitt) und sollten markiert sein.

zu 3:
Fast die Hälfte des Artikels bezieht sich auf die Forscher, zur Überschrift finden sich nur wenige Informationen in den genannten Abschnitten.

Was geht in unseren Köpfen vor?

Was geschieht in den Nerven des Gehirns, wenn Informationen abgespeichert werden? Wie stehen die Nervenzellen miteinander in Kontakt? Das Wissen um solche grundlegenden Mechanismen der Funktion und Struktur des Gehirns sind notwendig, um Störungen wie Demenzerkrankungen oder traumatische Schädigungen verstehen zu können. Wichtige Entdeckungen in der Entwicklung des zentralen Nervensystems …

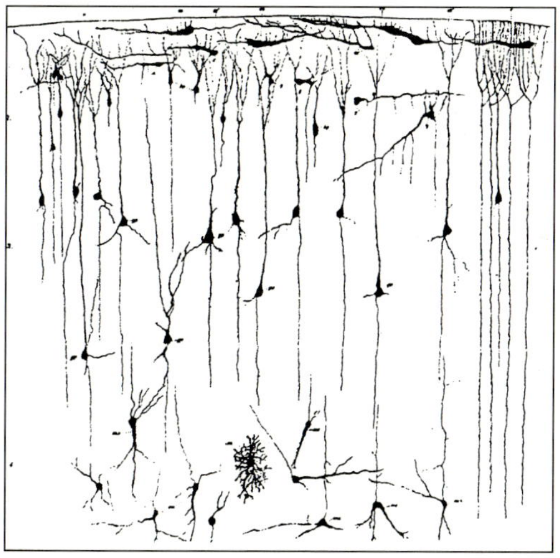
Gustav Retzius

Direkt unter der Hirnoberfläche befinden sich waagrecht verlaufende Zellen, die das Glykoprotein Reelin produzieren. Dieses steuert die Schichtung und Verknüpfung der tiefer liegenden, senkrecht verlaufenden Nervenzellen.

Michael Frotscher untersucht an Mäusen einen speziellen Bereich des Gehirns, den Hippocampus. Diese Zone spielt eine zentrale Rolle bei Lern- und Gedächtnisprozessen: Hier sitzen unter der Oberfläche Steuerungszellen (siehe die Zeichnung). Sie produzieren ein Protein namens Reelin, das die Entwicklung von nachwachsenden Nervenzellen regelt. Der Freiburger Professor erkannte wichtige Mechanismen, welche die Wanderung der Nerven nach ihrer Entstehung und die Kontaktaufnahme der Nervenzellen untereinander steuern. Beides sind grundlegende Vorgänge in der Ausbildung von Nervennetzen und in der Regeneration von Nervenzellen.

In: Spektrum der Wissenschaft, August 2002, S. 97

Überfliegen und auswählen – selektiv lesen
„,… aber mit Lust!' – Das Lernen als Kinderspiel"

zu Arbeitsblatt 22 (S. 85ff.)

Wir haben den relativ langen Artikel – 24 Abschnitte über die Aktualität der Reformpädagogik Basedows – gewählt, weil er gerade durch seine Länge zum Überfliegen herausfordert.

Lassen Sie die Schüler sich drei verschiedenen Gruppen zuordnen. Jede Gruppe erhält entsprechend den Schwerpunkten des Artikels ein Thema und liest den Text selektiv, um die Informationen zum jeweiligen Thema herauszuarbeiten. Damit ist eine anschließende Besprechung gut vorbereitet.
Gruppe 1: Basedows Reformideen
Gruppe 2: Basedows Erfolge
Gruppe 3: Das Auf und Ab pädagogischer Ideen; „moderne" pädagogische Prinzipien bei Basedows Reformideen

Bei Gruppe 3 geht die Leistung etwas über das selektive Lesen hinaus, zumindest werden gewisse Vorstellungen über neuere Reformansätze in der Pädagogik vorausgesetzt.

Fordern Sie die Schüler auf, sich vor dem Lesen klar zu machen, wonach sie im Artikel suchen werden. Um den Schülern die Wirkung des überfliegenden Lesens klar zu machen, sollte als Bearbeitungstechnik für intensiv zu lesende Teile des Textes das Unterstreichen/Markieren vorgeschlagen werden; evtl. mit zusätzlichen Randnotizen. Die Unterstreichungen werden deutlich machen, wie die Informationen zu den einzelnen Themenschwerpunkten im Text verteilt sind, d.h. wo überfliegendes und an welchen Stellen intensives Lesen angebracht ist.

Lösungsvorschlag

Was die Schüler im Text anstreichen, ist hier in Form von Lesenotizen aufgeschrieben. Die Ziffern bezeichnen die Abschnitte des Artikels.

Gruppe 1: Basedows Reformideen

(5) Falsch verstandene Schuldisziplin zwingt Schüler unnötig lange in ein und dieselbe Klasse;

(6)
- Lernen als fröhliches Spiel;
- Unterricht soll früh einsetzen und nicht langwierig und beschwerlich verlaufen;
- dumpfes Einbläuen grammatischer Regeln (in Latein) verängstigt Schüler;

(8)
- Lesefähigkeit früh fördern;
- Unterricht in Latein früh ohne grammatische Übungen;
- im Lehrgespräch auf Spaziergängen Tiere, Pflanzen und andere Dinge benennen;
- einfache Dialoge; mit kurzen lateinischen Fragen gerade erworbenen lateinischen Wortschatz wiederholen;
- nach ersten Fortschritten des Schülers Aufklärung über „Gott und die Welt";

(9)
- liebevolle Behandlung des Schülers;
- aus dem Spiel heraus lebensnaher Unterricht, sinnlich anschaulich (Weizenkörner, Erbsen für Grundrechenarten; Zerschneiden von Äpfeln für Bruchrechnung);
- ohne Gedächtnisdrill den Verstand schärfen;
- zur Selbsttätigkeit anregen;

(13) Kinder schon im Vorschulalter für Lesen interessieren, Lesenkönnen ist Schlüssel für Lernerfolg in allen Fächern;

(14) Spielerisches Lesenlernen (Gedächtnis- und Suchspiele);
- Buchstabier-, Silben- oder Reimspiele bei Beginn des Lesenlernens;
- kulinarische Belohnungen für richtige Antworten;

(15) Regelmäßiges, lustbetontes Herstellen eigener Unterrichtsmaterialien;

(16)
- Lust am Lesen durch Vorlesen anregen;
- illustrierte Geschichten aus der Alltagswelt der Kinder mit ihnen lesen;

(17) Kinder verschiedener Glaubensrichtungen gemeinsam unterrichten;

Gruppe 2: Basedows Erfolge

(10) Sein Zögling Josias verfügt früh über einen gut ausgebildeten Wissensstand;

(11) aufgrund seines guten Rufs in Holstein erlangt Basedow eine gut dotierte Professur an einer dänischen Ritterakademie;

(12) 1770 veröffentlicht er zwei Schulbücher: „Elementarbuch für die Jugend" und „Methodenbuch für Väter und Mütter der Familien und Völker";

(16/17)
- „Elementarwerk" mit kleinen Geschichten und Illustrationen von Chodowiecki; die pädagogischen Schriften werden Bestseller;
- 1774 eröffnet er das „Philantropin" in Dessau, wirkungsvolle Schulgründung, vergleichbar den Francke'schen Stiftungen;

(18) In einem Schauexamen glänzen seine von ihm allein erzogenen Kinder, insbesondere seine sechsjährige Tochter, mit freiem Sprechen auf lateinisch und französisch, mit Kenntnissen über Weltgeschichte und Geografie;

(20)
- Lehrer und Lehramtsstudenten hospitieren bei ihm;
- die Zahl seiner Schüler steigt sprunghaft an (von 20 auf 150);
- Moses Mendelssohn unterstützt die Schule finanziell und ideell;
- Kant lobt die Schule als „Stammutter aller guten Schulen";
- Ableger wie die Schule Christian G. Salzmanns in Thüringen werden gegründet;
- öffentliche Stadtschulen werden im Sinne Basedows reformiert;

(21) Bis ins 19. Jahrhundert hinein wirkt die philanthropische Pädagogik in Deutschland, Frankreich, Dänemark und der Schweiz;

(23)
- das in der Mitte der fünfziger Jahre des 20. Jahrhunderts vernichtete Denkmal Basedows in Magdeburg wird wieder aufgebaut;
- heutige bekannte Versuchsschulen machen gute Erfahrungen mit einer Pädagogik des spielerischen Lernens;

(24) In Brandenburg wird im neuen Schulmuseum eine Ausstellung zur Geschichte der philanthropischen Pädagogik gezeigt.

Gruppe 3: a) Das Auf und Ab pädagogischer Ideen
b) „Moderne" pädagogische Prinzipien bei Basedows Reformideen

a) Das Auf und Ab pädagogischer Ideen

(1)
- Im 18. Jahrhundert wurde durch ein aufsehenerregendes Gutachten festgestellt, dass Deutschlands Bildungssystem reichlich zu wünschen übrig lässt:
- viele deutsche Schüler verfügen über rudimentäre Lesekompetenz und nur wenige greifen zum Buch;
- schulisches Lernen wird zu spät begonnen;
- arme Kinder, Kinder aus Randgruppen, werden nicht angemessen gefördert;

(6)
- In den vierziger Jahren des 18. Jahrhunderts stellt die Lateinische Gesellschaft in Jena fest, dass der Unterricht im deutschen Bildungswesen in der Regel viel zu spät einsetzt, langwierig und für Kinder beschwerlich verläuft;
- Schüler werden durch das Einbläuen grammatischer Regeln in Latein verängstigt;
- statt Freude am Lernen herrschen Rute und Stock;
- es mangelt an Unterrichtserfolg, lediglich 1% der Schüler kann nach der Schulzeit lateinische Schriftsteller lesen, verstehen und flüssig übersetzen;

(17) das Philanthropin steht Kindern aller Konfessionen offen;

(20) die ersten öffentlichen Stadtschulen werden seit den 1770er-Jahren im Sinne der Ideen Basedows reformiert;

(21)
- die philanthropische Pädagogik hat bis weit ins 19. Jahrhundert hinein eine bemerkenswerte Wirkung, wird aber durch Vertreter des Neuhumanismus als „plattes Nützlichkeitsdenken" propagierend diskreditiert; gegenüber dem angeblich von Basedow verfochtenen Prinzip der „Brauchbarkeit" steht jetzt das Prinzip der „Bildung";
- zur Zeit der Reformpädagogik – um die Wende vom 19. zum 20. Jahrhundert – erinnert man sich wieder an Basedow;

(22) nach 1945 sind Pestalozzi und Rousseau einflussreicher als Basedow; in der ehemaligen DDR findet er Interesse, seine Ideen sind aber unvereinbar mit den Leitbildern sozialistischer Erziehung;

(23) an bekannten Versuchsschulen wird derzeit erfolgreich eine spielerische Pädagogik praktiziert.

b) „Moderne" pädagogische Prinzipien bei Basedows Reformideen

(1)
- Basedow erkannte, dass Deutschlands Bildungssystem reichlich zu wünschen übrig lässt; was ihm ein aufsehenerregendes Gutachten bestätigte:
- viele deutsche Schüler verfügten über rudimentäre Lesekompetenz und nur wenige griffen zum Buch;
- schulisches Lernen wird zu spät begonnen;
- arme Kinder, Kinder aus Randgruppen, werden nicht angemessen gefördert;

(8) als erstes bemüht sich Basedow um die Lesefähigkeit des Zöglings;

(9) angestrebt wird ein lebensnaher Unterricht, aus dem Spiel heraus, sinnlich anschaulich, ohne Gedächtnisdrill den Verstand schärfend und zur Selbsttätigkeit anregend;

(13)
- Kinder sollen schon im Vorschulalter für das Lesen interessiert werden, Lesenkönnen ist der Schlüssel zum Lernerfolg in allen Fächern;
- Unterricht kann im Alter von vier oder fünf Jahren einsetzen, soll aber spielerisch und alltagsnah, als fröhliche Tätigkeit stattfinden;

(15) Basedow lässt Schüler eigene Unterrichtsmaterialien herstellen, nämlich einen Lesekasten;

(16) die Lesemotivation der Kinder fördern, indem man ihnen Verständliches und Angenehmes vorliest.

Transfer

Wenn in der Oberstufe Referate oder Hausarbeiten vorbereitet werden, für die nur teilweise brauchbare Texte ausgewertet werden müssen, wird sich zeigen, dass die Technik der angepassten Lesegeschwindigkeit hilfreich ist. Zu diesem Zeitpunkt sollte sie noch einmal bewusst gemacht werden. Ein längerer Text, der interessante Informationen verschiedener Art enthält, eignet sich zum Üben der Strategie, wenn man bestimmte Schwerpunkte setzt und dazu Informationen heraussuchen lässt.

2.5 Gelesenes besser behalten – Konzentration beim Lesen

Bei der Aufforderung Informationen aus einem Text wiederzugeben haben Schüler oft Schwierigkeiten. Man hört dann oft: Ich habe den Text gelesen, aber – ich kann mir die Sachen nicht merken, ich muss noch einmal hineingucken ... ! Sofern der Text sorgfältig durchgearbeitet und Wichtiges hervorgehoben wurde, ist das für die meisten Situationen ja auch völlig in Ordnung.
Aber nicht immer hat man den gelesenen Text beliebig lange zur Verfügung, nicht immer kann man ihn mit Stift oder Marker bearbeiten, nicht immer hat man Zeit ihn mehrfach zu lesen. Die folgende Übung trainiert in Form eines Wettstreits die Fähigkeit, beim Lesen auf einzelne Informationen zu achten und sich möglichst viel gleich beim ersten Lesen zu merken.

zu Arbeitsblatt 23 (S. 91f.)

Lesen und Behalten – Konzentration beim Lesen
„Bertolt Brecht (Biografie)"

Wir haben die Biografie eines Autors gewählt, die viele Ereignisse und Stationen enthält, die interessant genug sind, dass man sich mit ihnen auch auf der Fakten-Ebene beschäftigen kann.

Spielvorbereitung:
Die Fragen zum Text (s.u., ggf. 10–12 auswählen!) werden kopiert und in Streifen geschnitten oder auf Kärtchen geschrieben. Man kann die Fragen durcheinander oder

– z.B. chronologisch – geordnet stellen lassen; dementsprechend werden sie zu Spielbeginn auf den Stapel gelegt.
(Man kann die Fragen verändern oder austauschen; dabei ist wichtig, dass die Fragen nicht zu komplex sind und durch den Text eindeutig beantwortet werden.)

1. Als Erstes müssen die Spielregeln geklärt werden:
Gespielt wird in zwei Parteien. Beide Teams werden später die gleiche Anzahl von Fragen zu einem Text zu beantworten haben, und zwar abwechselnd.
Zu Spielbeginn liegt der Stapel mit den Fragezetteln verdeckt auf dem Tisch. Ein Mitglied aus Team A liest nun für Team B die erste Frage vor. Das Team kann sich beraten; die laut geäußerte Antwort gilt. Das Team, das die Frage gestellt hat, beurteilt, ob korrekt geantwortet wurde (der Lehrer ist Schiedsrichter). Bei richtiger Antwort erhält Team B den Fragezettel als Punkt. Jetzt nimmt jemand aus Team B die nächste Frage vom Stapel und liest sie für Team A vor usw.
Am Ende werden die Frage-Zettel gezählt; gewonnen hat die Gruppe mit den meisten richtigen Antworten.
Man kann die Regel einführen, dass jede Gruppe einen Joker hat bzw. einmal eine Frage gegen eine andere austauschen darf.

2. Die Schüler erhalten den Text mit der Aufforderung, ihn zügig zu lesen (ca. 5 Min.), dabei auf alle interessanten Ereignisse und Informationen zu achten und sich möglichst viele zu merken. (Ob sie mit dem Bleistift lesen, kann freigestellt bleiben, es muss aber klar sein, dass sie nicht beliebig viel Zeit zum Lesen haben und dass sie nachher weder den Text noch irgendwelche Notizen zur Verfügung haben werden.)

3. Nach Ablauf der zum Lesen angesetzten Zeit werden die Texte verdeckt auf den Tisch gelegt. Gruppe A erhält die erste Frage, die sie Gruppe B vorliest. Die Mitglieder der Gruppe B überlegen, diskutieren und entscheiden sich für eine Antwort. Auch Gruppe A hat inzwischen überlegt, wie die richtige Antwort lautet. Der/die Lehrende ist Schiedsrichter. Hat Gruppe B richtig geantwortet, erhält sie den Frage-Streifen (= 1 Punkt); sie stellt nun der Gruppe A die nächste Frage.

4. Als Abschluss wäre es gut, über Behaltensstrategien zu sprechen.
- Bei dieser Übung kann das Antizipieren als Behaltensstrategie eingesetzt werden. Wenn man sich vor dem Lesen vergegenwärtigt, welche typischen Elemente eine Biografie enthält (Lebensdaten, Familie, Freunde, Partner, Ausbildung, Beruf, Erfolge / Misserfolge, Alter, Tod) und in welcher Relation diese Elemente zueinander stehen (Chronologie), kann man beim Lesen die konkreten Informationen einordnen und sie später besser abrufen.
- Weiß man bereits etwas über die Person, in diesem Fall über Brecht, lohnt es sich, an Bekanntes anzuknüpfen und es sich zusammen mit der jeweiligen neuen Information zu merken.
- Lebensdaten lassen sich mit historischen Ereignissen verbinden, z.B. Geburtsdatum 1898 – Jahrhundertwende, erste Gedichte 1914 – Beginn des 1. Weltkriegs usw.[1]

FRAGEN

1. Wo ist Bertolt Brecht geboren?

2. In welchem Jahr wurde Brecht geboren?

3. Welchen Beruf hatte Brechts Vater?

[1] Zur Information über Befunde aus der Lesepsychologie zum Behalten von Texten vgl. Christmann, Ursula und Groeben, Norbert: Psychologie des Lesens. In: B. Franzmann u.a. (Hg.): Handbuch Lesen. München: Saur 1999, S.145–223, besonders S.162–172

4. Bei welcher Gelegenheit gerieten Brecht und Lion Feuchtwanger zum ersten Mal in Konflikt mit der Staatsgewalt?

5. Welches seiner Stücke wurde als Erstes aufgeführt?

6. Wie hieß der Direktor des Deutschen Theaters in Berlin, mit dem Brecht ab 1924 zusammenarbeitete?

7. Wie hieß die Schauspielerin, die in vielen Stücken Brechts die Hauptrolle spielte und ihn 1928 heiratete?

8. Nach welchem Ereignis verließ Brecht mit seiner Familie Deutschland und wann war das?

9. Was geschah am 10. Mai 1933?

10. In welchem Land verbrachte er den größten Teil seiner Exilzeit?

11. Brecht flieht noch zwei Mal vor den Deutschen – wohin? (mindestens eins der Länder)

12. Brecht hat nicht nur Theaterstücke geschrieben, sondern auch Gedichte. Wie heißt einer seiner Gedichtbände?

13. Wo ließ sich Brecht bei seiner Rückkehr nach Deutschland nieder?

14. Wie hieß die Theatergruppe, die Brecht 1949 zusammen mit Helene Weigel gründete?

15. Wie lauten die Titel von drei Brechtschen Theaterstücken?

16. Wann starb Bertolt Brecht?

ANTWORTEN

1. in Augsburg
2. 1898
3. Direktor einer Papierfabrik
4. 1923 Münchner Hitlerputsch
5. „Trommeln in der Nacht“
6. Max Reinhardt
7. Helene Weigel
8. Reichstagsbrand 1933
9. Bücherverbrennung; auch Brechts Bücher wurden verbrannt
10. in Dänemark
11. nach Finnland, später in die USA
12. „Buckower Elegien“, „Svendborger Gedichte“
13. in Ostberlin
14. Berliner Ensemble
15. z.B. Mutter Courage und ihre Kinder, Die heilige Johanna der Schlachthöfe, Der gute Mensch von Sezuan, Der kaukasische Kreidekreis
16. 1956

Den Textinhalt antizipieren und den Text zusammenfassen

„Schwarz ist weiß, ja heißt nein“

Baustein 2

Arbeitsblatt 19

1. *Lesen Sie jetzt – nach dem Antizipieren – den Text, bearbeiten Sie ihn mit Hervorhebungen und Randnotizen und schreiben Sie anschließend eine kurze Zusammenfassung, indem Sie pro Abschnitt einen zusammenfassenden Satz formulieren.*
Achtung: Betrachten Sie den 3. und 4. Abschnitt als einen Sinnabschnitt!

2. *Versuchen Sie nun, die Hauptaussage des Textes möglichst prägnant, in einem oder zwei Sätzen zu formulieren.*

Karlfried Knapp

Schwarz ist weiß, ja heißt nein

Um die Verbindungen zum Präsidenten einer japanischen Partnerfirma auf eine freundschaftliche, dauerhafte Basis zu stellen, beschloss ein junger amerikanischer Firmenrepräsentant, die Barriere der Förmlichkeit einzureißen, die noch nach vielen Monaten zwischen ihm und diesem einschüchternd würdevollen, älteren Herrn bestand. Auf einer Cocktailparty in Tokio näherte er sich also dem Präsidenten, klopfte ihm jovial auf die Schulter, raffte sein spärliches Japanisch zusammen und sagte, für jedermann vernehmbar, so etwas wie: „Hey, schön Sie hier zu sehen, alter Bock.“ Der Präsident wurde aschfahl, verließ grußlos die Party und kündigte innerhalb der nächsten Tage die Zusammenarbeit mit der amerikanischen Firma auf.

Ein britischer Journalist schwankte zwischen dem Eindruck, besonders sarkastisch[1] oder besonders freundlich behandelt worden zu sein, als er von einer Pekinger Zeitung das folgende Absageschreiben erhielt: „Wir haben Ihr Manuskript mit grenzenlosem Genuss gelesen. Wenn wir Ihren Beitrag veröffentlichen würden, wäre es uns in Zukunft unmöglich, eine Arbeit von geringerem Standard zu publizieren. Und da es undenkbar ist, dass wir in den nächsten tausend Jahren etwas Gleichwertiges zu sehen bekommen werden, sind wir zu unserem Bedauern gezwungen, Ihren göttlichen Aufsatz zurückzusenden. Wir bitten tausendfach um Nachsicht für unsere Uneinsichtigkeit und Furcht.“

Beispiele wie diese sind typisch für die vielfältigen Probleme der Kommunikation zwischen Angehörigen verschiedener Kulturen. So tendieren Thais dazu, Disziplinforderungen und Verhaltensvorschriften abzulehnen, weil für sie Individualismus einerseits und Wahrung der Gruppenharmonie andererseits zentrale soziale Werte sind. Sie verbieten es, harmoniestörenden Druck auf ein Individuum auszuüben, das ja für sich selbst verantwortlich ist. Sie sind auch Ursache dafür, dass Thais Missstimmigkeiten mit anderen so gut es geht ignorieren oder weiterem Kontakt aus dem Weg gehen, um Ärger zu vermeiden.

Ebenso haben einzelne Handlungen, Gesten und Äußerungen in verschiedenen Kulturen oft unterschiedliche Bedeutungen: Der im amerikanischen Kontext zwanglos freundschaftliche Klaps auf die Schulter ist im japanischen eine Beleidigung, wie auch die spöttisch-herablassende Anrede – für Amerikaner Zeichen gutmütiger Kameraderie. Sie sind für den Japaner eine noch größere Gesichtsbedrohung, wenn sie von einem jüngeren und in der sozialen Hierarchie niedriger stehenden Gesprächspartner ausgehen und noch dazu in aller Öffentlichkeit vollzogen werden.

Schließlich unterscheiden sich Kulturen auch in ihrem „kommunikativen Stil“: Die ausweichend weitschweifige Blumigkeit des Ausdrucks im chinesischen Ablehnungsschreiben entspricht einer emotionslosen, geschäftsmäßigen Freundlichkeit im Deutschen oder Englischen. Stilmerkmale sind auch Lautstärke und Pausenlängen. Was etwa in indischen Sprachen normal laut ist, klingt für Westeuropäer oft drohend. Das Betonungsmuster, das im Hindi oder Urdu eine höfliche Frage anzeigt, ist im Deutschen Ausdruck einer herablassenden Feststellung – was leicht zu der Annahme führt, der Sprecher sei unhöflich, wenn er sein Betonungsmuster auch in der fremden Sprache gebraucht.

Sieht man sich an oder vermeidet man dies lieber? Drückt man sich sehr direkt oder lieber indirekt aus? Auch hier herrschen ganz unterschiedliche Konventionen. So klingt etwa der Dank eines Deutschen für eine Gefälligkeit in britischen Ohren häufig nicht emphatisch[2] genug – mindestens in diesem Punkt ist der populäre Glaube falsch, Briten neigten eher zu zurückhaltend-unterkühlten Äußerungen als Deutsche. Selbst ein simples „ja“ heißt nicht in allen Sprachen „ja“, sondern kann „vielleicht“ oder „nein“ bedeuten, oder einfach nur „Ich habe akustisch verstanden“. Auswertungen der Protokolle von UNO-Debatten zeigten, dass Amerikaner eher induktiv argumtentieren, vom Einzelfall zum Allgemeinen, während Russen zu einer deduktiven Argumentationsweise neigen, vom Allgemein-Grundsätzlichen zum konkreten Einzelfall. Manche Tagesordnungsstreitigkeiten dürften diesem Unterschied und nicht allein politischem Kalkül[3] entspringen.

Auch der Gebrauch etwa des Englischen als einer internationalen Verkehrssprache führt nicht automatisch dazu, dass man eigene Denkgewohnheiten, Verhaltensweisen und den „kommunikativen Stil“ aufgibt – und täuscht so Verständigung oft nur vor. Dem Fehler, mit der gemeinsamen Sprache auch eine gemeinsame Kultur zu unterstellen, sitzen Leute mit Englisch als Muttersprache besonders häufig auf. Er führt zu Äußerungen wie der des ehemaligen Botschafters der USA bei der UNO, Warren Austin, der allen Ernstes vorschlug, „die Araber und die Israelis sollten ihre Differenzen im guten christlichen Geiste beilegen“.

Karlfried Knapp: Schwarz ist weiß, ja heißt nein. Andere Kulturen, andere Sitten: Was man aus Ignoranz leicht falsch macht. In: DIE ZEIT, 15.1.1988

Worterklärungen:

[1] *sarkastisch:* spöttisch, höhnisch
[2] *emphatisch:* mit Nachdruck, eindringlich
[3] *Kalkül:* Berechnung

Baustein 2

Arbeitsblatt 20

Sich einen Überblick über ein Buch verschaffen

Autor/in: ______________________________

Titel: ________________________________

Stichworte zu markanten Punkten:

Hier hin-schauen und über-legen	• Autor/in • Titel und Untertitel (Untertitel sind oft besonders aussagekräftig) Verlag (bekannt? seriös? populär? Schulbuchverlag? Universitätsverlag?) • Erscheinungsjahr/Auflage (neu oder veraltet? wievielte Auflage? Eine hohe Auflagenzahl deutet auf bewährtes Material, aber auf Neubearbeitung achten!) • Bibliografie/Literaturverzeichnis (Geübte Leser können aus der Bibliografie eines Buches viel entnehmen, z.B. ob der/die Autor/in neuere Veröffentlichungen zum Thema berücksichtigt hat oder nicht.)
Hier detailliert lesen	• Inhaltsverzeichnis (Zuordnung von Ober- und Unterpunkten beachten!) • Zusammenfassung am Ende • Register (eine gute Probe ist, einen Begriff oder Namen, zu dem man etwas wissen möchte, nachzuschlagen: Taucht er auf? An einer oder mehreren Stellen? Lässt sich erkennen, wo er ausführlich behandelt wird?...) • Klappentext (kann einen guten Eindruck von einem Buch geben; natürlich muss man bedenken, dass er zum Kauf einladen will!)
Hier über-fliegen	• Durchblättern des Buches: Dabei erfährt man manches, was für den Lesekomfort wichtig sein kann, z.B.: Gibt es Abbildungen? Tabellen? Grafiken? Werden sie gut erläutert? Gibt es Fußnoten? Auf der Seite oder am Ende des Buches? (Letzteres erfordert einiges Blättern.) Gibt es Zusammenfassungen am Ende der Kapitel? • Überfliegen eines Kapitelanfangs und/oder einer Zusammenfassung, um einen Eindruck von Stil und Schwierigkeitsgrad zu gewinnen • Überfliegen des Vorwortes

Überfliegen und auswählen: selektiv lesen

„Was geht in unseren Köpfen vor?"

Baustein 2

Arbeitsblatt 21

1. *Lesen Sie den Text so schnell wie möglich, um die Frage der Überschrift zu beantworten.*
2. *Protokollieren Sie Anfangs- und Endzeit des Lesens (Uhrzeit).*
3. *Kennzeichnen Sie am Rand, wo Sie langsamer gelesen haben.*
4. *Markieren Sie am Rand Textstellen, die zur Beantwortung der Frage der Überschrift nötig sind.*

Was geht in unseren Köpfen vor?

Was geschieht in den Nerven des Gehirns, wenn Informationen abgespeichert werden? Wie stehen die Nervenzellen miteinander in Kontakt? Das Wissen um solche grundlegenden Mechanismen der Funktion und Struktur des Gehirns ist notwendig, um Störungen wie Demenzerkrankungen oder traumatische Schädigungen verstehen zu können. Wichtige Entdeckungen in der Entwicklung des zentralen Nervensystems sind Michael Frotscher gelungen. Dafür erhält der Direktor des Anatomischen Instituts der Albert-Ludwigs-Universität Freiburg den diesjährigen Medizinpreis der Ernst-Jung-Stiftung; er teilt ihn sich mit Christian Haass vom Adolf-Butenandt-Institut der Ludwig-Maximilians-Universität München.
Die nach dem Hamburger Kaufmann Ernst Jung benannte Stiftung verleiht jährlich den mit 250 000 Euro dotierten Preis für Durchbrüche in der medizinischen Forschung, die sich in neue Therapiemöglichkeiten umsetzen lassen.
Michael Frotscher untersucht an Mäusen einen speziellen Bereich des Gehirns, den Hippocampus. Diese Zone spielt eine zentrale Rolle bei Lern- und Gedächtnisprozessen. Hier sitzen unter der Oberfläche Steuerungszellen (siehe die Zeichnung unten). Sie produzieren ein Protein namens Reelin, das die Entwicklung von nachwachsenden Nervenzellen regelt. Der Freiburger Professor erkannte wichtige Mechanismen, welche die Wanderung der Nerven nach ihrer Entstehung und die Kontaktaufnahme der Nervenzellen untereinander steuern. Beides sind grundlegende Vorgänge in der Ausbildung von Nervennetzen und in der Regeneration von Nervenzellen.
Nach dem Medizinstudium an der Humboldt-Universität Berlin begann Frotscher seine wissenschaftliche Laufbahn am dortigen Institut für Anatomie. Forschungsaufenthalte führten ihn zunächst nach Budapest, bevor er 1979 am Max-Planck-Institut für Hirnforschung in Frankfurt am Main eine neue berufliche Heimat fand. Nach Professuren in Frankfurt und Heidelberg sowie Arbeitsaufenthalten an der Yale-Universität in New Haven (Connecticut) folgte er schließlich 1989 dem Ruf an das Anatomische Institut der Universität Freiburg.
Der Neurobiologe Haass hat wesentlich beigetragen zur Aufklärung der pathologischen Vorgänge bei der Entstehung der Eiweiße, welche die beiden Demenzkrankheiten Alzheimer und Parkinson verursachen. Er studierte und promovierte in Heidelberg. Nach einem mehrjährigen Forschungsaufenthalt an der Harvard Medical School in Cambridge (Massachusetts) wurde er zunächst Professor für Molekularbiologie an der Universität Heidelberg und folgte 1999 einem Ruf an den Lehrstuhl für Biochemie am Adolf-Butenandt-Institut der Universität München.

In: Spektrum der Wissenschaft, Aug. 2002, S. 97

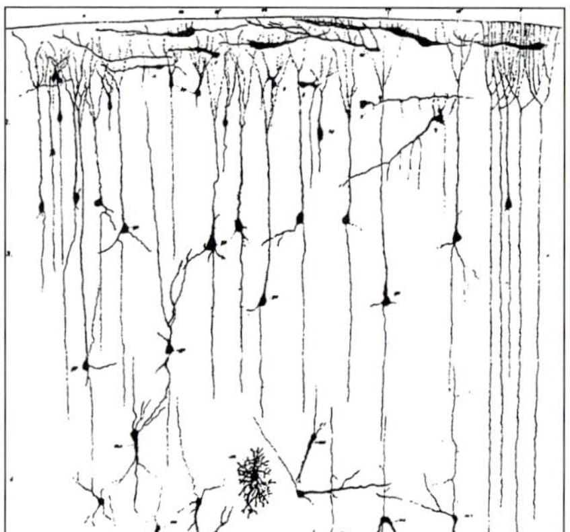

Direkt unter der Hirnoberfläche befinden sich waagrecht verlaufende Zellen, die das Glykoprotein Reelin produzieren. Dieses steuert die Schichtung und Verknüpfung der tiefer liegenden, senkrecht verlaufenden Nervenzellen.

Überfliegen und auswählen: selektiv lesen
„‚...aber mit Lust!‘ – Das Lernen als Kinderspiel“

Baustein 2

Arbeitsblatt 22

Sie haben sich einer der drei folgenden Themengruppen zugeordnet und werden in der anschließenden Diskussion nur für diesen Themenbereich zuständig sein:

Gruppe 1: Basedows Reformideen
Gruppe 2: Basedows Erfolge
Gruppe 3: Das Auf und Ab pädagogischer Ideen; „moderne“ pädagogische Prinzipien bei Basedows Reformideen

Machen Sie sich vor dem Lesen klar, wonach Sie in dem Artikel suchen werden. Lesen Sie dann so schnell wie möglich und verlangsamen Sie Ihre Lesegeschwindigkeit, wenn Sie an Textstellen kommen, die Ihr Thema behandeln. Streichen Sie nur Aussagen an, die sich direkt auf Ihr Thema beziehen.

Jürgen Overhoff

„... aber mit Lust!“ – Das Lernen als Kinderspiel

(1) Er ist ein erfahrener Pädagoge, der weiß, dass Deutschlands Bildungssystem reichlich zu wünschen übrig lässt. Eine anerkannte Gelehrtengesellschaft hat ihm seine eigenen Beobachtungen in einem aufsehenerregenden Gutachten bestätigt: Viel zu viele deutsche Schüler verfügen nur über eine rudimentäre Lesekompetenz; die wenigsten greifen zum Buch. Ein großer Prozentsatz des Nachwuchses beginnt zu spät mit dem schulischen Lernen, Kinder aus Randgruppen, arme Kinder vor allem, werden nicht angemessen gefördert. So ist er überaus erleichtert und erfreut, als er sein Reformprogramm, das er experimentierend entwickelt hat, endlich, endlich einmal in Gänze verwirklichen darf – an einer Modellschule im anhaltischen Dessau.
(2) Der Schulmann Johann Bernhard Basedow indes, von dem hier die Rede ist und dessen Kritik am deutschen Schulsystem uns so erstaunlich vertraut erscheint, lebte und wirkte bereits vor weit mehr als 200 Jahren. Es klingt kurios, aber viele der Reformvorschläge, die heute in den Analysen der Pisa- oder Iglu-Studien auftauchen, konnte Basedow schon im 18. Jahrhundert über einen längeren Zeitraum hinweg in aller Ausführlichkeit erproben. Dabei sammelte er eine Menge Erfahrungen, aus denen wir heute noch manches über die Möglichkeiten und Grenzen einer sinnvollen Reform des Schulunterrichts lernen können. Wie also sahen seine Ideen aus, und, vor allem, wie erfolgreich war er?
(3) Am Anfang steht das eigene Schülerleben. Denn an den Zumutungen und Zwängen des deutschen Schulbetriebs reibt sich Basedow, geboren am 11. September 1724 in Hamburg, bereits als 15-jähriger Pennäler. Sein Vater, ein Perückenmacher und Bleicher aus Lübeck, hat ihm im Vorschulalter das Lesen und Schreiben lateinischer und deutscher Schrift sowie die lateinischen Deklinationen und Konjugationen beigebracht; zu Ostern 1732 wird der Junge in die Hamburger Gelehrtenschule des Johanneums aufgenommen. Doch an dem damals bedeutendsten Erziehungsinstitut der Stadt kann der begabte und ehrgeizige Schüler – nach schnellem Durchschreiten der ersten Klassen – nicht so rasch vorankommen, wie er gewillt ist. Gleich mehrfach muss Basedow, schon mit 13 Jahren in der Oberprima, diese letzte Klasse wiederholen. Sein Gesuch, das dem Johanneum eng angeschlossene Akademische Gymnasium (eine Art Hochschule) besuchen zu dürfen, wird von Johanneumsdirektor Johann Samuel Müller Jahr um Jahr abschlägig beschieden. Heimliche Absicht des Schulleiters ist es nämlich, dem Niveau der obersten Klassenstufe durch das möglichst lange Verbleiben der guten Schüler aufzuhelfen.
(4) „In dieser Zeit des müßigen Wartens“, schreibt Basedow später, „verzweifelte ich an dem weiteren Fortschritte meiner Studien, und da mir mein Vater nicht er-

Baustein 2

Arbeitsblatt 22

laubte, dieselben mit irgendeinem anderen Geschäfte zu vertauschen, so reiste ich ohne Vorwissen meiner Eltern nach Amsterdam, um mich dem Handel zu widmen." Gleich nach seiner Ankunft in Holland heuert der junge Ausreißer auf dem Schiff einer Handelsgesellschaft an, das Ziel heißt Indien. Doch ein heftiger Sturm macht den Plan zunichte, noch in der Nordsee kentert die Bark. Ein mitreisender Kaufmann, der wie Basedow gerettet wird, kann den Jungen dazu bringen, nach Hamburg zurückzukehren, ans Johanneum.

(5) Die erleichterten Eltern dringen jetzt darauf, dass ihrem Kind ein besseres Fortkommen ermöglicht wird. Tatsächlich darf Basedow denn auch im Sommer 1743 ans Akademische Gymnasium überwechseln. Hier wird der große Orientalist und Philosoph Hermann Samuel Reimarus sein Lehrer, ein Mann, der ihm Sympathie und viel Verständnis entgegenbringt. In diversen Eingaben klagt Reimarus zudem Rektor Müller an, dass er die Schule zu einem Kerker mache. Die Hamburger Jugend, ohnehin schon in alles Fremde verliebt, werde nur noch heftiger in die Ferne gedrängt, wenn er mit einer falsch verstandenen Schuldisziplin die Schüler unnötig lange in ein und dieselbe Klasse zwinge und das Lernen zu einer freudlosen Sache verkommen lasse.

(6) Reimarus fördert Basedow auch im Privatunterricht nach Kräften. Er macht ihn mit den Erziehungsgrundsätzen John Lockes bekannt, der gefordert hatte, dass das Lernen im besten Falle fröhliches Spiel sei: die wahre Kunst der Kindererziehung bestehe darin, diese als *sport and play* zu gestalten. Außerdem gibt Reimarus Basedow die aktuellen, seit 1741 erscheinenden Veröffentlichungen der Lateinischen Gesellschaft in Jena zu lesen, einer Vereinigung von Lehrern und Professoren, die sich einer grundlegenden Reform des Bildungswesens verschrieben hat. Nicht nur in Hamburg, sondern überall in Deutschland, mahnt die Jenaer Gesellschaft, setze der Unterricht in der Regel viel zu spät ein, verlaufe langwierig und für die Kinder äußerst beschwerlich. Gerade in den Lateinstunden würden die Schüler durch das dumpfe Einbläuen grammatischer Regeln regelrecht verängstigt, in den Klassenzimmern herrschten statt Freude am Lernen Rute und Stock. Außerdem bringe diese Art Unterricht überhaupt nichts: Allenfalls jeder 100. Schulabgänger sei auf seinem späteren Lebensweg in der Lage, die besten lateinischen Schriftsteller zu lesen, zu verstehen und flüssig zu übersetzen.

(7) Basedow hat seine Lebensaufgabe erkannt. Nach einem kurzen Studienaufenthalt in Leipzig versucht er sich von 1749 an erstmals selbst als Hauslehrer auf dem einsam an der Ostsee bei Kiel gelegenen Gut Borghorst. Sein Brotherr, der aufgeklärte Landedelmann Josias von Qualen, vertraut ihm so sehr, dass er ihm bei der Unterweisung seines Sohnes völlig freie Hand lässt. Als Basedow feststellt, dass sein achtjähriger Schüler nur ein paar Passagen aus Luthers Katechismus lesen kann, die seine Mutter ihm notdürftig beigebracht hat, arbeitet er einen ehrgeizigen Lehrplan für das Kind aus.

(8) Zunächst bemüht er sich um die Lesefähigkeit seines Zöglings, der wie sein Vater Josias heißt. Doch schon bald beginnt Basedow mit ersten Lektionen in Latein; auf grammatische Übungen verzichtet er allerdings völlig. Im spielerischen Lehrgespräch, auf Spaziergängen nennt er die Tiere, die Pflanzen

und Dinge, die ihnen begegnen, bei ihrem lateinischen Namen, beginnt mit einfachen Dialogen und wiederholt in kurzen lateinischen Fragen den gerade erworbenen Vokabelschatz. Als sein Zögling erfreuliche Fortschritte macht, geht Basedow dazu über, ihn im wahrsten Wortsinn über Gott und die Welt aufzuklären. Gemeinsam philosophieren sie über Sitten, Leidenschaften, Tugenden und Untugenden, die Phänomene der Natur, über den Schöpfer, dessen Weisheit und Macht, über den Umfang der Welt oder die Ausmaße der Kontinente und Meere.

(9) Immer bemüht sich Basedow dabei um eine liebevolle Behandlung des Jungen. Er will einen lebensnahen Unterricht, aus dem Spiel heraus, sinnlich, anschaulich. Einen Unterricht, der ohne Gedächtnisdrill den Verstand schärft und das Kind zur Selbsttätigkeit anregt. Mit Weizenkörnern und Erbsen erklärt er die vier Grundrechenarten, und ganz handgreiflich demonstriert er die Lehre von den Brüchen, indem er Äpfel zerschneidet.

(10) Bereits Ostern 1752, also im Alter von nur zehn Jahren, verfügt Josias, wie Basedow stolz verkündet, über einen Wissensstand, welchen man „sonst fast vor seinen academischen oder gymnasiastischen Jahren nicht“ erreicht. „Wie viel hat nun die Methode, und wie viel die glückliche Fähigkeit des Schülers zu diesem Fortgange beygetragen?“, fragt sich der Lehrer und antwortet sich selbst, „dieß sey zweifelhaft, aber es sey doch gewiß, daß eine jede Fähigkeit, sie mag so klein und so groß seyn als sie will, zum wenigsten drey mal eher und leichter, auf diese, als auf die gewöhnliche Weise etwas rechtes in den Anfangsgründen der Wissenschaften ausrichten könne.“

(11) Basedow hofft, sein Reformprogramm auch einmal an einer Schule erproben zu dürfen. Seine Leistungen als Lehrer, die „in ganz Hollstein landkundig“ werden, tragen ihm im Januar 1753 eine gut dotierte Professur an der dänischen Ritterakademie zu Sorö ein. In Briefen an den ihm gewogenen dänischen Minister Johann Hartwig Ernst von Bernstorff wirbt er für eine Reform aller öffentlichen Stadtschulen im dänischen Herrschaftsbereich Schleswig-Holsteins. Bernstorff ist interessiert, versetzt Basedow 1760 ans königlich dänische Christianeum in Altona, wo er in den nächsten Jahren einen ausführlichen Plan zur Umwandlung des Gymnasiums in eine Musterschule entwirft. Allerdings zeigen seine konservativen Kollegen wenig Neigung, den Plan tatkräftig zu unterstützen.

(12) Basedow stellt seine Pläne vorerst zurück. Er verlegt sich auf die Schriftstellerei. 1770 erscheinen in Altona die ersten Stücke eines realienkundlichen *Elementarbuchs für die Jugend* sowie das *Methodenbuch für Väter und Mütter der Familien und Völker.* Mit diesen Schriften zieht er die Summe seiner in zwei Jahrzehnten auf Borghorst, in Sorö und an der Elbe gesammelten Erfahrungen. Zugleich beschreiben diese Bücher probate Strategien für einen erfolgreichen Unterricht, die der Verfasser sowohl Eltern als auch Lehrern empfiehlt.

(13) Die wichtigste Erkenntnis: Kinder sollen schon im Vorschulalter fürs Lesen interessiert werden, da Lesenkönnen der Schlüssel zum Lernerfolg in allen Fächern sei. Der Unterricht, der im Alter von vier oder fünf Jahren einsetzen kann, müsse aber unbedingt spielerisch und alltagsnah, als fröhliche Tätigkeit vermittelt werden, um Kinder nicht zu ermüden oder ihnen gleich zu Beginn das Lernen zu vergällen.

Eine schmackhafte Rosine zur Belohnung

(14) Versteht sich also, dass im Mittelpunkt des Basedowschen *Elementarwerks* das Kapitel *Von allerley Spielen mit Kindern* steht. Neben Gedächtnis- oder Suchspielen gibt es vielfältige Vorschläge für ein spielerisches Lesenlernen. „Man muß die Freyheit, nach ihrem Gefallen unschädlich zu spielen, den Kindern zwar nicht einschränken", betont Basedow, „aber ihr könnt machen, daß sie niemals andere Spiele wählen, als dazu ihr sie reizen wollt", also auch Buchstabier-, Silben- oder Reimspiele, mit denen das Lesenlernen beginnen soll. Als besonderen Anreiz empfiehlt Basedow, dass man den Kindern für richtig benannte Silben oder Reime auch durchaus eine „schmackhafte Belohnung" in Form einer „Rosine oder einem Stücke von einer Baumfrucht" reichen möge.

(15) In einem nächsten Schritt sollen die Kinder sich selbst einen Lesekasten basteln, indem sie „von jedem Buchstaben etwa zwanzig groß genug abdrucken lassen, und einen jeden auf sehr dickes Papp-Papier kleben". Schon dieses Herstellen eigener Unterrichtsmaterialien hat seinen Wert und Sinn, darf aber nicht mehr als „täglich etwa eine halbe Stunde" in Anspruch nehmen. Auf dem Leisten des selbst gebauten Setzkastens lernen die Kleinen in wenigen Wochen lesen und „hernach auch die Buchstaben hinsetzen, die ein vorgesagtes Wort ausmachen, welches eine Vorübung des nachfolgenden Schreibens ist". Grundregel dieser täglichen Übung: „Nicht viel; aber mit Lust!"

(16) Besonders liegt es Basedow am Herzen, Kindern immer wieder „aus einem Buche etwas Verständliches und Angenehmes" vorzulesen, sodass sie schließlich selber lesen möchten. Der Pädagoge entwirft kleine Geschichten für sein *Elementarwerk,* Geschichten, in denen die Kinder ihre Alltagswelt wiederfinden. Den berühmten Berliner Künstler Daniel Chodowiecki bittet er um Illustrationen, nach seinen eigenen Vorgaben, und Chodowiecki gelingen köstliche Kupfer.

(17) Die Bücher werden rasch zu Bestsellern. Auch der junge, fortschrittlich denkende Leopold III. Friedrich Franz von Anhalt-Dessau ist begeistert. Er beruft Basedow 1771 in seine Residenzstadt und bittet den Schulmann, dort seine schon lange ersehnte Modellschule für Schüler (ab fünf Jahren) zu errichten. Diese Schule, die Basedow nun „Schule der Menschenfreundschaft" oder, gräzisiert, „Philanthropin" tauft, öffnet dann auch wenige Monate nach Vollendung des *Elementarwerks* im Dezember 1774 in Dessau ihre Pforten. Sie wird zur wohl wirkungsmächtigsten Schulneugründung in Deutschland seit Errichtung des pietistischen Pädagogiums der Franckeschen Stiftungen in Halle 1696. Eine Besonderheit des Philanthropins ist zudem, dass es Kindern aller Konfessionen offen steht und auch Juden (oder „Mohamedaner") als gleichberechtigte Schüler zulässt.

(18) Doch bei aller Unterstützung durch den Hof quälen Basedow Geldsorgen. Vor allem fehlt es an solventen Stipendiaten. Zwei Jahre nach der Gründung entschließt er sich deshalb, mit einer Art Schauexamen für sein Institut zu werben. Pädagogisch interessierte Geister aus dem ganzen Reich reisen an. Basedow prüft mit großem Pomp. Insbeson-

dere glänzt seine jüngste Tochter Emilie durch erstaunliches Können – was umso bemerkenswerter ist, als das Institut eigentlich, der Zeit entsprechend, eine reine Jungenschule ist. Sie, die Sechsjährige, gibt auf lateinische Fragen der Gäste lateinische Antworten. Ebenso gewandt parliert sie französisch, erläutert Weltgeschichte und Geografie und erweist sich im Ganzen als bestes Beispiel für das erzieherische Talent ihres Vaters. Doch auch ihre älteren Brüder, die Basedow zunächst allein erzogen hat (seine erste Frau starb 1753 im Kindbett), nun aber zusammen mit Emilies Mutter, der dänischen Pastorentochter Gertrud Hammer aus Sorö, unterrichtet, stehen hinter den Leistungen des Mädchens nicht zurück.

Für Kant ist Basedows Institut „die Stammutter aller guten Schulen"

(19) Der Eindruck, den diese Veranstaltung bei den zahlreichen Besuchern hinterlässt, ist überwältigend. Der Schriftsteller Johann Gottlieb Schummel lässt gleich einen begeisterten Bericht drucken – *Fritzens Reise nach Dessau.* Später allerdings zeigt er sich, wie manch anderer auch, skeptischer angesichts des philanthropischen Idealismus. Dazu mag auch die Persönlichkeit Basedows selbst beigetragen haben: temperamentvoll, aufbrausend, reizbar und überhaupt etwas zum Prophetischen neigend.

(20) Doch der Spott und die Satiren, die den bald berühmtesten Schulmann Deutschlands und sein Institut treffen, sind nur die Begleitmusik eines beispiellosen Erfolges. Lehrer und Lehramtskandidaten in Scharen eilen herbei (1776 überlässt Basedow die Leitung für kurte Zeit Joachim Heinrich Campe), die Schülerzahl steigt sprunghaft von 20 auf 60 auf 150 Jungen. Goethe, der Basedow im Gründungsjahr des Instituts auf einer gemeinsamen Rheinreise kennen gelernt hat, bekundet im Herbst 1776 in einem Brief an Charlotte von Stein, dass er beständig über die Entwicklung der Schule auf dem Laufenden gehalten werden möchte. Moses Mendelssohn leistet dem Philanthropinum ideelle und finanzielle Unterstützung. In Königsberg sammelt Immanuel Kant Spenden und schickt ostpreußische Schüler nach Dessau. Für ihn ist Basedows Institut „die Stammutter aller guten Schulen". Tatsächlich gibt es nicht nur bald Ableger wie die berühmte Schule, die Basedows Mitarbeiter Christian Gotthilf Salzmann 1784 in Schnepfenthal bei Waltershausen in Thüringen gründet und die, in gewandelter Form, bis heute existiert. Es werden auch, schon von Mitte der 1770er-Jahre an, die ersten öffentlichen Stadtschulen Deutschlands im Basedowschen Sinne reformiert, zunächst – von Preußens Friedrich II. persönlich gefördert – Neuruppin, dann Lippstadt; andere folgen.

(21) Und obwohl die Dessauer Mutteranstalt den Tod ihres Gründers nicht lange überlebt, zeitigt die philanthropische Pädagogik bis weit ins 19. Jahrhundert hinein eine bemerkenswerte Wirkung, sowohl in Deutschland wie auch in Frankreich, Dänemark und der Schweiz. Dann jedoch gerät sie gegenüber dem Neuhumanismus, der Basedows Pädagogik als plattes Nützlichkeitsdenken diskreditiert, ins Hintertreffen. Das Prinzip der „Bildung" wird jetzt gegen das von Basedow angeblich ausschließlich verfochtene Prinzip der „Brauchbarkeit" ausgespielt. Erst um die Wende vom 19. zum 20. Jahrhundert, in der Epoche der Reformpädagogik besinnt man sich in Deutschland wieder auf den Mann aus Hamburg – bis der völkische Militärdrill der Nazis auch diese Ansätze zunichte macht.

(22) Nach 1945 orientiert sich die Pädagogik in der Bundesrepublik zunächst weit mehr am Menschenbild Pestalozzis oder später an der antiautoritären Erziehungsmethode Rousseaus als an den Methoden Basedows. In der DDR stößt er zwar auf Interesse, doch letztlich passt er nicht so recht zum Leitbild der sozialistischen Er-

Baustein 2

Arbeitsblatt 22

ziehung. Bezeichnenderweise wird das historische Basedow-Grabmal in Magdeburg, wo der Pädagoge am 25. Juli 1790 gestorben ist, Mitte der fünfziger Jahre beim Abriss der dortigen Heilig-Geist-Kirche fast vollständig abgetragen. Nur Überreste blieben erhalten.

(23) Dass dieses Denkmal jetzt (unter Verwendung der Originalteile) in der Nähe des ursprünglichen Standortes wieder aufgebaut werden soll, steht im Einklang mit jener Wiederentdeckung der philanthropischen Pädagogik, die sich in der historischen Bildungsforschung seit den 1990er-Jahren anbahnt. Da auch bekannte Versuchsschulen wie die Helene-Lange-Schule in Wiesbaden oder die Bielefelder Laborschule mit einer Pädagogik des spielerischen Lernens seit vielen Jahren überdurchschnittlich gute Erfahrungen gemacht haben, wird das Interesse an Basedow – im Zeichen der Pisa- und Iglu-Studien – sicher weiter zunehmen.

(24) Wer über seine Bücher hinaus mehr über diesen genialen Schulmann und seine Ideen erfahren will, der kommt übrigens im neuen Schulmuseum im Schloss Reckahn bei Brandenburg auf seine Kosten, das eine bemerkenswerte Ausstellung zur Geschichte der philanthropischen Pädagogik bietet: freundlich, anschaulich und farbig – ganz im Sinne Johann Bernhard Basedows.

Der Autor ist Historiker und lehrt an der Technischen Universität Berlin

In: DIE ZEIT vom 14.4.2003

Daniel Chodowiecki schuf die Kupferstiche für Johann Bernhard Basedows „Elementarwerk". Sie zeigen den kleinen Menschen beim „natürlichen Lernen" durch Spiel und Nachahmung (2. Bild v. u.: Der zukünftige Chefredakteur leitet eine Redaktionskonferenz). Mit von der Partie sind auch die Mädchen, denen das Philantropin offiziell noch verschlossen war.

© AKG, Berlin

Lesen und Behalten – Konzentration beim Lesen
„Bertolt Brecht (Biografie)"

Baustein 2

Arbeitsblatt 23

Lesen Sie den Text und versuchen Sie möglichst viele Informationen zu Leben und Werk Bertolt Brechts aufzunehmen und zu behalten.

Bertolt Brecht (Biografie)

Bertolt Brecht als Schuljunge, 1904
© picture-alliance/akg-images, Berlin

Bertolt Brecht (eigentlich Berthold Eugen Friedrich Brecht) wurde am 10. Febr.1898 in Augsburg geboren; der Vater Berthold Brecht war Direktor einer Papierfabrik. Brecht besuchte ab 1904 die Volksschule, ab 1908 das Städtische Realgymnasium Augsburg. 1914 erschienen in den „Augsburger Neuesten Nachrichten" seine ersten Gedichte und Kurzgeschichten, unter dem Pseudonym Berthold Eugen. Aufgrund eines pazifistischen Schulaufsatzes mitten im Krieg wurde ihm 1915 die Entlassung aus der Schule angedroht. 1917 machte er das Abitur, studierte dann in München einige Semester Literatur und Medizin.

1919–20 arbeitete Brecht als Theaterkritiker für das Augsburger Blatt „Der Volkswille". Nach dem Tod der Mutter 1920 übersiedelte er ganz nach München. 1922 wurde erstmals ein Stück von ihm aufgeführt, „Trommeln in der Nacht", und sein erstes Buch wurde veröffentlicht („Baal", entstanden 1918/19). Ende 1922 heiratete Brecht Marianne Zoff; im März 1923 wurde die Tochter Hanne Marianne geboren. Brecht wurde Dramaturg an den Münchner Kammerspielen. Beim Münchner Hitlerputsch am 9. November1923 war Brecht zusammen mit Lion Feuchtwanger auf der Liste der zu Verhaftenden.

1924 übersiedelte Brecht nach Berlin, arbeitete als Dramaturg bei Max Reinhardt, als freier Schriftsteller und Regisseur, gelegentlich auch für Film und Rundfunk. Erste Begegnung mit Helene Weigel. Uraufführung von „Im Dickicht der Städte" (1924) und „Baal" (1926) am Deutschen Theater. 1928 schrieb Brecht die „Dreigroschenoper", die im gleichen Jahr mit Erich Ponto und Lotte Lenya im Theater am Schiffbauerdamm aufgeführt wurde, das von nun an für Brechts Experimente zur Verfügung stand.

1927 war die Ehe mit Marianne Zoff geschieden worden; 1928 heiratete Brecht Helene Weigel.

In den nächsten Jahren entstanden die „Geschichten vom Herrn Keuner"; die Stücke „Der Jasager und der Neinsager" „Aufstieg und Fall der Stadt Mahagonny" (Oper, Musik von Kurt Weill), „Die Mutter" und „Die heilige Johanna der Schlachthöfe" wurden geschrieben und uraufgeführt.

Im März 1932 wurde der Film „Kuhle Wampe", zu dem Brecht das Drehbuch geschrieben hatte, von der Filmprüfstelle verboten. Im Januar1933 wurde in Erfurt die Aufführung des Stücks „Die Maßnahme" durch Eingreifen der Polizei unterbrochen, in Darmstadt „Die heilige Johanna der Schlachthöfe" von den Stadtverordneten für

Baustein 2

Arbeitsblatt 23

das Landestheater abgelehnt. Am Tag nach dem Reichstagsbrand verließ Brecht mit seiner Familie und einigen Freunden Deutschland und floh über Prag und Wien nach Zürich. Am 10. Mai 1933 wurden Brechts Bücher durch die Nationalsozialisten öffentlich verbrannt; die offizielle Ausbürgerung erfolgte zwei Jahre später. Nach kurzem Aufenthalt in Paris zur Uraufführung der „Sieben Todsünden" (1933) ging Brecht nach Dänemark, wo er sich in einem Bauernhaus an der Küste in Svendborg niederließ. Die dänischen Nationalsozialisten verlangten seine Deportation, aber die Regierung lehnte ab.

Bertolt Brecht in London, 1936
© picture-alliance/akg-images, Berlin

Während der Emigration in Dänemark (1933–39) schrieb Brecht für verschiedene Emigrantenzeitschriften und gab mit W. Bredel und L. Feuchtwanger die in Moskau erscheinende Zeitschrift „Das Wort" heraus. 1937–1939 wurden verschiedene Brecht-Stücke in Paris mit deutschen Schauspielern im Exil in deutscher Sprache aufgeführt („Furcht und Elend des Dritten Reiches" und „Die Gewehre der Frau Carrar" unter seiner Regie). Weitere Stücke wurden in Zürich uraufgeführt, so 1941 „Mutter Courage", 1943 „Der gute Mensch von Sezuan" und „Leben des Galilei".

1940, kurz vor der Besetzung Dänemarks durch die Hitlertruppen, floh Brecht über Schweden nach Finnland, dann, als die Deutschen 1941 auch Finnland erreichten, in die USA. Von 1941–1947 bewohnte er ein Haus in Santa Monica bei Hollywood, das zum Treffpunkt für viele Schriftsteller, Schauspieler und andere Künstler im Exil wurde.

1948 kehrte Brecht nach einem Jahr in der Schweiz nach Deutschland zurück, und zwar nach Ostdeutschland, da ihm die alliierten Behörden die Einreise nach Westdeutschland versagten. In Ostberlin übernahm er 1949 die Generalintendanz des Deutschen Theaters; in diesem Jahr wurde auch das 1944/45 entstandene Stück „Der kaukasische Kreidekreis" gedruckt. Mit seiner Frau, der Schauspielerin Helene Weigel, gründete er die Theatergruppe „Berliner Ensemble" und führte sie zu Weltruhm. 1954 bezog das Berliner Ensemble das Theater am Schiffbauerdamm. Parallel zu den Stücken entwickelte Brecht die Theorie des so genannten epischen Theaters, die auf die Aktivierung des Zuschauers durch Erkenntnis zielt und deren Schlüsselbegriff die viel diskutierte Verfremdung („V-Effekt") ist. Brecht stellte sie vor allem in „Kleines Organon für das Theater" (1948) dar.

1950 erwarb Brecht ein Haus in Buckow; dort entstand im gleichen Jahr der Gedichtband „Buckower Elegien". Intensive Theaterarbeit, zahlreiche Auszeichnungen; daneben politische Stellungnahmen (u.a. 17. Juni 1953), Reisen.

Im August 1956 leitete Brecht letzte Theaterproben für „Das Leben des Galilei"; am 14. August starb er infolge eines Herzinfarkts.

Nach: Bertolt Brecht in Selbstzeugnissen und Bilddokumenten, dargestellt von Marianne Kesting. © 1959 by Rowohlt Taschenbuch Verlag GmbH, Reinbek bei Hamburg

Gelesenes je nach Verwendungszweck zusammenfassen

Baustein 3

In der Oberstufe und im Studium ist oft gefordert, Gelesenes mit eigenen Worten zusammenzufassen. Ob die Zusammenfassung einen Umfang von ein, zwei oder zehn Sätzen haben soll, hängt vom Verwendungszweck ab, nicht von der Länge des zusammengefassten Textes. Es ist wichtig, im Unterricht diese Bedeutung des jeweiligen Verwendungszwecks zu thematisieren und mehrere Formen und Techniken der Textzusammenfassung zu üben. Jede Zusammenfassung ist zugleich die Überprüfung, ob der Text verstanden wurde.

Die in diesem Kapitel vorgestellten Aufgaben haben folgende Schwerpunkte:

3.1 Die Überschrift als prägnanteste Form der Zusammenfassung

3.2 Vorstufe einer Gesamtzusammenfassung: pro Abschnitt einen Satz formulieren

3.3 Information über einen Text in einem Satz / in zwei Sätzen

Für alle Zusammenfassungen gelten folgende Grundregeln:

- Je knapper eine Zusammenfassung sein soll, umso strenger muss ausgewählt und umso prägnanter muss formuliert werden.
- Eine Zusammenfassung ist kein erzählender, sondern ein besprechender Text, darum im Präsens schreiben!
- Eine Zusammenfassung ist keine Stellungnahme, darum sachlich schreiben und keine persönliche Wertung einfließen lassen!

Generell kann man für die Anfertigung einer Zusammenfassung folgende Arbeitsschritte empfehlen:

1. Text überfliegen: worum geht es?

2. Text gründlich und mit dem Bleistift lesen. Dabei Schlüsselwörter und wichtige Passagen markieren; Anfang und Ende von Abschnitten besonders sorgfältig lesen; bei komplexen Sätzen Gelenkstellen beachten; den Textaufbau bewusst machen.

3. Einleitungssatz formulieren.

4. Pro Sinnabschnitt einen Satz formulieren.

5. Die Sätze zu einem strukturierten Text verbinden. Dabei die Funktion der Textteile durch Strukturwörter und Distanzmittel kenntlich machen.

3.1 Die Überschrift als prägnanteste Form der Zusammenfassung

Bei diesem Aufgabentyp geht es in erster Linie um zügiges Erfassen der hauptsächlichen Information eines Textes. Die eigene (knappe) Formulierung dieser Kerninformation dient zunächst der Kontrolle, ob das Wesentliche erfasst wurde. Die Schüler vergleichen ihre unterschiedlichen Formulierungsvorschläge und begründen, warum ihnen eine Formulierung besser gefällt als eine andere. Dadurch wird das Verstehen, das sonst oft oberflächlich bleibt, genauer. Zugleich zwingt die Formulierung mit eigenen Worten dazu, die Auswahl der Information zu überprüfen, Missverständnisse auszuräumen, Bedeutungsunterschiede klar zu machen und den präzisesten und differenziertesten Ausdruck zu suchen.

zu Arbeitsblatt 24 (S. 101f.)

Überschrift als prägnanteste Form der Zusammenfassung
Zeitungsnotizen

1. Die Schüler erhalten ein Blatt mit mehreren kurzen Zeitungsnotizen ohne Überschrift, mit der Aufforderung, die Texte genau zu lesen, das Wichtigste (sparsam!) zu unterstreichen und eine knappe Überschrift zu formulieren. Es sollten nicht mehr als 5 Wörter sein.
Wichtig ist außerdem sich darauf zu einigen, dass es nicht um einen Aufreißer, sondern um eine möglichst informative Überschrift geht. (Es kann nützlich sein, die erste Überschrift gemeinsam zu bearbeiten, d.h. Formulierungen vorschlagen und bewerten zu lassen, s.u., 3.)

2. Die Schüler arbeiten zunächst jeder für sich. Dann verständigen sie sich mit ihrem Nachbarn und einigen sich zu zweit (oder zu dritt) für jede Zeitungsnotiz auf diejenige Überschrift, die sie für die beste halten. Diese Überschrift wird auf einem Blatt notiert.

3. Anschließend werden die Teams reihum aufgefordert zur ersten Notiz ihre Überschrift zu nennen; die Überschriften werden an die Tafel geschrieben (a, b, c…). Nachdem 4–5 Varianten an der Tafel stehen, kann man abkürzend fragen, welches Team noch eine abweichende Lösung vorschlagen möchte.

Nun werden die unterschiedlichen Formulierungen charakterisiert und verglichen. Dazu kann man – inhaltliche und sprachliche – Kriterien für die Bewertung von den Schülern finden lassen oder selbst vorgeben und an die Tafel schreiben, z.B.:

sachlich zutreffend	–	*weniger zutreffend*
vollständig	–	*weniger vollständig*
genau	–	*ungenau*
knapp, prägnant	–	*umständlich*
klar	–	*mehrdeutig*
sachlich, neutral	–	*witzig*

Anhand dieser Kriterien lassen sich die vorgeschlagenen Überschriften rasch bewerten. Im ersten Schritt werden sachlich nicht zutreffende oder nicht in sich verständliche Überschriften gestrichen. Sodann werden inhaltliche Genauigkeit und Prägnanz der Formulierung verglichen, bis zum Urteil, welche Überschrift insgesamt am besten gelungen ist. Manchmal gibt es mehr als *eine* „beste" Lösung!

Zur Sprache kommen sollte die Funktion der *Nominalisierung* und die Leistung von *Präpositionen* und *Doppelpunkt* für die Formulierung knapper und informativer Überschriften, wie sie z.B. für Gliederungen größerer Hausarbeiten benötigt werden.

4. Zwei oder drei Zeitungsnotizen werden in dieser Weise ausführlich behandelt, die Übrigen können zügiger besprochen werden.
Um zu variieren, kann man jeweils auch gleich zu Anfang fragen, welches Team glaubt, eine besonders gute Überschrift gefunden zu haben.

Zum Schluss kann man nach einer als Aufreißer formulierten Überschrift fragen oder eine entsprechende Originalüberschrift nennen. Dadurch wird der Unterschied zwischen einer Interesse weckenden Zeitungsüberschrift und einer sachlich-informativen Überschrift noch einmal betont.

Lösungsvorschlag

Mögliche Überschriften:

1. Mehrwertsteuer für Kinderbedarf halbieren oder Kinderprodukte weniger besteuern oder Kinderhilfswerk kritisiert Mehrwertsteuer für Kinderbedarf
   Babykleidung zu teuer (*wäre zu speziell und unvollständig bzw. nicht zutreffend, weil Kernpunkt fehlt*) 16 % Mehrwertsteuer für Kinderbedarf (*hier fehlt die Forderung*)
2. Hormon gegen Hunger oder Sattheitshormon gegen Fettleibigkeit
3. Schutz vor Ansteckung durch Händewaschen oder Händewaschen gegen Ansteckung
4. Höhere Reisernten durch Mischkultur oder Mischkultur: höhere Reisernten
5. Sprachverarbeitung schon mit drei Monaten oder Hirnforscher: Säuglinge erkennen Sprache
6. Eingeschleustes Erbgut in Nahrung oft unbemerkt oder Stiftung Warentest findet Gen-veränderte Nahrungsmittel!
7. Kondensstreifen mildern Temperatur oder Forschen dank Terror (Orig.)
8. Erinnerung färbt Träume oder Träume schwarz-weiß oder farbig?

Transfer

Diese Übung lässt sich natürlich am besten mit kleinen, informativen Texten (Zeitungsnotizen) durchführen. Es ist also eher eine Übung für zwischendurch, ohne inhaltliche Verbindung zum Kursthema.

Man kann das Verfahren jedoch auch auf die einzelnen Abschnitte eines längeren Textes anwenden. Durch die damit verbundene abschnittweise Verständniskontrolle wird die Besprechung des Gesamttextes optimal vorbereitet. Dies lässt sich beispielsweise an dem Text von Jürgen Wilke: „Entwicklungsstufen der Kommunikation“ durchführen.

Die Überschrift als prägnanteste Form der Zusammenfassung *„Entwicklungsstufen der Kommunikationsgeschichte“*

zu Arbeitsblatt 25 (S. 103f.)

Hier wird das Verfahren auf die einzelnen Abschnitte eines längeren Textes angewendet. Durch die damit verbundene abschnittweise Verständniskontrolle wird die inhaltliche Besprechung optimal vorbereitet.

Lösungsvorschlag

Die Originalüberschriften, die in der Kopiervorlage für die Schüler weggelassen wurden, sind hier – in Kursivdruck – als Alternative genannt.

Abschnitt 1:
Begründung des gewählten Gliederungsprinzips (im Original keine Überschrift)
Abschnitt 2:
Direkte mündliche Kommunikation vor Erfindung der Schrift oder *Die Anfänge und die Phase ausschließlicher Oralität*
Abschnitt 3:
Speicherbare, da schriftliche Kommunikation oder *Schrift und literalisierte Kommunikation*
Abschnitt 4:
Technische Möglichkeiten der Vervielfältigung durch den Buchdruck oder *Druckbasierte Kommunikation*
Abschnitt 5:
Erweiterung der Kommunikationsmöglichkeiten durch Bild und Ton oder *Bild- und Tonmedien*
Abschnitt 6:
Verschmelzen der Kommunikationsformen durch Digitalisierung und Datenkompression oder *Multimedialisierung*

3.2 Vorstufe einer Zusammenfassung: pro Abschnitt einen Satz formulieren

Die Schwierigkeit eines anspruchsvollen Textes besteht in seiner Komplexität. Um ihn zu verstehen und sinnvoll zusammenzufassen, muss diese Komplexität reduziert werden. Jeden Abschnitt in einem Satz zusammenzufassen ist eine etwas mechanische Technik, die jedoch eine gute Hilfestellung bietet, weil die Verständniskontrolle und die Formulierungsanforderung sich jeweils nur auf einen überschaubaren Teil des Textes bezieht.
Die zusammenfassenden Sätze stellen die Vorstufe einer Zusammenfassung dar: Aus den einzelnen Aussagen wird erst durch einen Einleitungssatz und überleitende Elemente ein zusammenhängender Text. Dabei ist auch zu bedenken, dass die Zusammenfassung erkennen lassen soll, dass der Schreiber über einen *Text* berichtet, nicht selbst eine *Sache* darstellt. Dies kann an zwei unterschiedlich anspruchsvollen Aufgaben geübt werden.

zu Arbeitsblatt 26 (S. 105)

Pro Abschnitt einen Satz formulieren
„Lügen und Lügner“

1. Die Schüler erhalten das Arbeitsblatt mit der Aufgabe, den Text zu überfliegen und anschließend jeden Abschnitt genau zu lesen und in einem Satz (oder Satzgefüge) zusammenzufassen. Dafür ist am Rand gleich neben dem betreffenden Abschnitt Platz gelassen.

2. Im zweiten Teil der Aufgabe sollen sie ihre Einzelsätze zu einer Zusammenfassung, also zu einem Text verarbeiten. Die Aufgabenstellung erinnert daran, dass dazu ein Einleitungssatz, verbindende bzw. strukturierende Adverbien und Konjunktionen, ggf. auch zusammenfassende Oberbegriffe benötigt werden und dass durch geeignete Ausdrücke die Distanz zum wiedergegebenen Text hergestellt werden muss.[1]
Dieser Teil der Aufgabe kann gut in Partnerarbeit gelöst werden; die gemeinsame Arbeit fordert eine Verbalisierung und fördert damit das Bewusstmachen des Vorgehens.
Abschließend werden einige Lösungen vorgestellt und kurz diskutiert, wobei besonders auf die ein- und überleitenden Elemente eingegangen werden sollte.

Lösungsvorschlag

(1) Zusammenfassende Einzelsätze

1. Ein Bonner Kommunikationswissenschaftler, S. Berthold, gibt Unterricht im Umgang mit Lügen.
2. Es gibt bestimmte Gesprächssituationen, in denen besonders häufig gelogen wird.
3. Es gibt besonders häufige Gründe für Lügen wie Betrugsabsicht, Sensationslust, Unsicherheit.
4. Lügen erkennt man an bestimmten Symptomen (veränderte Stimmlage, Schwitzen, Erröten usw.).
5. Diese äußeren Anzeichen können auch fehlen; bei Nachfragen reagieren Lügner in jedem Fall anders als Menschen, die die Wahrheit sagen.
6. Auch geübte Lügner ohne Schuldgefühle verraten sich z.B. durch Wahrheitsbeteuerungen, zu schnelles Erzählen, Übertreibungen.
7. Bestimmte Berufsgruppen wie Polizisten, Lehrer, Bardamen haben besonders viel Übung im Unterscheiden von Wahrheit und Lüge.

(2) Zusammenfassung als Text (Veränderungen gegenüber den Einzelsätzen sind kursiv gedruckt.)

Es handelt sich um einen Zeitungsartikel aus der WELT von 1985. Der Autor berichtet darüber, dass ein Bonner Kommunikationswissenschaftler, S. Berthold, sich mit dem Thema „Lüge“ beschäftigt und Unterricht im Umgang mit Lügen gibt.

[1] Hierzu vgl. auch die Hinweise in Kap. 3.3, „Information über einen Text in einem Satz/in zwei Sätzen“.

Laut Berthold gibt es bestimmte Gesprächssituationen, in denen besonders häufig gelogen wird. *Dabei* sind Betrugsabsicht, Sensationslust, Unsicherheit besonders häufige Gründe für Lügen. *Berthold untersucht auch* die *Symptome, an denen man Lügen erkennt,* nämlich veränderte Stimmlage, Schwitzen, Erröten usw. *Zwar* können diese äußeren Anzeichen auch fehlen, *aber* bei Nachfragen reagieren Lügner in jedem Fall anders als Menschen, die die Wahrheit sagen, *und selbst* geübte Lügner ohne Schuldgefühle verraten sich z.B. durch Wahrheitsbeteuerungen, zu schnelles Erzählen, Übertreibungen.
Der Kommunikationsforscher hat festgestellt, dass bestimmte Berufsgruppen wie Polizisten, Lehrer, Bardamen besonders viel Übung im Unterscheiden von Lüge und Wahrheit haben.

Transfer

Diese Übung lässt sich zwar im Prinzip mit allen Texten durchführen; um Schülern jedoch den Nutzen deutlich zu machen, sollte man zumindest beim ersten Mal darauf achten, dass, wie bei dem Text „Lügen und Lügner" alle Abschnitte eine leicht zusammenfassbare Information enthalten.

Pro Abschnitt einen Satz formulieren
„Die geheimen Verführer"

zu Arbeitsblatt 27 (S. 106f.)

Bei unserem zweiten Textvorschlag „Die geheimen Verführer" enthält die Arbeitsanweisung den Hinweis, dass u.U. ein komplexer Abschnitt *zwei* Sätze zur Zusammenfassung benötigt oder dass umgekehrt zwei Abschnitte in *einem* Satz zusammengefasst werden können.

1. Die Schüler erhalten das Arbeitsblatt mit der Aufgabe, den Text zu überfliegen und anschließend jeden Abschnitt genau zu lesen und in einem Satz (oder Satzgefüge) zusammenzufassen. Dafür ist am Rand gleich neben dem betreffenden Abschnitt Platz gelassen.

2. Im zweiten Teil der Aufgabe sollen sie ihre Einzelsätze zu einer Zusammenfassung, also zu einem Text verarbeiten. Die Aufgabenstellung erinnert daran, dass dazu ein Einleitungssatz, verbindende bzw. strukturierende Adverbien und Konjunktionen, ggf. auch zusammenfassende Oberbegriffe benötigt werden und dass durch geeignete Ausdrücke die Distanz zum wiedergegebenen Text hergestellt werden muss.
Dieser Teil der Aufgabe kann gut in Partnerarbeit gelöst werden; die gemeinsame Arbeit fordert eine Verbalisierung und fördert damit das Bewusstmachen des Vorgehens.
Abschließend werden einige Lösungen vorgestellt und kurz diskutiert, wobei besonders auf die ein- und überleitenden Elemente eingegangen werden sollte.

Lösungsvorschlag

a) Zusammenfassende Einzelsätze

(1) + (2) Likör kann man durch Duftreize bewerben und damit die strengen Regeln der Alkoholwerbung umgehen. Das wurde auf einer Premiere in einem Zürcher Kino vorgeführt.

(3) Die Werbeindustrie überflutet potenzielle Käufer mit optischen Werbeanzeigen. Nun sollen weitere Sinne angesprochen werden.

(4) + (5) Neue Werbestrategien beziehen Geruch und Gehör mit ein; dazu gibt es theoretische Überlegungen von Trendforschern, die alle fünf Sinne für die Werbung einsetzen wollen.

(6) Aus umweltpolitischer Sicht ist diese Form der Werbung fragwürdig, da sie Scheinbedürfnisse schafft. Zu fordern wäre vielmehr ein sparsamer Umgang mit den natürlichen Rohstoffen.

(7) Marketing-Forscher sagen Umsatzsteigerungen für Läden voraus, in denen Duftstoffe für Werbezwecke eingesetzt werden.

(8) Auch für Filme, Computerspiele und Internetseiten ist der Einsatz von Duftreizen geplant.

(9) In Autosalons und Verkaufsstätten für CDs und Bücher verspricht man sich Erfolg von akustischen Anreizen, denn weghören kann keiner.

(10) In Zukunft sollen auch Erkenntnisse der Hirnforschung über Gefühle genutzt werden, um die Werbung noch weiter zu verfeinern.

b) Zusammenfassung als Text
Veränderungen gegenüber den Einzelsätzen sind kursiv gedruckt.

In einem Artikel im Greenpeace-Magazin 2/2002 stellt Kirsten Brodde dar, wie die Werbeindustrie auf neuen Wegen Geruch und Gehör potenzieller Käufer ansprechen will.

Sie berichtet von einer Werbe-Premiere in einem Zürcher Kino *und schildert, dass man neuerdings* Likör durch Duftreize bewirbt und damit die strengen Regeln der Alkoholwerbung umgeht.

Die Werbeindustrie überflutet potenzielle Käufer mit optischen Werbeanzeigen. Nun sollen weitere Sinne angesprochen werden. Neue Werbestrategien beziehen Geruch und Gehör mit ein; dazu gibt es theoretische Überlegungen von Trendforschern, die alle fünf Sinne für die Werbung einsetzen wollen.
Die Autorin betont, dass diese Form der Werbung aus umweltpolitischer Sicht fragwürdig *sei,* da sie Scheinbedürfnisse schaffe, *obwohl* ein sparsamer Umgang mit natürlichen Rohstoffen *zu fordern sei.*
Marketing-Forscher sagen Umsatzsteigerungen für Läden voraus, in denen Duftstoffe für Werbezwecke eingesetzt werden. Auch für Filme, Computerspiele und Internetseiten ist der Einsatz von Duftreizen geplant. In Autosalons und Verkaufsstätten für CDs und Bücher verspricht man sich Erfolg von akustischen Anreizen, denn weghören *könne* keiner.
Zum Schluss erwähnt die Autorin, dass man dabei sei, Erkenntnisse der Hirnforschung über Gefühle nutzbar zu machen, um die Werbung noch weiter zu verfeinern.

Transfer

Weitere Übungsvorschläge finden sich im Kap. 2.2, „Antizipieren“, zum Text „Schwarz ist weiß, ja heißt nein“ (S. 81f.) und in „Kombinierte Leseaufgabe“ zum Text „Die Suche nach den Narben der Kindheit“ (S. 157ff.). Bei der Durchführung der Aufgabe an unterschiedlich schwierigen Texten üben die Schüler, die Technik ‚ein Satz pro Abschnitt‘ flexibel anzuwenden.

3.3 Information über einen Text in einem Satz/in zwei Sätzen

Im Alltag kommt diese Art der Zusammenfassung vor als Antwort auf die Frage: „Was liest du da? – Von wem ist es? – Und worum geht es darin?“. In einer Hausarbeit braucht man sie zum Verweis auf ein Buch oder einen Text, aus dem man zitieren möchte. Im Schriftlichen ist man dabei in der Regel präziser und formuliert kompakter als bei der mündlichen Auskunft, aber im Prinzip geht es um dasselbe. Diese prägnante Formulierung zu üben ist Ziel dieser Aufgabe.

Der erste Satz ist ziemlich festgelegt: Er enthält – in variabler Reihenfolge – Informationen zu Autor/Autorin, Textsorte, Titel, Erscheinungsjahr und behandeltem Thema (vor allem, wenn der Titel nicht für sich spricht).

Ein zweiter Satz mit näheren Angaben zu Autor / Autorin und zur Präzisierung des Inhalts *kann* folgen; er kann z.B. das Problem näher erläutern oder die Position des / der Autor / in darstellen und begründen bzw. seine/ihre Problemlösung nennen. Hier zeigt sich besonders deutlich, ob der Text nicht nur in seinem Inhalt, sondern auch in Bezug auf Intention und/oder methodisches Vorgehen des Autors verstanden wurde.
Hier ein Beispiel zu Watzlawicks Buch „Menschliche Kommunikation".

1. Satz	
Basisinformationen	Beispiel
• Erscheinungsjahr • Textsorte / Gattung • Titel • Autor / in • Thema / Problem	*In dem 1969 erschienenen* *Buch* *mit dem Titel „Menschliche Kommunikation"* *von Watzlawick, Beavin, Jackson* *geht es um Verhaltensweisen in der menschlichen Kommunikation, insbesondere um Kommunikationsstörungen.*
2. Satz	
nähere Informationen	Beispiel
• bei Zeitungsartikeln: zum Anlass für den Artikel • zur Fachrichtung des Autors / der Autorin • zu Fragestellung / Ziel • zum Vorgehen • zu Schlussfolgerung / Bewertung / Bilanz	*Die Autoren – Psychologen, Psychotherapeuten und Kommunikationswissenschaftler – beschreiben darin menschliche Beziehungen auf dem Hintergrund ihrer Erfahrungen als Therapeuten mit dem Ziel, eine interdisziplinäre Einführung in die zwischenmenschliche Kommunikation zu geben.*

Gute, prägnante Formulierungen setzen ein genaues Verständnis des Textes voraus. Bei der Besprechung sollte die Bedeutung der sprachlichen Distanzmittel hervorgehoben werden. Man sollte ein gewisses Repertoire davon zur Verfügung haben, wie z.B. „In dem Text geht es um ..."; „Der Text behandelt das Problem ..."; „XY stellt in dem Aufsatz dar..."; „Der Autor erläutert zunächst die Schwierigkeiten, die..."; ... .

Information zu einem Text in einem / in zwei Sätzen komprimieren
„jagen. ‚heia safari!'"

zu Arbeitsblatt 28 (S. 108f.)

1. Als Einstieg kann man die Schüler fragen, wer gerade ein Buch liest, und sich nach und nach die Grundangaben zu dem Buch nennen lassen. Diese werden an der Tafel notiert, um daraus die Kategorien Titel, Autor, Textsorte ... (vgl.o.) ableiten zu lassen, die ebenfalls an der Tafel festgehalten werden.

2. In einem zweiten Schritt lässt man die Informationen in einem Satz zusammenfassen. Man kann zwei bis drei weitere Beispiele nennen lassen, wobei auf die Vollständigkeit der Angaben zu achten ist. Dabei wird sich zeigen, dass die Formulierung des Themas das Schwierigste ist.

3. Entweder als Folie oder auf dem Aufgabenblatt zeigt man den Schülern nun das Beispiel zu dem Buch von Watzlawick (s.o.). Man zeigt und bespricht kurz noch einmal den ersten Satz und leitet zur Funktion des zweiten Satzes über. Dabei lässt man den linken unteren Teil des Schemas zunächst verdeckt, geht von der rechten Seite aus und lässt die Schüler die allgemeinen Kategorien im linken unteren Teil des Schemas finden.

4. Nun lässt man die Schüler die Aufgabe zu dem Zeitungsartikel „jagen. ‚heia safari!'“ in Einzel- oder Partnerarbeit lösen. Die Lösungen werden besprochen. Dabei sollte man auf knappe und treffende Formulierungen achten.

Lösungsvorschlag

1. Satz	
Basisinformationen	Beispiel
• Erscheinungsjahr • Textsorte / Gattung • Titel • Autor / in • Thema / Problem	*In dem 2002* *im Greenpeace-Magazin erschienenen Artikel* *„jagen. ‚heia safari!'“* *von Wolfgang Hassenstein* *geht es um Jagdreisen nach Afrika.*
2. Satz	
nähere Informationen	Beispiel
• bei Zeitungsartikeln: zum Anlass für den Artikel • zur Fachrichtung des Autors / der Autorin • zu Fragestellung / Ziel • zum Vorgehen • zu Schlussfolgerung / Bewertung/ Bilanz	*Anlässlich zunehmender Internetangebote kritisiert der Referent für Umweltfragen anhand von Beispielen die Touristikunternehmen, die reichen Touristen das Jagen gefährdeter Tierarten ermöglichen.*

Die Formulierung dieses zweiten Satzes, der nähere Informationen zu einem Text gibt, erfordert ein besonders gründliches Verständnis dieses Textes, um herauszufiltern, welches die wichtigsten Angaben zum Inhalt des Textes sind, und die Fähigkeit, diese prägnant zu formulieren. Schüler sollten möglichst oft üben, wichtige Texte auf ihre Kernaussage zu reduzieren.

Transfer

Geeignet sind alle Bücher und Texte, zu denen man als Lehrende/r ohne große Mühe eine geeignete Lösung formulieren kann. Die Übung, in einem Satz (oder in zwei Sätzen) über einen Text Auskunft zu geben, kann man bei jedem Rückgriff auf einen früher gelesenen Text bzw. ein früher gelesenes Buch praktizieren.

Die Überschrift als prägnanteste Form der Zusammenfassung

Zeitungsnotizen

Baustein 3

Arbeitsblatt 24

Suchen Sie für jede der Zeitungsnotizen eine informative Überschrift (max. 5 Wörter).

① **Osnabrück** (AP). Das Deutsche Kinderhilfswerk hat eine radikale Senkung der Mehrwertsteuer für Kinderbedarf gefordert. Es sei ein Unding, dass sogar Katzenfutter mit sieben Prozent niedriger besteuert werde als Babykleidung, Windeln und Waschpulver mit 16 Prozent, sagte der Präsident der Organisation, Thomas Krüger, der *Neuen Osnabrücker Zeitung*. Die Mehrwertsteuer für Kinderbedarf müsse somit mehr als halbiert werden.

Neue Westfälische, 3.9.2001

② Schlösser vor dem Kühlschrank könnten bald der Vergangenheit angehören. Ärzte des Imperial College in London haben ein Hormon gegen den zügellosen Appetit gefunden (*Nature*, Band 418, S. 650). Probanden, denen sie das Sattheitshormon PYY3–36 spritzten, packten sich bei einem freien Büffett rund ein Drittel weniger auf die Teller als unbehandelte Schleckermäuler. Der sättigende Effekt hielt bis zu 24 Stunden an. Gewöhnlich wird PYY3–36 von den Zellen des Darms produziert. Über die Blutbahnen wandert es ins Zwischenhirn und mindert dort das Hungergefühl. Beflügelt durch den Langzeiteffekt, wollen die Ärzte nun krankhafte Fettleibigkeit mit PYY3–36 therapieren.

DIE ZEIT, 8/2002

③ **München** (AP). Regelmäßiges Händewaschen ist ein guter Schutz vor Krankheitserregern. Das hat jetzt eine Untersuchung amerikanischer Wissenschaftler bestätigt. Demnach wurden Kinder, die sich an einem Schultag viermal die Hände mit Wasser und Seite wuschen, deutlich weniger von ansteckenden Krankheitserregern heimgesucht als ihre Schulkameraden, die es mit der Hygiene nicht so genau nahmen. Die reinlichen Kinder hatten im Schnitt 24 Prozent weniger Krankheitstage wegen grippaler Infekte oder Erkältungen. Die Anzahl der Darminfekte war bei ihnen sogar um 50 Prozent geringer.

④ Der Anbau von genetisch unterschiedlichen Reissorten auf einem Feld ist in den Augen vieler Agrarwissenschaftler altertümlich und ineffizient. Überall auf der Welt herrschen Monokulturen vor. In der chinesischen Yunnan-Provinz wurde ein anderer Weg beschritten – zu Studienzwecken. Dort pflanzen die Bauern auf Geheiß von Forschern ein Gemisch verschiedener Reissorten auf einem Feld an. In der aktuellen Ausgabe der Zeitschrift *Nature* (Bd. 406, S. 718) berichten der Amerikaner Christopher Mundt und seine Kollegen über die überraschenden Ergebnisse: der Pilzbefall konnte auf Feldern, die mit gemischtem Reis bepflanzt waren, um 94% gesenkt werden. Verglichen mit Monokulturen konnten die Bauern die Ernte dabei um knapp 90% steigern.

DIE ZEIT, 17.8.2000

⑤ Eltern sollten sich nicht scheuen, auch mit ganz kleinen Kindern vernünftig zu reden. Dies legen Ergebnisse von Neurologen aus Paris nahe. Demnach beginnen Babys schon mit drei Monaten, Sprache zu verarbeiten: Sie können ihre Muttersprache von sinnlosen Lauten unterscheiden.
Die Forscher um Ghislaine Dehaene-Lambertz registrierten mithilfe der funktionellen Kernspintomografie die Hirnaktivität von zwei bis drei Monate alten Babys, während eine Frauenstimme den jungen Probanden ein Kinderbuch vorlas. Das Ergebnis: In den Gehirnen der Kinder reagierten – genau wie beim Erwachsenen – bestimmte Areale im Schläfenlappen. Besonders aktiv war die Schläfenregion in der linken Gehirnhälfte, wo Sprache bevorzugt verarbeitet wird.
Zusätzlich beobachteten die Forscher eine Aktivität in Regionen des Stirnhirns, die ebenfalls für das Sprachverstehen zuständig sind – hier allerdings nur, wenn das Vorgelesene einen Sinn hatte.

Gehirn & Geist, 2/2003

Baustein 3

Arbeitsblatt 24

⑥ **Berlin** (dpa). Gentechnisch veränderte Lebensmittel kommen nach einer Untersuchung der Stiftung Warentest, deren Ergebnisse gestern in Berlin vorgestellt wurden, oft unbemerkt auf den Tisch. Die Verbraucherschützer testeten stichprobenartig 82 gängige Lebensmittel aus dem Supermarktregal und stießen in 31 Fällen auf eingeschleustes Erbgut. In mehr als einem Drittel der untersuchten Mais- oder Sojaprodukte fanden sie genveränderte Zutaten. Soja und Mais sind schätzungsweise in rund 30.000 Lebensmitteln enthalten.

Genveränderte Produkte müssen spätestens seit In-Kraft-Treten einer neuen EU-Verordnung im April entsprechend gekennzeichnet werden. Die untersuchten Lebensmittel waren aber schon vor diesem Termin von der Stiftung Warentest gekauft worden. Keines der positiv getesteten Produkte trug einen Gen-Hinweis auf der Verpackung.

Eine Gesundheitsgefahr sehen Experten durch zugelassene Gen-veränderte Zutaten nicht.

Neue Westfälische, 28.7.2000

⑦ Kontrollierte Versuchsbedingungen sind in der Atmosphäre schwer zu erzielen. Wie stark etwa die Kondensstreifen von Flugzeugen die Temperatur auf der Erde beeinflussen, war bislang unklar. Doch als nach dem 11. September in den USA drei Tage lang kaum ein Flugzeug startete und die Kondensfahnen verschwanden, nutzten Wissenschaftler von der University of Wisconsin die Zwangspause für einen Klimavergleich *(ZEIT* Nr. 50/01). Jetzt haben sie die Auswertung abgeschlossen und die Ergebnisse in *Nature* veröffentlicht (Bd. 418, S. 601). Nach dem Anschlag lagen die höchste und die niedrigste Temperatur des Tages in den USA 1,1 Grad weiter auseinander als sonst. Die Kondensstreifen mildern das Klima, indem sie nachts die Wärmestrahlung der Erde reflektieren. Auf das makabre „Experiment" hätten die Forscher indes gern verzichtet.

DIE ZEIT 8/2002

⑧ Aristoteles war sich noch sicher: Träume sind genauso farbig wie die Welt. Doch mit Erfindung des Kinos zu Beginn des 20. Jahrhunderts behaupteten immer mehr Menschen, schwarz-weiß zu träumen. Es kommt aber noch besser: Seit der Einführung des Farbfernsehens kehrte sich diese Entwicklung wieder um! Ist es tatsächlich möglich, dass sich die Farbe unserer nächtlichen Abenteuer derart beeinflussen lässt? „Nein", sagt Eric Schwitzgebel von der University of California in Riverside. Der Psychologe verglich die Aussagen aus den 1950er-Jahren mit neueren Umfragen zum Träumen. Er kam zu dem Schluss, dass sich nicht die Farbe unserer Traumwelt geändert hat sondern vielmehr unsere Erinnerung daran. Die Träume selbst, so glaubt Schwitzgebel, haben überhaupt keine Farbe. Erst beim Erzählen bekommen sie ihre Tönung – beeinflusst durch unsere Umgebung und damit auch durch Kino und Fernsehen. „Das bedeutet, dass wir viel weniger über die Natur des Träumens wissen, als wir bisher angenommen haben", sagt Schwitzgebel.

(Quelle: Perceptual and Motor Skills 96, 2003, S. 25)

Die Überschrift als prägnanteste Form der Zusammenfassung

„Entwicklungsstufen der Kommunikationsgeschichte“

Baustein 3

Arbeitsblatt 25

Geben Sie jedem der 6 (nummerierten) Abschnitte eine knappe und informative Überschrift.

Jürgen Wilke
Entwicklungsstufen der Kommunikationsgeschichte

(1) Entwicklungsstufen in der Kommunikationsgeschichte lassen sich unterschiedlich definieren. Bei meinem kursorischen[1] Durchgang orientiere ich mich im Folgenden an den wechselnden Kommunikationsmodalitäten und medienspezifischen Eigenarten. Man kann Phasen der Kommunikationsgeschichte im Prinzip aber auch anders gliedern, beispielsweise in Abhängigkeit von der allgemeinen Geschichte. Insbesondere Teilphasen sind häufig durch externe historische Faktoren bedingt. Da hier aber nicht der Platz für eine Feingliederung ist; sondern die Entwicklungsstufen nur grob umrissen werden können, wähle ich den erstgenannten Ansatz.

(2) Definieren wir Kommunikation als Verständigung zwischen menschlichen Lebewesen, so müsste eine Darstellung ihrer Geschichte bei den Anfängen der Menschheitsgeschichte einsetzen, zumindest beim Auftreten der Sprache (angenommen um 34.000 v. Chr.). Damit begann eine jahrtausendelange Phase, in der ausschließlich mündliche, direkte Kommunikation zwischen Menschen stattfand. Allenfalls akustische oder optische Signalsysteme (wie z.B. Trommel- und Rauchzeichen) mochten hinzukommen, waren in ihrem Bedeutungsgehalt aber sehr begrenzt. Eine Kommunikation über Raum und Zeit hinweg war damit nicht möglich. Da erlangtes Wissen außerhalb des Bewusstseins nicht gespeichert werden konnte, musste man es durch beständiges Wiederholen aufbewahren und vor dem Vergessenwerden sichern. Dazu verhalfen Erinnerungshilfen und Mnemotechniken[2]. Für schriftlose Kulturen, von denen es auch heute noch einige auf der Welt gibt, waren bestimmte Gesellschaftsformen und Lebensstile charakteristisch. Komplexität und Originalität konnte sich bei ihnen aber nicht entfalten.

(3) Mit der Erfindung der Schrift kam es in der menschlichen Kommunikation zu einem entscheidenden Umbruch. Man hat hier mit Recht von „der“ Revolution in der Kommunikationsgeschichte der Menschheit gesprochen. Die älteste uns bekannte Schrift wurde Mitte des 3. Jahrtausends v. Chr. in Mesopotamien geschaffen. Wenige Jahrhunderte später entstand die Schrift der ägyptischen Hieroglyphen. Auch wenn es sich hierbei noch um Bilderschriften handelte, deren Zeichenrepertoire beschränkt blieb, so war damit doch ein folgenreicher Schritt getan: Kommunikationsinhalte ließen sich fortan fixieren und speichern, sie erlangten eine Existenz unabhängig vom Sender und Empfänger. Sie konnten jetzt zudem über räumliche Entfernungen und zeitliche Distanzen übermittelt werden. Damit war die Voraussetzung für Überlieferung und Tradition geschaffen. Beliebige Aussagen ließen sich jedoch erst fixieren, nachdem das phonetische Alphabet entwickelt worden war, zunächst wiederum im semitischen Raum um 1500 v. Chr., später unter Einschluss der Vokale von den Griechen vollendet. Damit die kommunikativen Leistungen der Schrift zur Geltung kommen konnten, bedurfte es überdies geeigneter Schreibstoffe. Steine sowie Ton- oder Wachstafeln erwiesen sich auf Dauer als unzweckmäßig. Daran änderte sich erst etwas, als man in der Antike Papyrus und Pergament herstellen konnte.

Die Phase einer ausschließlich handschriftlichen literalisierten[3] Kommunikation reichte über drei- bis viertausend Jahre. Sie umfasste Teile der Frühgeschichte, die Antike und das (europäische) Mittelalter. Noch besaßen nur wenige Menschen die Fertigkeiten des Schreibens und Lesens. Und die mühsame schriftliche Reproduktion setzte der Ausbreitung literalisierter Kommunikation Grenzen. Dennoch führte sie jetzt zu einer zeitübergreifenden Zugänglichkeit. Freilich blieb die orale[4] Kommunikation noch absolut dominant.

(4) Eine neue Phase der menschlichen Kommunikationsgeschichte hat Johannes Gutenbergs Erfindung des Drucks mit beweglichen Lettern[5] in der Mitte des 15. Jahrhunderts ausgelöst. Jetzt gab es ein viel zweckmäßigeres Verfahren zur Vervielfältigung von Schriftwerken. Die bisherigen Grenzen ihrer Verbreitung wurden gesprengt. Doch nicht nur darin, auch in anderen Dingen bestand ihr Vorteil, z.B. in der Standardisierung von Texten. Die Drucktechnik bewirkte im Abendland, wie man mit Recht gesagt hat, eine Kulturrevolution, sie wurde zum Motor der neuzeitlichen Modernisierung. Wohl wurde die orale Kommunikation nicht verdrängt, aber sie interagierte[6] jetzt mit der literalen Kommunikation, die ihrerseits mit der Lesefähigkeit an Reichweite zunahm. Nicht nur bisher schon vervielfältigte Manuskripte wurden gedruckt, sondern die Arten der Druckwerke vermehrten sich. Dazu gehörten auch solche publizistischer Art, also Zeitung und Zeitschrift, die zu Beginn bzw. im letzten Drittel des 17. Jahrhunderts voll ausgebildet waren. Um 1700 erschienen im deutschsprachigen Raum schon 60 bis 70 Zeitungen mit einer Gesamtauflage von 30.000 Exemplaren.
Merkwürdigerweise tat sich dreieinhalb Jahrhunderte lang hinsichtlich der Weiterentwicklung von Gutenbergs Erfindung so gut wie nichts. Lediglich Detailveränderungen kamen vor. Dies bremste auch die Entwicklung der publizistischen Medien. Schnellpresse und Rotationspresse führten hier erst im 19. Jahrhundert eine Expansion herbei. An seinem Ende gab es in Deutschland mehrere tausend Zeitungen, ihre Gesamtauflage überschritt die zehn Millionen. Durch zunehmende Spezialisierung noch größer war die Zahl der Zeitschriften.

(5) Während die gedruckte Kommunikation die Gesellschaft allmählich durchsättigte, kamen neue Medien auf und konkurrierten um ihre Aufmerksamkeit. Damit war eine neue historische Entwicklungsstufe erreicht. Wenn man will, kann man hier mehrere Phasen unterscheiden, die sich immer schneller ablösten, weil sich das Medienspektrum erweiterte. Bilder und Bildmedien bewirkten im 19. Jahrhundert einen Visualisierungsschub für die Kommunikation, zunächst noch durch Holzstiche, dann durch Fotos und am Jahrhundertende durch den (Stumm-)Film. In den Zwanzigerjahren des 20. Jahrhunderts folgte der Rundfunk als auditives oder Ton-Medium. Und kurz darauf gelang zumindest technisch die Erzeugung des Fernsehens, das die audio-visuellen Modalitäten miteinander verbindet. Es stieg in der zweiten Hälfte des 20. Jahrhunderts wegen seiner Rezeptionsvorteile[7] und Präsentationsformen zum Leitmedium auf. Die Auswirkungen dieser avancierten Technologien waren geradezu paradox: Die Bilddominanz erscheint danach als eine Rückkehr ins Mittelalter, und mit dem Hörfunk begann eine Periode "sekundärer[8] Oralität".

(6) Jüngst zeichnet sich eine neue Entwicklungsstufe der Kommunikationsgeschichte ab. Sie ist mit dem Kennwort Multimedia verbunden. Bezeichnet wird damit die Verschmelzung bisher getrennter Kommunikationsformen, von gesprochener Sprache, Text, Video, Audio, Telekommunikation, Unterhaltungselektronik und Computertechnik. Möglich geworden ist dies durch Digitalisierung und Datenkompression. Eröffnet wird damit ein neues Zeitalter mit bisher ungeahnten Formen und Weisen der Kommunikation. Da dies aber in die Zukunft führt, will ich es an dieser Stelle nicht weiter verfolgen.

Aus: Jürgen Wilke: Entwicklungsstufen und Determinanten der Kommunikationsgeschichte. In: Geschichte in Wissenschaft und Unterricht, Juli/Aug. 2002, S. 410–423

Worterklärungen:

1 *kursorisch:* fortlaufend, rasch
2 *Mnemotechniken:* Behaltensstrategien, Gedächtnishilfen
3 *literalisiert:* verschriftlich
4 *oral:* mündlich; davon abgeleitet: *Oralität*
5 *Lettern:* Buchstaben
6 *interagieren:* aufeinander bezogen handeln
7 *Rezeption:* Aufnahme durch ein Publikum
8 *sekundär:* nachträglich hinzugekommen; *sekundäre Oralität* im Unterschied zur *primären Oralität*, dem spontanen, nicht über Medien vermittelten Sprechen

Vorstufe einer Zusammenfassung: pro Abschnitt einen Satz formulieren

„Lügen und Lügner"

Baustein 3

Arbeitsblatt 26

a) Lesen Sie den Text und heben Sie wichtige Informationen hervor. Fassen Sie dann den Inhalt der einzelnen Abschnitte jeweils in einem Satz zusammen (am Rand notieren).

Lügen und Lügner

(1) Lügen haben kurze Beine, sagt der Volksmund. Diese Erkenntnis war Anlass für den Bonner Wissenschaftler Siegwart Berthold (42), einem ziemlich unglaubwürdigen Thema auf den Grund zu gehen. Der Fachmann für „Didaktik der mündlichen Kommunikation" gibt in Seminaren, Kursen und Vorträgen an Universitäten und Volkshochschulen praktische Tips für den Umgang mit Lügen und Lügnern.
(2) „Die Glaubwürdigkeit von Äußerungen ergibt sich oft aus der Gesprächssituation", meint Berthold. Daher sei mit dem „Auftreten von Lügen" besonders in folgenden Situationen zu rechnen: bei Polizeivernehmungen von Beschuldigten, bei Aussagen vor Gericht, beim Verkauf von Gebrauchtwagen, bei Gesprächen von Steuerzahlern mit Finanzbeamten. „Unterhalten sich zwei nicht näher bekannte Menschen, wird häufiger gelogen als bei Gesprächen zwischen Verliebten", ist das Fazit des Wissenschaftlers.
(3) Zu den Gründen, warum Menschen lügen, gehören: Hilfe für nahe stehende Personen, Betrugsabsicht, Rache, Geltungsbedürfnis, Sensationslust, Unsicherheit in unerwarteter Situation (Reflexlüge).
(4) Wie lassen sich nun Lügner konkret erkennen? Der Bonner Experte Berthold stellt bei ihnen oft einen „Ausdruckskomplex der Unaufrichtigkeit" fest, was auch Gerichtspsychologen bestätigen. Solche Begleiterscheinungen können sein: Kontaktlosigkeit, veränderte Stimmlage, stereotyper Ausdruck, starkes Schwitzen, Zittern, Erröten und Ungleichmäßigkeit des Atemrhythmus. Praktisch kaum ein Mensch sei in der Lage, eine erfundene Geschichte genauso zu erzählen wie ein wirkliches Erlebnis.
(5) Dagegen existieren auch Fälle, in denen Falschaussagen mit wenigen Anzeichen innerer Erregung gemacht werden. Berthold ist jedoch überzeugt: „Gibt es Nachfragen, ist bei wahren Berichten im Allgemeinen mit bereitwilligen, schnellen Antworten zu rechnen, während Lügner mehr Zeit brauchen, über die Antworten nachzudenken. Sie versuchen häufiger abzulenken und damit weiteren Fragen nach Einzelheiten auszuweichen."
(6) „Geübte Lügner", sagt Berthold, „haben keine Schuldgefühle mehr beim Lügen und strengen sich nicht mehr dabei an. Sie verraten sich mit übertriebenen Schilderungen, erzählen zu schnell und zu ausdrucksvoll, betonen ihre Glaubwürdigkeit zu stark und reagieren oft übertrieben auf mögliche Zweifel an ihrer Geschichte.
(7) Nach Auffassung von Berthold besitzen vor allem Polizeibeamte, Richter, Ärzte, Lehrer, Bardamen und Gastwirte viel Übung, Wahrheit von Lüge zu unterscheiden.

In: Die Welt, 1985 (gekürzt)

b) Schreiben Sie nun eine Zusammenfassung, indem Sie aus Ihren Einzelsätzen einen Text machen. Denken Sie an einen Einleitungssatz und daran, die Einzelsätze durch überleitende und strukturierende Adverbien oder Konjunktionen zu einem Text zu verbinden.

Vorstufe einer Zusammenfassung: pro Abschnitt einen Satz formulieren

„Die geheimen Verführer“

Baustein 3

Arbeitsblatt 27

a) Lesen Sie den Text und heben Sie wichtige Informationen hervor. Fassen Sie dann den Inhalt der einzelnen Abschnitte jeweils in einem Satz zusammen (am Rand notieren).
Achtung: Manchmal ist es gut, zwei Abschnitte in einem Satz zusammenzufassen; umgekehrt gibt es auch Abschnitte, die zwei Sätze benötigen.

Kirsten Brodde

Die geheimen Verführer

(1) Was tun, wenn der Likör einen hinreißenden Geschmack verspricht, aber die Regeln für Alkoholwerbung so streng sind, dass in Spots nicht mal an Gläsern genippt werden darf? Wie dann einen Mandellikör so bewerben, dass Millionen zur Flasche greifen? Man nehme: ein Kino (in Zürich), vier Duftsäulen (Mandelaroma) und einen Werber (Agentur Jung von Matt).

(2) November 2001, Premiere im Zürcher Kino „Arthouse Alba“. Auf der Leinwand bleibt es dunkel. Das Publikum hört Eiswürfel klimpern. Dann beleuchtet ein flackerndes Streichholz eine Flasche der Marke Disaronno, und durch den Saal weht dessen typisches Mandelaroma. „So wird der Spot über die Nase wahrnehmbar“, freut sich Werber Daniel Meier, auch wenn er zugibt: „Es war noch ein bisschen aufdringlich.“

(3) Hören, Riechen, Sehen, Schmecken, Fühlen – die Werbeindustrie rüstet zum Großangriff auf alle Sinne. Schon heute, ergab eine Studie, hat jeder Deutsche täglich 3000 Markenkontakte, wie es in der Fachsprache heißt: 3000 Plakate, Fernsehspots, Zeitungsanzeigen. Längst gehen die einzelnen Produkte in der Werbeflut unter. Deshalb will die Branche nun mit raffinierteren Sinnesreizen eine zusätzliche Dimension erschließen.

(4) Die Werber wollen Kunden durch Produkte, Marken und Läden, die interessant klingen oder duften, zum Kauf verführen. Schließlich, so der perfekte Hintergedanke, könne dem Appell an ursprüngliche Instinkte keiner entkommen. Deshalb haben merkwürdige Berufsbilder an Bedeutung gewonnen: Mit allerlei Firlefanz versuchen Duftingenieure und Akustikdesigner das Habenwollen der Menschen anzustacheln. Zum Programm gehören Schoko-Flocken, die einen Knusper-Faktor zwischen 7000 und 12.000 Hertz haben müssen, um beim Zerkauen kross zu klingen, oder Autos, deren Motorensound mit Tricks auf sportlich getrimmt wurde. Am weitesten wurde der Trend in den USA getrieben. Dort finden sich so genannte Five-Senses-Stores, deren ganze Architektur zum Konsum animieren soll. Alles Hinderliche, Scharfe und Harte ist beseitigt, Einkaufen wird zur glatten Sache.

(5) Trendforscher liefern den passenden theoretischen Überbau für den Schwenk zum Sinnlichen gleich mit. „Die Entfremdung von der Natur führt zur Sehnsucht nach der sinnlichen Erfahrung“, sagt Andreas Steinle vom Trendbüro Hamburg, der die Wünsche der Konsumenten erforscht. Steinle, der Gesellschafts- und Wirtschaftskommunikation studiert hat, glaubt, dass Menschen durch den Appell an ihre fünf Sinne bereichert und nicht belästigt werden.

Baustein 3

Arbeitsblatt 27

6) Umweltwissenschaftler und Verbraucherschützer halten das Verbrämen alltäglicher Waren mit sinnlichem Schnickschnack für fragwürdig – schließlich regt es zum Kauf von Produkten an, die der Kunde sonst nicht beachten würde. „Da fließen kostbare Ressourcen in eine Flut von Waren, von denen wir viele nicht brauchen", sagt Professor Gerhard Scherhorn vom Wuppertaler Institut für Klima, Umwelt, Energie. Die Industriegesellschaft könne jedoch auf Dauer nur überleben, wenn sie einen sparsameren Umgang mit den natürlichen Rohstoffen erlerne.

(7) Bloß ist Scherhorns Motto „Gut leben statt viel haben!" in der schönen neuen Warenwelt nicht angesagt. Die Marketing-Professorin Anja Stöhr von der Hochschule für Technik und Wirtschaft in Dresden glaubt fest, dass Konsumenten sich mit den neuen Werbestrategien an der Nase herumführen lassen. In ihrem Buch „Air-Design als Erfolgsfaktor im Handel" schreibt sie, dass Kunden in mit Geruchsstoffen aufgerüsteten Läden nicht bloß länger herumschnüffeln, sondern auch mehr kaufen. Umsatzsteigerungen von fünf bis sechs Prozent seien dank spezieller Duftmarken möglich.

(8) Müller-Grünow träumt bereits von Kinofilmen, die neben der Tonauch eine Duftspur haben. So könnten die Besucher dann das Parfum von Jennifer Lopez und das Aftershave von George Clooney riechen, leider auch faulende Abfälle in den Kloaken Roms zu Zeiten des „Gladiators". Und sobald die Technik für den Heim-PC miniaturisiert ist, sollen Computerspiele und Internetseiten ebenfalls „E-smell" oder „Virtual Stink" bieten. Die Homepage des Blumenhandels riecht dann nach Rosen, die Moorhuhn-Jagd nach dem Pulverdampf einer Schrotflinte. Derzeit sind am Duft-Design vor allem Konzerne interessiert, die ihre Generallinie um „Corporate Scent" und „Corporate Sound" erweitern wollen.

(9) Wer wenigstens auf wohltuende Stille hofft, hat sich getäuscht. Damit Markenauftritte nicht „klanglich tot" bleiben, gibt es „Audio Consultants". Bei Spots einer Automarke, die am Puls der Zeit sein will, hören Zuschauer einen Herzschlag; im Laden eines TV-Kanals, der CDs und Bücher über Naturthemen verkauft, werden Tierstimmen eingespielt. „Das Ohr ist unser schnellstes Organ", sagt Komponist Wilbert Hirsch. Weghören könne keiner.

(10) Doch Vertreter des „Sense Commerce" wollen ihre Verführungskünste noch weiter verfeinern. Aufmerksam verfolgen sie, wie Hirnforscher die Welt der Gefühle entschlüsseln, wie sie entstehen, was sie bewirken und wie sie sich steuern lassen. Mit diesem Wissen, prophezeit Trendforscher Steinle, lassen sich Produkte entwickeln, die „einfach unwiderstehlich" sind.

In: Greenpeace Magazin, Nr. 2, März-April 2002 (gekürzt)

b) Schreiben Sie nun eine Zusammenfassung, indem Sie Ihre Einzelsätze zu einem Text verbinden. Denken Sie an einen informativen Einleitungssatz und überleitende Formulierungen, die kenntlich machen, dass Sie einen Text zusammenfassen, also nicht selbst über die neuen Werbungsmethoden schreiben.

Information über einen Text in einem Satz / in zwei Sätzen komprimieren

„jagen. ‚heia safari!'"

Baustein 3

Arbeitsblatt 28

Wenn man in einem oder zwei Sätzen Auskunft über einen Text oder ein Buch geben will, so müssen diese Sätze besonders informativ und prägnant formuliert sein. Außerdem gehören ganz bestimmte Informationen hinein. Das folgende Raster zeigt zunächst ein Beispiel und soll dann als Hilfestellung für die Formulierung einer eigenen knappen Zusammenfassung dienen.

1. Satz	
Basisinformationen	Beispiel
• Erscheinungsjahr • Textsorte / Gattung • Titel • Autor / in • Thema / Problem	*In dem 1969 erschienenen* *Buch mit dem Titel „Menschliche Kommunikation"* *von Watzlawick, Beavin, Jackson* *geht es um Verhaltensweisen in der menschlichen Kommunikation, insbesondere um Kommunikationsstörungen.*
2. Satz	
nähere Informationen	Beispiel
• bei Zeitungsartikeln: zum Anlass für den Artikel • zur Fachrichtung des Autors / der Autorin • zu Fragestellung / Ziel • zum Vorgehen • zu Schlussfolgerung / Bewertung / Bilanz	*Die Autoren – Psychologen, Psychotherapeuten und Kommunikationswissenschaftler – beschreiben darin menschliche Beziehungen auf dem Hintergrund ihrer Erfahrungen als Therapeuten mit dem Ziel, eine interdisziplinäre Einführung in die zwischenmenschliche Kommunikation zu geben.*

Lesen Sie den Text „jagen. ‚heia safari!'" auf der folgenden Seite und formulieren Sie dem Raster entsprechend zwei informative Sätze.

1. Satz	
Basisinformationen	Beispiel
• Erscheinungsjahr • Textsorte / Gattung • Titel • Autor / in • Thema / Problem	
2. Satz	
nähere Informationen	Beispiel
• bei Zeitungsartikeln: zum Anlass für den Artikel • zur Fachrichtung des Autors / der Autorin • zu Fragestellung / Ziel • zum Vorgehen • zu Schlussfolgerung / Bewertung / Bilanz	

Baustein 3

Arbeitsblatt 28

Wolfgang Hassenstein

„jagen ‚heia safari!'"

Etwa 5000 Deutsche fahren jährlich zur Großwildjagd nach Afrika. Wer genug zahlt, darf selbst auf gefährdete Arten schießen.

Das günstige Buffalo Package kann man gleich online buchen: Für 8430 Euro vermittelt der österreichische Anbieter Top-Jagd im „neu erschlossenen Jagdland Mosambik" so genannte Big Game Safaris – „unter weißen Berufsjägern". Alternativ ist auch das Crocodile Package zu haben: Im Preis sind „ein Krokodil und ein Hippo inbegriffen", die Jagd ist „natürlich kombinierbar mit allen anderen Wildarten".

Wäre da nicht die moderne Vermarktung übers Internet, die Offerten und Bilder der zahlreichen Anbieter von Jagdreisen nach Afrika erschienen wie Relikte aus Kolonialzeiten: Schwitzende Europäer posieren hinter Antilopen und Büffeln und halten die Köpfe der Tiere, an deren Flanken die Waffe lehnt, fürs Beweisfoto in Richtung Kamera. Das großzügige Angebot der Jagd „auf alle afrikanischen Wildarten" ist kaum übertrieben. Die Safaris bieten Gelegenheit zum Abschuss von Zebras, Warzenschweinen und Hyänen, von Kudus, Oryxantilopen und Giraffen – und von Rote-Liste-Arten: Wer genügend Geld hinblättert, darf noch im 21. Jahrhundert zum Spaß Leoparden, Geparde, Löwen, sogar Elefanten und Nashörner töten. Das Washingtoner Artenschutzabkommen lässt die regulierte Jagd auf geschützte Arten zu, und für den „persönlichen Gebrauch" ist auch die Einfuhr von Trophäen in die EU gestattet. Befürworter argumentieren: „Use it or loose it!" – nur wenn das Wild wirtschaftlichen Nutzen bringe, werde es auch effektiv geschützt. Ob Großwildjagd aber auch ethisch vertretbar ist, steht auf einem anderen Blatt. Afrikaner, die aus Hunger und Not Tiere wildern, müssen jedenfalls damit rechnen, von Parkrangern erschossen zu werden. Dagegen lassen sich die gut betuchten Abenteurer in Botsuana, Sambia oder Tansania, meist aber in Südafrika oder Namibia – dem ehemaligen Deutsch-Südwestafrika, wo noch immer die meisten Jagdtouristen Deutsche sind – mit Jeeps und Flugzeugen zu Camps und Lodges in den Busch bringen. Von dort aus gehen sie, teils in freier Wildbahn, teils in eingezäunten Reservaten, auf die Pirsch oder warten „auf komfortablen Hochsitzen an Wasserstellen und Salzlecken", wie ein Anbieter wirbt, auf die Tiere.

In: Greenpeace Magazin, Nr. 4, Juli-August 2002, S. 54

Abbildungen: bbc wild

Bau-stein 4

Gelesenes festhalten – zur weiteren Verarbeitung oder zum Lernen

Jeder weiß, je mehr ich lese, desto schwieriger wird es, die Übersicht über die Leseergebnisse zu behalten und mich an das, was ich alles gelesen habe, zu erinnern.

Sachtexte liest man gewöhnlich für einen bestimmten Zweck. In der Schule und im Studium steht das Lesen im Zusammenhang mit Kursen, in denen man über das Gelesene spricht, wo man Referate hält, Hausarbeiten oder Klausuren schreibt oder mündliche Prüfungen macht. Manchmal liest man auch im Hinblick auf die Arbeit in einer Kleingruppe. Das kommt dann schon dem beruflichen Lesen nahe, wo es keinen mehr gibt, der korrigierend eingreift. Allen diesen Situationen ist gemeinsam, dass zu einem bestimmten Zeitpunkt in mündlicher oder schriftlicher Form über die Leseergebnisse kommuniziert wird.

Manchmal kann man dabei auf Unterlagen über das Gelesene zurückgreifen. Es gibt aber auch Situationen, in denen man sein Wissen frei reproduzieren muss, und das klappt nur, wenn man das Wissen im Kopf hat. Das muss man bedenken, wenn man überlegt, wie man Leseergebnisse am besten festhält.

Die Grundregel: Nur richtig Verstandenes sollte verarbeitet oder gelernt werden. Alle Lesetechniken, die das Textverständnis fördern, sind auch für die Weiterverarbeitung nützlich. Auch hier gilt, je aktiver man mit dem Text umgeht, desto effektiver wird man ihn verwerten können. Es lohnt sich, Überlegungen und Zeit zu investieren, um den Text für die eigenen Zwecke so <u>umzuformen</u>, dass es sozusagen der „eigene“ Text wird. Das hat Vorteile für die mündliche oder schriftliche Wiedergabe, und alles, was man beim Umformen tut, fördert das Behalten.

Bei der Bearbeitung von Texten spielt es eine Rolle, was ein Leser schon über das Thema weiß, und ob er eher visuelle oder eher verbale Darstellungsformen bevorzugt. Wenn Lesestrategien vermittelt werden, sollte man aber den individuellen Neigungen der Schüler nicht zu sehr nachgeben, sondern sie in dieser Phase zum Ausprobieren möglichst vieler Verfahren ermuntern.

Die Möglichkeiten, Texte festzuhalten, sind vielfältig:
- <u>Lesenotizen</u> unterschiedlicher Ausführlichkeit, je nachdem, ob das Original verfügbar bleibt oder nicht. Man kann sich für ein traditionelles Zettelsystem oder Karteikarten entscheiden oder aber Datenverwaltungsprogramme des Computers benutzen. Auch ob man Textstellen wörtlich übernimmt oder neu formuliert, kann man nur entscheiden, wenn man die Vor- und Nachteile des jeweiligen Vorgehens kennt.
- <u>optische Erinnerungshilfen</u>, die durch übersichtliche Anordnungen in möglichst prägnanter Form einen oder mehrere Texte festhalten. Dabei kann man zwischen eher vom Text – von der verbalen Vorlage – ausgehenden Formen und stärker visualisierten Darstellungsformen unterscheiden und sie je nach Art des Textes und eigenem Verwendungszweck nutzen.

Die folgenden Übungen haben jeweils unterschiedliche Schwerpunkte:

4.1 Lesenotizen auf Karteikarten

4.2 Exzerpieren

4.3 Leseergebnisse als Liste oder Tabelle festhalten

4.4 Leseergebnisse umformen und so besser behalten

4.1 Lesenotizen auf Karteikarten

Auch im Zeitalter von Computer und Fotokopien bleibt es eine wichtige Fähigkeit, sich sinnvolle Notizen über etwas Gelesenes machen zu können. In der Schule, wo alle Texte im Schulbuch oder als Fotokopie zur Verfügung stehen, mag das nicht evident sein. Wenn die Schüler aber die Aufgabe bekommen, sich für ein Referat selber Material zu suchen, werden sie merken, wie wichtig es ist, sich zu Büchern, die vielleicht interessant sein könnten – ggf. zusätzlich zu einer Kopie des Inhaltsverzeichnisses –, einige Notizen zu machen. Das ist umso wichtiger in einer Bibliothek, wo man vor Ort arbeiten muss und nicht alles mitnehmen oder kopieren kann. (Außerdem: auch die Fotokopie muss gelesen werden.) Je mehr Literatur man verarbeiten muss, umso wichtiger ist es, durch übersichtliche Lesenotizen Ordnung in das Material zu bringen.

Eine **Karteikarte** hat den Vorteil, dass sie (besonders als linierte oder karierte Karteikarte) schon von sich aus eine gewisse Ordnung sowie die notwendige Komprimierung der Information verlangt, beides Dinge, die trainiert werden sollen.
Zwar ist es richtig, dass größere Datenmengen mithilfe entsprechender Programme am Computer besser zu verwalten sind als mit einem traditionellen Karteikartensystem, aber die Entscheidung über das, was eingegeben werden soll, bleibt gleich.

Die hier vorgeschlagene Aufgabe sollte eigentlich in einer realen Anwendungssituation durchgeführt werden; zumindest muss sie mit dem deutlichen Hinweis auf ihren Nutzen bei der Anfertigung von Referat und Facharbeit verbunden werden. Sinnvoll ist eine Verbindung mit dem Thema **Anlesen** (s.o., 2.3); hier lässt sich gut eine Lesenotiz-Übung anschließen.

Lesenotizen auf Karteikarten
„Du kannst mich einfach nicht verstehen“ (Vorwort)
„Intelligente Zellen?“

zu Arbeitsblatt 29 und 30 (S. 120ff.)

1. Als Einführung sollte kurz auf Sinn und Zweck von Lesenotizen eingegangen werden. Als Übung schlagen Sie eine Lesenotiz auf einer Karteikarte vor. (Bringen Sie genügend DIN-A6-Karteikarten mit.)

2. Man kann nun mit den Schülern darüber sprechen, was bei einer notwendigerweise *knappen* Notiz auf der Karteikarte festgehalten werden sollte:

- Autor/in, Titel, Ort, Jahr; ggf. Bibliotheksstandort
- thematisches Stichwort oder, falls schon möglich, Hinweis darauf, wo das Material in der geplanten Arbeit Verwendung finden könnte
- Notizen je nach Lese- bzw. Verwendungsabsicht, z.B. Kapitelüberschriften oder selbst formulierte Aussagen zu wichtigen Inhalten, Daten, Abbildungen oder anderem.

Besprechen sollte man auch die Frage, ob Stichworte oder ganze Sätze, wörtliche Zitate (Zitatzeichen!) oder eigene Formulierungen sinnvoller sind (meist empfiehlt sich eine Kombination). Besonders betont werden muss die Forderung nach Übersichtlichkeit (nicht zu viel notieren wollen, häufig neue Zeile anfangen!).

3. Die Aufgabe sollte in Partnerarbeit gelöst werden, damit auftretende Unsicherheiten schon vorgeklärt werden. Die Schüler erhalten pro Tandem mindestens zwei Karteikarten, damit sie nach Diskussion eine verbesserte Version erstellen können.

Lösungsvorschlag *„Du kannst mich einfach nicht verstehen" (Vorwort)*

Deborah Tannen: Du kannst mich einfach nicht verstehen.
Warum Männer und Frauen aneinander vorbeireden.
Hamburg: Ernst Kabel 1991 (orig. New York 1990) – Vorwort = S. 11–18

⇒ Kommunikation zwischen Männern und Frauen

Soziolinguistin
Bezug auf früheres Buch „That's Not What I Meant!" = Untersuchung von Gesprächsstilen allgemein; hier geschlechtsspezifische Gesprächsstile

Männliches und weibliches Gesprächsverhalten: verschiedene Kommunikationsabsichten, unterschiedliche Kommunikationsstile
Überzeugung: grundsätzliche Gleichwertigkeit, Unterschiede benennen besser als sie zu ignorieren
praktische Relevanz: Grund für Missverständnisse – häufiger Grund für Unzufriedenheit bei Frauen und Männern

- viele Fallbeispiele, im Buch offenbar Interviews
- liest sich gut

Lösungsvorschlag *„Intelligente Zellen?"*

Florianne Koechlin: Intelligente Zellen?
In: Gen-ethischer Informationsdienst 157 (2003), S. 34f.

⇒ Kommunikation zwischen Muskelzellen
Wissenschaftsjournalistin
intelligent < lat. inter-legere = ‚wählen zwischen' – Zelle kann es!

Menschliche Muskelzelle empfängt über Proteine als Botenstoff Informationen, interpretiert sie je nach Situation und gibt sie an andere Proteine weiter. Zelle empfängt viele Signale gleichzeitig. Zellhülle funktioniert wie Computer – dort werden Signale verrechnet – 10 Billionen Zellen!

Neue Forschung (USA), wichtig für Genforschung
Vertreter: Hart (Baltimore), Strohmann (Berkely), Kulesa (Pasadena)

Deutlicher als bisher: Gencode zwar wichtig, aber „die Zelle…hat ein Leben für sich selber, es folgt Regeln, die nicht in den Genen festgeschrieben sind". (Vorher schon bekannt: Es gibt z.B. kein Aggressions-Gen)

- *Experimente mit Nervenzellen in Hühnerembryo: Wanderrichtung nicht vorprogrammiert, sondern ergibt sich laufend aus Interaktion mit anderen Zellen und Umgebung.*

- aktuell; eher schwierig

Transfer

Zwar kann man sich zu jedem Text in kompakter Form verständliche Notizen machen; aber natürliche Situationen, wo dies von der Sache her erforderlich ist, gibt es am ehesten bei der Materialsuche für eine Facharbeit oder ein Referat – und natürlich später im Studium.

4.2 Exzerpieren

Der Begriff „exzerpieren“ (wörtlich „herauspflücken“) wird uneinheitlich verwendet; wir möchten hier – im Unterschied zur „Lesenotiz“ – darunter das *wörtliche* Herausschreiben von Textpassagen verstehen. Ein Exzerpt kann zwar auch selbst formulierte Einleitungen, Überleitungen oder Anmerkungen enthalten, aber im Wesentlichen besteht es aus Zitaten. In der Praxis wird man meist selbst formulierte Lesenotiz und Exzerpt kombinieren. Da ein Exzerpt normalerweise im Hinblick auf eine Arbeit bzw. ein bestimmtes Thema angefertigt wird, braucht es nicht den gesamten Textinhalt zu berücksichtigen.

Das Exzerpieren gesondert zu üben ist eine gute Vorbereitung auf den selbstständigen **Umgang mit Zitaten**. Denn zum Exzerpieren gehört nicht nur die Anforderung, wichtige Informationen und Formulierungen auszuwählen, sondern man übt zugleich,

- das wörtlich Übernommene genau zu kennzeichnen (Zitatzeichen, Auslassungszeichen) und Teilzitate wo nötig durch selbst formulierte Ein- bzw. Überleitungen zu ergänzen (damit wird zugleich das sinnvolle Einfügen eines Zitats in den eigenen Text geübt)
- sowie die Quelle der zitierten Stelle korrekt anzugeben.

Wörtlich zu exzerpieren lohnt sich da, wo die Autorin oder der Autor eine wichtige Aussage besonders prägnant formuliert hat, sodass man es selber nicht besser sagen könnte. Wenn man im Hinblick auf ein Referat oder eine Hausarbeit exzerpiert, ist es besonders sinnvoll, solche Stellen wörtlich herauszuschreiben, da man sie möglicherweise als Zitat verwenden kann.

Das Exzerpieren hat viel mit dem Hervorheben relevanter Stellen durch Unterstreichen oder Markieren im Text gemeinsam, aber neben der Analogie gibt es auch Unterschiede. Zunächst kann man sagen, dass das Aufschreiben gegenüber dem Markieren ein intensiverer Vorgang ist, der mehr zur Verarbeitung und zum Behalten beiträgt. Gleich oder ähnlich ist der Prozess des Auswählens; allerdings wird man automatisch noch einmal strenger die Relevanz prüfen, ehe man sich entschließt eine Stelle zu exzerpieren. Ein weiterer Unterschied ist, dass die markierte Stelle nicht in sich verständlich sein muss, da das Auge die Textumgebung so weit nötig ohne weiteres mit wahrnimmt, während die exzerpierte Stelle in sich verständlich sein muss.

Exzerpieren
„Beantwortung der Frage: Was ist Aufklärung?“ [1]

zu Arbeitsblatt 31 (S. 127f.)

1. Eine Diskussion über Sinn und Zweck des Exzerpierens (vgl.o.) ist umso wichtiger, als die Schüler vielleicht zunächst nicht recht einsehen, warum Markierungen im Text nicht denselben Zweck erfüllen. Man kann sie u.U. die Unterschiede auch selbst herausfinden lassen, nachdem sie die Übung gemacht haben.

2. Falls nicht bei anderer Gelegenheit schon über das *Zitieren* gesprochen wurde[2], wird man mindestens erklären, dass alles wörtlich Zitierte in Zitatzeichen gesetzt werden muss und dass eventuelle Auslassungen durch Punkte in (eckigen) Klammern kenntlich zu machen sind. Die Anweisung auf dem Arbeitsblatt lässt offen, ob die Schüler zuerst die ihnen wichtig erscheinenden Stellen *im Text hervorheben* sollen. Dies ist natürlich immer sinnvoll, zumal dabei die Analogie zwischen vernünftigem Unterstreichen/Markieren und Exzerpieren deutlich wird. Man *kann* aber auch – im Hinblick darauf, dass man in einem fremden Buch nicht unterstreichen darf – die Übung dazu nutzen, die Auswahl im Kopf treffen und sofort exzerpieren zu lassen.

---

[1] Achtung: Der Text wird auch bei der Textpuzzle-Übung in Kap. 1.3.1 (Arbeitsblatt 13) verwendet und darf dabei noch nicht bekannt sein. Falls man beide Übungen machen möchte, müsste die Textpuzzle-Übung die erste sein.

[2] Anleitungen zu Zitat und Quellenangabe gibt es viele; knapp und nützlich z.B. in Texte, Themen und Strukturen, Berlin: Cornelsen 1995, S.136f.

3. Die Schüler arbeiten zunächst allein, vergleichen anschließend ihre Exzerpte mit denen ihrer Nachbarn und diskutieren darüber, welche Zitate die Bedeutung des Begriffs ‚Aufklärung' bei Kant treffender zum Ausdruck bringen. Die Zitatensammlung kann dann im Plenum besprochen und als Einstieg in die inhaltliche Arbeit am Text genutzt werden.

4. Um die formale Korrektheit zu überprüfen müssten die Exzerpte auch eingesammelt werden.

Lösungsvorschlag

- „Aufklärung ist der Ausgang des Menschen aus seiner selbst verschuldeten Unmündigkeit." (S. 127, Z. 1–2)
- „Habe Mut, dich deines Verstandes zu bedienen! ist also der Wahlspruch der Aufklärung." (Z. 6–7)
- „Es ist so bequem, unmündig zu sein." (Z. 11–12)
- „Zu dieser Aufklärung wird nichts erfordert als Freiheit; [...] nämlich die: von seiner Vernunft in allen Stücken *öffentlichen* Gebrauch zu machen." (Z. 27–29) (Für den „Privatgebrauch" hält Kant Einschränkungen der Freiheit im Gebrauch der Vernunft für legitim, vgl. Z. 37–42.)
- „Leben wir jetzt in einem aufgeklärten Zeitalter? [...] Nein, aber wohl in einem Zeitalter der Aufklärung." (Z. 44–45)

Transfer

Man sollte zur Übung des Exzerpierens nur Texte verwenden, die sowohl prägnante Formulierungen enthalten als auch eine intensive inhaltliche Beschäftigung lohnen wie z.B. der Text „Sprache und Evolution", der in Kap. 1.3.2, „Abschnitte nutzen ...", (Arbeitsblatt 15, S. 60ff.), verwendet wird.

4.3 Leseergebnisse als Liste oder Tabelle festhalten

Beschreibungen zeitlicher Abläufe, Schilderungen unterschiedlicher Gruppen o.Ä. stehen in einem kontinuierlichen Text neben anderen Informationen oder Gedanken des Autors, werden an unterschiedlichen Stellen im Text angesprochen und sind nicht immer gut erkennbar und vergleichbar. In solchen Fällen ist die **Liste** eine einfache und wirksame Möglichkeit, wichtige Aussagen zu bestimmten Aspekten aus einem Text herauszulösen und sie in Kurzform gegliedert darzustellen. Wenn Texte Gegenüberstellungen, z.B. Pro- und Contra-Argumente enthalten, ordnet man die Informationen übersichtlich in **Doppellisten** an. Listen sind leicht anzufertigen und vielseitig einsetzbar, sie enthalten verkürzte verbale Informationen aus einem Text.

Tabellen sind geeignet für Texte mit vergleichenden Aussagen und zur Bearbeitung mehrerer Texte unter einer Fragestellung. Tabellen bestehen aus Reihen und Spalten, haben also die Form einer Matrix und können waagerecht oder senkrecht gelesen werden. Zur Erstellung einer Tabelle eignen sich nur stark reduzierte Aspekte eines Textes, wie Zahlen, qualitative Merkmale, die nach den im Text enthaltenen Kategorien geordnet werden. Der Abstraktionsgrad ist deutlich höher als bei einer Liste. Allerdings kann man in günstigen Fällen mithilfe einer Tabelle sogar Gedanken des Autors verdeutlichen, die im Text nicht explizit stehen.

Will man Schüler in die Anfertigung von Tabellen einführen, bietet sich folgende *Progression* an: Man beginnt mit einem kurzen Text und gibt Hilfestellungen für Spalten- und Zeilenkennzeichnung. Dann lässt man ohne Hilfestellung eine Tabelle für einen nicht zu langen und geeigneten Text anfertigen. Es folgt die Bearbeitung eines anspruchsvolleren Textes mit Hilfestellung, bis die Schüler in der Lage sind, auch ohne Hilfestellung bei der Kennzeichnung von Spalten und Zeilen einen Text in eine Tabelle umzuformen.

4.3.1 Leseergebnisse als Liste festhalten

zu Arbeitsblatt 32 (S. 129)

Leseergebnisse als Liste festhalten
„Du kannst mich einfach nicht verstehen“

1. Die Schüler lesen den Text zunächst einmal, um einen Überblick zu bekommen und um ihm eine Überschrift zu geben. Gemeinsam wird der Aufbau des Textes geklärt:

Überschrift:
Verhalten von Jungen und Mädchen beim Spielen und Kommunizieren in Gruppen

Aufbau:
(1) Einführung in das Thema ‚Erwerb von Kommunikationsverhalten‘
(2) Verhalten der Jungen
(3) Verhalten der Mädchen

2. Da es im Text um zwei Gruppen geht, sollen die Schüler mithilfe einer Doppelliste sichtbar machen, was über die beiden Gruppen ausgesagt wird. Lassen Sie zwei Schüler ihre Liste auf Folie schreiben, um eine Grundlage für die Besprechung zu haben.

3. Besprechen Sie die Ergebnisse, machen Sie deutlich, dass eine optische Entsprechung gleicher Beschreibungskategorien einen Vergleich erleichtert. Diskutieren Sie den Nutzen der Darstellung in Form einer Doppelliste. Sofern die Schülerlösung auf Folie gut gelungen war, verwenden Sie diese Liste bei der Besprechung des Textinhaltes (Erwerb von Kommunikationsverhalten).

Lösungsvorschlag

Jungen	Mädchen
• im Freien	
• in großen Gruppen	• in kleinen Gruppen oder zu zweit
• hierarchisch strukturiert	• Unterschied zwischen Gruppenmitgliedern nach Grad relativer Nähe
• Anführer gibt Befehle	• keine Anführerin, es gibt keine Befehle
• lässt sich nichts sagen	• Vorschläge werden akzeptiert
• Statusaushandeln durch Durchsetzung von Anweisungen	• keine offene Konkurrenz um Status; wichtiger: gemocht zu werden
• Einzelne stellen sich in den Mittelpunkt	• keine will im Mittelpunkt stehen
• machen andere durch Witze und Geschichten lächerlich.	• sitzen zusammen und unterhalten sich
• Gewinner und Verlierer	• keine Gewinner und Verlierer
• ausgeklügelte Regelwerke, Anlass für Streit	
• prahlen, streiten, wer Bester ist	• prahlen nicht, zeigen nicht, dass sie besser sind
	• beste Freundin steht im Mittelpunkt
	• Intimität in der Gruppe wichtig
	• alle kommen bei Spielen einmal an die Reihe
• „gib das her!“ „geh weg da!“	• „wollen wir das spielen?“, „dazu hätte ich Lust“

Transfer

Für eine Darstellung durch eine Doppelliste eignen sich Texte, in denen Gruppen verglichen werden, Pro-Contra-Argumentationen und andere Gegenüberstellungen. Eine andere Anwendungsmöglichkeit wäre die Auswertung von zwei Texten zum gleichen Thema.

4.3.2 Leseergebnisse als Tabelle festhalten

In dem Artikel „Zeitung bleibt wichtig" wird berichtet, wie sich die Informationsbeschaffung aus verschiedenen Quellen zwischen den Jahren 1999 und 2002 veränderte. Die Darstellung als Fließtext erschwert aber einen Vergleich zwischen den verschiedenen Informationsquellen. Hilfreich ist hier, eine Tabelle anzufertigen, in der die Zahlen den genannten Quellen zeilenweise zugeordnet und so aussagekräftig und vergleichbar gemacht werden.

zu Arbeitsblatt 33 (S. 130)

Leseergebnisse als Tabelle festhalten
„Zeitung bleibt wichtig"

1. Diskutieren Sie mit Ihren Schülern über die Vorteile einer Tabelle als Möglichkeit der Darstellung – möglichst an einem aktuellen Beispiel, z.B. aus einer Tageszeitung.

2. Sofern die Schüler noch keinerlei Erfahrung mit Tabellen haben, wählen Sie die Variante b) mit Vorgaben (Anzahl der Spalten und eine Spaltenüberschrift), sonst Variante a) ohne Vorgaben. (In diesem Fall (b) nicht mitkopieren!)

3. Die Ergebnisse werden im Hinblick auf sachliche Richtigkeit und Vollständigkeit sowie auf den Nutzen der tabellarischen Darstellung besprochen.

Lösungsvorschlag

wichtige Lieferanten von Information	2002	1999
Fernsehen	73 %	67 %
Gespräche	71 %	71 %
Zeitung	61 %	58 %
Zeitschriften	54 %	56 %
…		
Internet (alle)	29 %	9 %
(14 bis 17-Jährige)	52 %	18 %

Beim Aufschreiben der Informationen in Form einer Tabelle wird deutlich, dass die Überschrift des Artikels zwar den Schwerpunkt auf die Zeitung legt, der Artikel selber aber viel allgemeiner das Thema Nutzung von Medien als Informationsquelle behandelt.

zu Arbeitsblatt 34 (S. 131)

Leseergebnisse als Tabelle festhalten
„Aufklärung als Epoche"

Bei dieser Aufgabe wird ein etwas längerer Text bearbeitet, der klar gegliedert und daher leicht durchschaubar ist. Im Unterschied zur vorherigen Übung müssen hier die Kategorien und Begriffe für die Tabelle von den Schülern selbst gefunden werden. Die Spaltenüberschriften ergeben sich direkt aus dem Text; die Kategorien zur Kennzeichnung der Zeilen müssen erschlossen und selbst formuliert werden. Auch hier kann man die Aufgabe natürlich dadurch erleichtern, dass man die Kategorien vorgibt.

1. Lassen Sie die Schüler, bevor Sie den Text ausgeben, antizipieren, worauf die Überschrift abzielt. Es erleichtert die Aufgabe, wenn die Schüler den Begriff ‚Epoche' (Anfang – Ende) beachten.
2. Erläutern Sie die Aufgabe, zum Text „Aufklärung als Epoche" eine Tabelle zu erstellen, die die Informationen des Textes übersichtlich präsentiert. Machen Sie keine Angaben zur Zahl der Spalten, weil der Text in dieser Hinsicht eindeutig ist. Fordern Sie die Schüler auf, möglichst klare Beschreibungskriterien herauszulesen und diese als Zeilenüberschriften einzutragen.
3. Diskutieren Sie die Ergebnisse im Hinblick auf sachliche Richtigkeit und Vollständigkeit; lassen Sie die Vorteile der Tabelle beschreiben.

Lösungsvorschlag

Aufklärung

	Frankreich	England	Deutschland
Beginn (Ereignis)	1688 Aufhebung des Edikts von Nantes	1688 Glorious Revolution	1687 Einführung der deutschen Sprache an der Universität Leipzig
Bedeutung des Ereignisses	Beginn des reaktionären Absolutismus	Durchsetzung der parlamentarischen Monarchie	Aufbruch des Bildungssystems aus der Abschottung der Gelehrtenwelt
Charakterisierung	gesellschaftliche Aufklärung	politische Aufklärung	Gelehrtenaufklärung
Ende	Französische Revolution 1789? Napoleonische Kriege?		

Transfer

Die Form der Tabelle ist sehr geeignet für zwei Texte zu einem Thema, die im Hinblick auf gleiche Aspekte ausgewertet werden sollen.

4.4 Gelesenes umformen und so besser behalten

Wenn es darum geht, Texte zu behalten, ist es besonders wichtig, sich den Text durch geeignete Techniken überschaubar und merkbar zu machen. Texte sind, außer im Fall von Merksätzen in Lehrbüchern, in der Regel zur Information und nicht als „Merktext" geschrieben. Daraus folgt, dass man sie zum Behalten in einen Merktext umformen muss. Letztendlich dient es der Ökonomie, wenn man sich die Zeit nimmt, den Text so umzuformen, dass er sich optimal zum Behalten eignet. Das geordnete Festhalten ausgewählter Informationen – es kann stärker verbal oder stärker visuell bestimmt sein – wirkt selbst schon als Gedächtnisstütze.
Die Auswahl dessen, was man sich vom Text zum Behalten umformt, hängt vom eigenen Vorwissen ab. Ob man zu den Menschen gehört, die sich Inhalte besser visuell als verbal merken können, muss man ausprobieren. Nicht alle Texte lassen sich gleich gut visualisieren. In jedem Fall geht es um die Umwandlung eines kontinuierlichen Textes in einen nicht-kontinuierlichen. Der nicht-kontinuierliche Text erleichtert das schnelle Überblicken.

Die stärker *verbal* orientierten Techniken des Umformens sind Listen und Tabellen. Andere Möglichkeiten betonen den *visuellen* Aspekt. Man schreibt Schlüsselbegriffe des Textes heraus und bringt sie optisch zueinander in Beziehung. Man kann sie nebeneinander- oder untereinander schreiben oder auch einkreisen, einkästeln und mit Linien oder Pfeilen verbinden, wie die Schüler es vielleicht vom Mind Mapping[1] kennen. Dabei ist man gezwungen darzustellen, in welchem Zusammenhang die Begriffe zueinander stehen. Gemeint sind grafische Darstellungen, die den Inhalt visuell zusammenfassen, nicht aber Bilder zum Inhalt. Für den Behaltenseffekt ist auch wichtig, dass die Skizze nicht zu komplex wird. Bei Texten, in denen Oberbegriffen Unterbegriffe zugeordnet werden, sind Strukturbäume zur Visualisierung geeignet. In diesem Fall ordnet man die Begriffe mit Verzweigungen und daraus folgenden Ableitungen an. Das Herstellen solcher grafischer Darstellungen bewirkt nicht nur, dass komplexe Texte durch die visuell verdeutlichten Beziehungen übersichtlicher werden, sondern auch, dass die Inhalte besser behalten werden.

[1] Gemeint ist 'Mind Mapping' als Technik zur Strukturierung eigener Gedanken, während es hier um die Visualisierung eines vorgegebenen Textinhalts geht.

4.4.1
Verbale Methode

zu Arbeitsblatt 35 (S. 132)

Gelesenes anders aufschreiben
*„Kommunikationsgeschichte: Erfindung von Schrift und Buchdruck"**

1. Sprechen Sie das Thema ‚Lernen und Behalten' an und betonen Sie dabei die Rolle des Umformens. Gehen Sie ein auf die motorische und visuelle Wirkung beim Aufschreiben des als wichtig Erkannten.

Versuchen Sie möglichst Einigung darüber zu erzielen, dass es interessant ist, etwas über die Entwicklung von Schrift und Buchdruck zu *wissen,* d.h. zu *erfahren und zu behalten.*

2. Sprechen Sie verbale und visuelle Möglichkeiten des umformenden Aufschreibens an (vgl. o.) und diskutieren Sie, welche Vorteile die Schülerinnen für sich in den verschiedenen Möglichkeiten des Aufschreibens sehen.

3. Teilen Sie das Aufgabenblatt aus und fordern Sie zur Partnerarbeit auf.

4. Lassen Sie verschiedene Lösungen vorstellen und durch die Schüler kommentieren.

Es wäre interessant, die Wirksamkeit des Umformens für das Behalten zu überprüfen – vielleicht haben Sie eine Idee, wie Sie das in Ihrem Unterricht machen können.

Lösungsvorschlag

1. Erfindung der <u>Schrift</u>
   → Fixieren und Speichern
   → unabhängig von Raum und Zeit
   (1) Bilderschriften (3. Jahrt. v. Chr.)
   Mesopotamien
   Ägypten: Hieroglyphen
   (2) alphabetische Schriften (1500 v.Chr.)
   semitischer Raum (ohne Vokale)
   Griechenland (mit Vokalen)

2. Erfindung des <u>Buchdrucks</u>
   (Gutenberg 1450 n.Chr., bewegliche Lettern)
   → Verbreitung größerer Textmengen
   → Standardisierung
   → neue Arten von Druckerzeugnissen (bes. Zeitungen)
   (1700 in Dtl. 60–70 Zeitungen)
   (3) Erfindung von <u>Rotations-/ Schnellpresse</u> (19. Jh.)
   → Expansion des Zeitungswesens
   (Ende 19. Jh. in Dtl. mehrere Tausend Zeitungen)

4.4.2
Visuelle Methode

zu Arbeitsblatt 36 (S. 133)

Gelesenes visualisieren
„Typische Erzählsituationen"

Bei dieser Übung geht es um ein überwiegend <u>visuelles</u> Umformen. Im Kontext einer Beschäftigung mit dem Thema ‚Erzählsituationen' kann sie zum besseren Verständnis der Stanzel'schen Begriffe beitragen. Die Schüler erfahren dabei, wie der eigene Versuch, einen Sachverhalt zu visualisieren, zu dessen Klärung beiträgt. So wird z.B. die Unterscheidung von Autor und Erzähler, aber auch der Unterschied zwischen Erzählerstandort außerhalb (I) bzw. innerhalb (II, III) der erzählten Welt augenfällig.

Sie können ähnlich wie bei Aufgabe A vorgehen. Allerdings empfiehlt es sich vermutlich, die vorgeschlagene Visualisierung zum Abschnitt I („auktoriale Erzählsituation") ganz oder teilweise vorzugeben und zu diskutieren. Anschließend fertigen die Schüler dann – am besten in Zweierteams – ähnliche Visualisierungen zu II und III an.

Lösungsvorschlag

I. Auktoriale Erzählsituation

A = Autor/in
E = Erzähler/in
F = Figur (Roman-/Handlungsfigur)

Komm. = Kommentar bzw. Einmischung des Erzählers

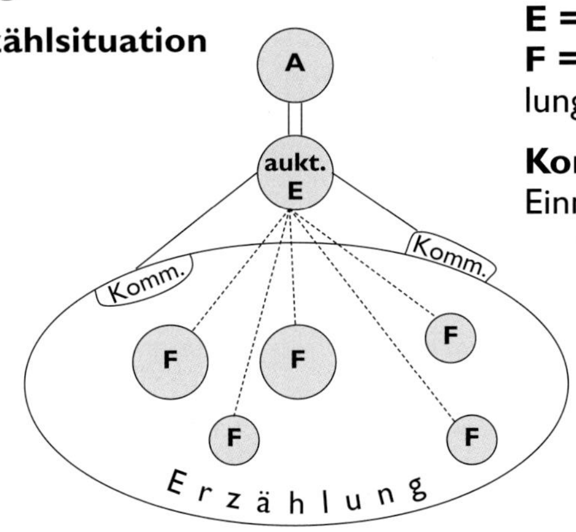

Der „auktoriale" Erzähler überblickt das ganze Geschehen von außen und schaut in die Köpfe der Handlungsfiguren. Er kann sich einmischen, dann bemerkt ihn der Leser deutlich. Er ist nicht mit dem Autor identisch.

II. Ich-Erzählsituation

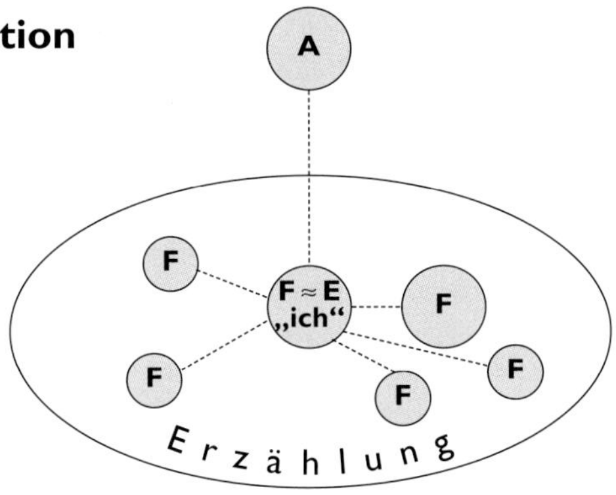

Erzählt wird *in der Ich-Form* von einer Romanfigur, die nur über das berichtet, was sie über die anderen Figuren und über das Geschehen wissen kann.

III. Personale Erzählsituation

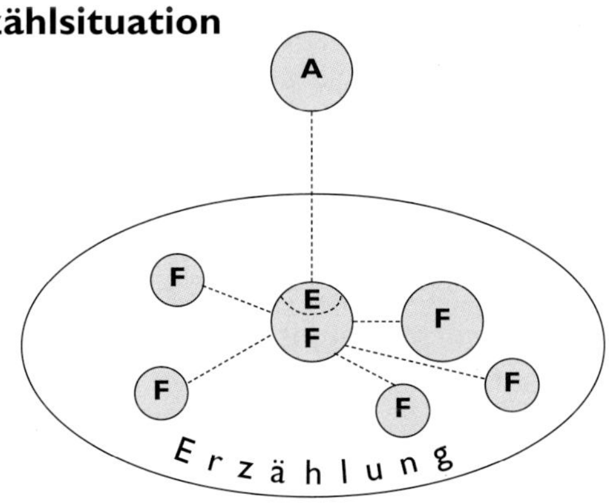

Erzählt wird *aus der Perspektive* einer Romanfigur, die aber nicht als „Ich" erzählt. Auch hier gilt, dass im Prinzip nur das erzählt wird, was diese Figur wissen kann. Zur weiteren Beschäftigung mit dem Thema vgl. Klaus Gerth: Elemente des Erzählens. Hannover: Schroedel [2]1993, S. 18–39, und Jochen Vogt: Aspekte erzählender Prosa. Opladen: Westdeutscher Verlag [4]1979, S. 24–37.

Transfer

Um Schüler daran zu gewöhnen, selbst Sachverhalte und Textstrukturen durch Visualisierungen zu verdeutlichen, müssen sie Gelegenheit zum Üben erhalten. Anstatt ein elaboriertes Tafelbild vorzugeben, sollten Sie Ihre Schüler gelegentlich auffordern, selbst eine Idee für eine bildliche Darstellung zu entwickeln und diese an der Tafel zu skizzieren. Bei der gemeinsamen Diskussion und Verbesserung der vorgeschlagenen Darstellung wird das Textverständnis vertieft und der dargestellte Inhalt besser behalten.

Lesenotizen auf Karteikarten

„Du kannst mich einfach nicht verstehen“

Baustein 4

Arbeitsblatt 29

Stellen Sie sich vor, Sie schrieben eine Facharbeit über männliches und weibliches Gesprächsverhalten und stießen in der Bibliothek auf das Buch von Deborah Tannen. Sie können das Buch nicht ausleihen und machen sich anhand des Vorworts Notizen auf einer Karteikarte. Vergessen Sie nicht die vollständige Literaturangabe.
Fassen Sie sich möglichst kurz und ordnen Sie die Informationen übersichtlich an.

Deborah Tannen
Du kannst mich einfach nicht verstehen

Vorwort

Das Leben jedes Menschen besteht aus einer Aneinanderreihung von Gesprächen. Die Analyse von Alltagsgesprächen und ihrer Auswirkungen auf zwischenmenschliche Beziehungen bildet den Schwerpunkt meiner soziolinguistischen Arbeit. In diesem Buch höre ich Männern und Frauen zu. Ich gebe sinnlos scheinenden Missverständnissen, die in unseren Beziehungen herumspuken, einen Sinn und zeige, dass ein Mann und eine Frau dieselbe Unterhaltung häufig ganz anders auffassen, sogar, wenn es offenbar gar nicht zu Missverständnissen kommt. Ich erkläre, warum aufrichtige Verständigungsversuche so oft scheitern, und wie wir die damit verbundenen Frustrationen verhindern oder verringern können.
In meinem Buch *That's Not What I Meant!* habe ich gezeigt, dass Menschen unterschiedliche Gesprächsstile haben. Wenn zum Beispiel Sprecher, die aus unterschiedlichen Regionen des Landes stammen oder einer anderen Klasse oder ethnischen Gruppe angehören, sich unterhalten, werden ihre Worte wahrscheinlich nicht genauso verstanden werden, wie sie gemeint waren. Aber niemand erwartet von uns, dass wir unser Leben mit Leuten aus anderen Regionen des Landes oder mit Angehörigen anderer ethnischer Gruppen verbringen, auch wenn viele von uns sich dafür entscheiden. Man *erwartet,* dass wir uns mit Angehörigen des anderen Geschlechts zusammentun, und manche tun das für eine lange Zeit, wenn nicht sogar ein Leben lang. Und während viele von uns (obwohl immer weniger) große Teile ihres Lebens verbringen können, ohne in engeren Kontakt mit Leuten aus ganz anderen Kulturkreisen zu kommen, können nur wenige – nicht einmal jene, die ohne Partner leben oder vorrangig gleichgeschlechtliche Beziehungen eingehen – engen Kontakt zu Angehörigen des anderen Geschlechts vermeiden, seien es nun Verwandte, Arbeitskollegen oder sogar Freunde.
That's Not What I Meant! hatte zehn Kapitel, von denen eins sich mit geschlechtsspezifischen Unterschieden im Gesprächstil beschäftigte. Doch als ich Anfragen für Interviews, Zeitungsartikel und Vorträge erhielt, wurde darin zu 90 Prozent der Wunsch geäußert, dass ich über 10 Prozent des Buches referieren solle – über jenes Kapitel, das sich mit den Mann-Frau-Unterschieden beschäftigte. Alle wollten mehr darüber wissen, wie Geschlecht und Gesprächsstil zusammenhängen.
Auch ich wollte mehr darüber herausfinden. Tatsächlich beruhte mein Entschluss, Linguistin zu werden, hauptsächlich auf einem von Robin Lakoff abgehaltenen Seminar, in dem es auch um ihre Forschungen zum Thema Sprache und Geschlecht ging. Meine erste größere linguistische Arbeit beschäftigte sich mit der Frage, inwiefern Indirektheit mit dem Geschlecht und kulturellen Unterschieden zusammenhängt, und ich war relativ gut vertraut mit anderen Forschungsergebnissen zu diesem Thema. Doch obwohl ich immer in den Randbezirken geschlechtsspezifischer Forschung beheimatet war, hatte ich den Sprung in den inneren Kreis noch nicht gewagt, zum Teil, weil es ein so kontroverses Gebiet ist.

Wann immer ich über Unterschiede im Gesprächsstil von Männern und Frauen spreche oder schreibe, fliegen die Fetzen. Die meisten Leute verkünden, dass das, was ich sage, zutreffend sei, dass es ihren eigenen Erfahrungen entspreche und sie erkläre. Sie sind erleichtert zu erfahren, dass das, was ihnen Kummer machte, ein allgemeines Problem ist und dass weder bei ihnen selbst noch bei ihren Partnern oder in ihren Beziehungen irgend etwas fürchterlich falsch läuft. Sie konnten das Gesprächsverhalten ihrer Partner, das sie persönlichen Unzulänglichkeiten zugeschrieben hatten, als Ausdruck eines anderen Systems sehen. Und sie konnten ihre eigene Sprechweise, für die ihre Partner sie seit Jahren kritisierten, als in sich schlüssig und vernünftig verteidigen.
Doch obwohl die meisten Leute finden, dass meine Ausführungen zu geschlechtsspezifischen Sprechweisen ihre persönlichen Erfahrungen erklären – und eifrig eigene Beispiele beisteuern, um das zu beweisen –, reagieren manche auch sehr heftig, sobald die Rede auf geschlechtsspezifisches Verhalten kommt. Einige geraten schon bei der geringsten Andeutung, dass Männer und Frauen verschieden sein könnten, in Rage. Und diese Reaktion kommt sowohl bei Männern als auch bei Frauen vor.
Manche Männer fassen jede Aussage zum Mann-Frau-Thema, die von einer Frau kommt, als Vorwurf auf – als ob man insgeheim mit dem Finger auf sie deuten und „Ihr Männer!" kreischen würde. Sie haben das Gefühl, zum Objekt gemacht, wenn nicht gar verleumdet zu werden, nur weil man über sie spricht.
Aber es sind nicht nur die Männer, die an Aussagen zum Mann-Frau-Thema Anstoß nehmen. Manche Frauen fürchten – zu Recht –, dass jede Beobachtung geschlechtsspezifischer Unterschiede als Beweis dafür genommen wird, dass es die Frauen sind, die anders sind – anders als der Standard, der sich in allen Bereichen danach definiert, wie der Mann ist. Der Mann gilt als Norm, die Frau als Abweichung von der Norm. Und es ist nur ein kleiner – vielleicht unvermeidlicher – Schritt von „anders" zu „schlechter".
Darüber hinaus sind es normalerweise die Frauen, von denen Veränderung verlangt wird, wenn geschlechtsspezifische Stilunterschiede aufgezeigt werden. Ich habe diese Reaktion im Zusammenhang mit meiner eigenen Arbeit erlebt. In einem Artikel, den ich für die *Washington Post* schrieb, schilderte ich ein Gespräch, das zwischen einem Ehepaar während einer Autofahrt stattgefunden hatte. Die Frau hatte gefragt: „Würdest du gern irgendwo anhalten, um was zu trinken?" Ihr Mann hatte – wahrheitsgemäß – mit „Nein" geantwortet und nicht angehalten. Frustriert musste er später feststellen, dass seine Frau verärgert war, weil sie gern irgendwo Rast gemacht hätte. Er fragte sich: „Warum hat sie nicht einfach gesagt, was sie wollte? Warum spielt sie solche Spielchen mit mir?" Ich erklärte, dass die Frau nicht deshalb verärgert war, weil sie ihren Willen nicht bekommen hatte, sondern weil ihr Mann sich nicht dafür interessiert hatte, was sie gern gemacht hätte. Für sie stellte es sich so dar, dass sie Interesse für die Wünsche ihres Mannes gezeigt hatte, während er ihre Bedürfnisse ignoriert hatte.
In meiner Gesprächsanalyse betonte ich, dass der Mann und die Frau in diesem Beispiel einen unterschiedlichen, aber *gleichwertigen* Gesprächsstil zeigten. Dieser Aspekt ging verloren, als der Artikel in einer stark gekürzten Fassung im *Toronto Star* erschien, wo man mich den Rat geben ließ: „Die Frau muss erkennen, dass die Antwort ‚Ja' oder ‚Nein' keineswegs bedeutet, dass ihr Mann nicht verhandlungsbereit ist." Der Redakteur vom *Star* hatte die unmittelbar vorausgehende Textstelle gestrichen, die lautete: „Um zu verstehen, was dieses Missverständnis auslöste, muss der Mann erkennen, dass die Frau nicht um konkrete Information nachsucht, wenn sie ihn nach seinen Wünschen fragt, sondern aushandeln möchte, was beiden gefallen

würde. Die Frau ihrerseits muss erkennen, dass..." Durch die geschickte Handhabung des redaktionellen Kürzungsmessers hatte sich meine Forderung, dass *beide,* Frauen und Männer, Zugeständnisse machen sollten, in die Forderung verwandelt, dass Frauen sich einseitig anstrengen sollten, um die Männer zu verstehen. Frauen über etwas zu informieren, was sie allein „erkennen" müssen, impliziert, dass das Verhalten des Mannes richtig, das der Frau falsch ist. Diese gekürzte Version wurde in einem Lehrbuch nachgedruckt, womit der Fehler weite Verbreitung fand.

Wir alle wissen, dass wir einzigartig sind, doch wir neigen dazu, andere als Repräsentanten von Gruppen zu betrachten. Das ist eine natürliche Tendenz, weil wir die Welt in vorgegebenen Bildern sehen müssen, um ihr Sinn zu geben; wir wären nicht in der Lage, mit dem täglichen Ansturm von Menschen und Dingen umzugehen, wenn wir unsere Eindrücke nicht zu einem großen Teil voraussagen könnten und nicht das Gefühl hätten zu wissen, wen und was wir vor uns haben.

Aber diese natürliche und nützliche Fähigkeit, ähnliche Muster zu erkennen, hat unglückselige Folgen. Einen einzelnen Menschen auf eine Kategorie zu reduzieren ist nicht nur kränkend, es ist auch irreführend. Männer und Frauen in Kategorien einzuordnen birgt die Gefahr, diesen Reduktionismus zu verstärken.

Verallgemeinerungen decken zwar Ähnlichkeiten ab, aber sie verwischen die Unterschiede. Jeder Mensch wird von unzähligen Einflüssen wie Volkszugehörigkeit, Religion, Klasse, Rasse, Alter, Beruf und von der Region, in der er und seine Angehörigen leben, und vielen anderen Gruppenidentitäten geprägt – von Einflüssen, die sich alle mit seiner Persönlichkeit und seinen individuellen Vorlieben und Abneigungen vermischen. Wir fassen andere leicht in einer oder einigen wenigen Kategorien zusammen, wie zum Beispiel „Südstaaten-Schönheit", „jüdischer Intellektueller aus New York", „Boston-Konservativer" oder „heißblütiger Italiener". Obwohl diese Kategorisierungen vielleicht auf einzelne Verhaltensweisen der so beschriebenen Personen hindeuten, lassen sie mehr aus, als sie umfassen. Jeder Mensch unterscheidet sich auf mannigfaltige Art völlig von anderen – auch von allen anderen Angehörigen derselben Kategorie.

Trotz dieser Gefahren beteilige ich mich an der wachsenden Diskussion über Sprache und Geschlecht, weil es gefährlicher ist, Unterschiede zu ignorieren, als sie zu benennen. Wenn man etwas Großes unter den Teppich kehrt, verschwindet es nicht; es wird zur Stolperfalle und lässt einen der Länge nach hinschlagen, wenn man durchs Zimmer geht. Tatsächlich vorhandene Unterschiede zu leugnen kann die bereits jetzt weit verbreitete Verwirrung auf dem Gebiet sich wandelnder und neu gestaltender Beziehungen zwischen Männern und Frauen nur vergrößern.

So zu tun, als wären Männer und Frauen gleich, verletzt die Frauen, weil man sie auf der Grundlage männlicher Normen beurteilt. Es verletzt auch Männer, die – in bester Absicht – mit einer Frau genauso reden wie mit einem Mann und fassungslos sind, wenn ihre Worte nicht den erwarteten Erfolg erzielen oder sogar Ablehnung und Zorn auslösen.

Die amerikanische Indianerin Abby Abinanti, die beschreibt, warum das Jurastudium eine schwierige und selbstentfremdende Erfahrung für sie war, fängt diese paradoxe Situation ein:

Die Vorstellung, dass Frauen oder Indianer Rechtsanwälte sein könnten, löste Missfallen oder Ablehnung aus. Einige Leute konnten sich nicht entscheiden, welche Vorstellung ihnen mehr verhasst war. Manche taten so, als ob es keinen Unterschied machte, als ob wir alle gleich wären. Als ob auch ich wie „einer der Jungen", „einer der weißen Jungen" sein könnte. Wohl kaum! Mit beiden Haltungen hatte ich Probleme.

Es ist leicht einzusehen, warum eine indianische Frau Schwierigkeiten mit Leuten hatte, denen die Vorstellung weiblicher oder indianischer Rechtsanwälte verhasst ist. Es ist schon schwerer einzusehen, warum sie auch mit Leuten, die sie als Gleiche unter Gleichen akzeptieren wollten, Schwierigkeiten haben sollte. Doch die Indianerin genauso zu behandeln wie die anderen hatte etwas Destruktives, weil sie nicht so war wie die anderen; die Erwartungen, Werte und Verhaltensweisen, die die Identität der anderen widerspiegelten und bestätigten, untergruben ihre eigene Identität.

Der Wunsch, die Gleichheit von Mann und Frau zu bestätigen, lässt einige Wissenschaftler zögern, Unterschiede aufzuzeigen, weil Unterschiede dazu benutzt werden können, ungleiche Behandlung und ungleiche Chancen zu rechtfertigen. Doch so sympathisch und verständlich ich es finde, wenn jemand wünscht, dass es keine Unterschiede zwischen Männern und Frauen gäbe – nur reformierbare gesellschaftliche Ungerechtigkeiten –, sagen mir meine Forschungsergebnisse, die Forschungsergebnisse anderer und eigene und fremde Erfahrungen, dass es einfach nicht so ist. Es *gibt* geschlechtsspezifische Unterschiede im Gesprächsstil, und es ist notwendig, dass wir sie erkennen und verstehen. Ohne ein solches Verständnis sind wir dazu verdammt, andere oder uns selbst – oder die Beziehung – für die rätselhaften oder zerstörerischen Auswirkungen unserer widersprüchlichen Sprechweisen verantwortlich zu machen.

Die Erkenntnis geschlechtsspezifischer Unterschiede befreit den Einzelnen von der Last individueller Pathologie. Viele Frauen und Männer sind unzufrieden mit ihren persönlichen Beziehungen und werden sogar noch frustrierter, wenn sie versuchen, Probleme auszudiskutieren. Beziehungen von einem *soziolinguistischen* Standpunkt zu betrachten gibt uns die Möglichkeit, diese Unzufriedenheit zu erklären, ohne irgend jemanden zum Sündenbock zu machen oder als verrückt zu erklären und auch ohne die Beziehung dafür verantwortlich zu machen – oder abzubrechen. Wenn wir die Unterschiede akzeptieren und verstehen, können wir ihnen Rechnung tragen, Kompromisse finden und vom Verhalten des anderen lernen.

Der soziolinguistische Ansatz dieses Buches zeigt, dass es oft zu Reibungen kommt, weil Jungen und Mädchen im Grunde in verschiedenen Kulturen aufwachsen, sodass das Gespräch zwischen Frauen und Männern zur interkulturellen Kommunikation wird. Ein wissenschaftlicher Ansatz, der geschlechtsspezifische Sprechweisen auf kulturelle Unterschiede zurückführt, unterscheidet sich von den Untersuchungen zu Geschlecht und Sprache, die davon ausgehen, dass die Unterhaltung zwischen Männern und Frauen abbricht, weil die Männer die Frauen zu dominieren suchen. Niemand könnte bestreiten, dass Männer als Klasse in unserer Gesellschaft dominieren und dass es viele einzelne Männer gibt, die Frauen beherrschen wollen. Doch männliche Dominanz ist nur einer von vielen Aspekten. Sie reicht nicht aus, um alles erklären zu können, was sich bei Gesprächen von Männern und Frauen abspielt – insbesondere bei Gesprächen, in denen beide sich ehrlich bemühen, aufmerksam und respektvoll auf den anderen einzugehen. Dominanz entsteht nicht immer deshalb, weil jemand die Absicht hat zu dominieren. Das ist eine der Botschaften dieses Buches.

In dieser Zeit sich neu eröffnender Möglichkeiten beginnen Frauen in einflussreiche Positionen vorzudringen. Anfangs gingen wir davon aus, dass sie einfach so sprechen könnten, wie sie es immer getan haben, aber häufig funktioniert das nicht. Eine andere logische Schlussfolgerung wäre, dass sie ihre Sprechweise verändern und so reden wie Männer. Doch abgesehen davon, dass es kaum einsichtig ist, warum immer nur die Frauen sich ändern sollen, funktioniert auch das nicht, weil Frauen, die so reden wie Männer, anders – und unfreundlich – beurteilt werden. Es bleibt uns gar nichts anderes übrig, als die uns zur Verfügung stehenden Alternativen und ihre Konsequenzen genau unter die Lupe zu nehmen. Nur wenn wir den Gesprächsstil des anderen und die uns zur Verfügung stehenden Möglichkeiten verstehen, können wir anfangen unser Potenzial zu nutzen und dem Gefängnis einer monolithischen Gesprächsnorm entkommen.

Unterschiede im Gesprächsverhalten erklären nicht alle Probleme, die in Beziehungen zwischen Männern und Frauen auftauchen. Beziehungen werden manchmal durch physische Probleme, durch tatsächliche Liebes- oder Fürsorgedefizite, echten Egoismus und reale Auswirkungen politischer und wirtschaftlicher Ungerechtigkeit bedroht. Aber es gibt auch unzählige Situationen, in denen derartige Vorwürfe grundlos erhoben werden, einfach, weil Partner ihre Gedanken und Gefühle und ihre Ansichten darüber, wie man kommunizieren sollte, anders ausdrücken. Wenn wir die Schwierigkeiten, die mit einem unterschiedlichen Gesprächsverhalten zu tun haben, aussortieren könnten, wären wir eher in der Lage, uns mit wahren Interessenkonflikten auseinander zu setzen – und eine gemeinsame Sprache zu finden, in der wir darüber verhandeln könnten.

In dem Vorwort zu *That's Not What I Meant!* berichtete ich einleitend von einer Studentin, die gesagt hatte, dass die Teilnahme an einem Kurs, den ich an der Georgetown University abgehalten hatte, ihre Ehe gerettet habe. Vor kurzem erhielt ich von dieser Frau – die inzwischen Professorin und immer noch verheiratet ist – einen Brief. Sie schrieb mir, dass sie und ihr Mann sich unterhalten hätten, und irgendwie sei das Gespräch in einen Streit ausgeartet. Mitten in diesem Streit habe ihr Mann plötzlich erschöpft gesagt: „Dr. Tannen sollte sich mit ihrem neuen Buch lieber ein bisschen beeilen, weil diese Sache mit den Mann-Frau-Gesprächen das allergrößte Problem ist, was es zur Zeit gibt!" Dieses Buch ist für ihn und für alle Männer und Frauen, die sich nach Kräften bemühen, miteinander zu reden.

Aus: Deborah Tannen: Du kannst mich einfach nicht verstehen. Warum Männer und Frauen aneinander vorbeireden. Hamburg: Ernst Kabel 1991, S. 11–18 (Vorwort).

Lesenotizen auf Karteikarten
„Intelligente Zellen?"

Baustein 4

Arbeitsblatt 30

Stellen Sie sich vor, Sie bereiteten ein Referat über Muskelzellen vor und stießen dabei auf diesen Artikel, dessen aktuelle Informationen Sie für Einleitung oder Schluss Ihres Referates verwenden möchten. Machen Sie sich Notizen auf einer Karteikarte. Vergessen Sie nicht die vollständige Literaturangabe.
Fassen Sie sich möglichst kurz und ordnen Sie die Informationen übersichtlich an.

Florianne Koechlin
Intelligente Zellen?*

Ist eine Muskelzelle intelligent? Auf den ersten Blick gewiss eine abstruse Vorstellung. Intelligenz wird einem Menschen, allenfalls noch einem Schimpansen oder Gorilla zugeschrieben, nicht aber niederen Lebewesen und schon gar nicht einer einzelnen Zelle. Doch neuere Forschungsresultate führen zu einer völlig neuen Beurteilung.
Rund zehn Billionen Zellen bilden den menschlichen Körper. Innerhalb jeder Zelle und zwischen den zehn Billionen Zellen wird in vielen Sprachen und auf unterschiedlichste Weisen kommuniziert. [...]

Vom Signal zur Antwort

Was fängt eine Muskelzelle mit der Fülle an Signalen und Reizen an, wie reagiert sie? Nach einer Hypothese verläuft die Kommunikation mit einer Zelle folgendermaßen: Ein Protein-Botenstoff gelangt zur Zelle und wird dort vom Empfangs-Protein (Rezeptor) an der Zellmembran in Empfang genommen. Das Empfangs-Protein ändert bei der Begegnung seine Struktur. Diese neue Struktur bedeutet entweder „ja" oder „nein". Ist die Antwort ja, gibt das Empfangs-Protein die Meldung an ein bestimmtes Protein innerhalb der Zellmembran weiter. Dieses „informiert" viele weitere Botenstoff-Proteine und initiiert damit eine Kaskade von Protein-Interaktionen, vergleichbar mit einem immer breiter werdenden Wasserfall.
Irgendwann werden auch diejenigen Proteine aktiviert, die für die Kontrolle der Gene verantwortlich sind, in der Folge „schalten" so genannte Transkriptionsfaktoren bestimmte Gene an und andere ab. Das wiederum führt zur Herstellung neuer Proteine, die das Verhalten der Zelle verändern. Die Zelle leitet neue Stoffwechselvorgänge ein, beginnt sich zu teilen oder stirbt ab. Der Botenstoff hat eine Reaktion ausgelöst.
Nun empfängt die Muskelzelle nicht nur ein einziges Signal, sondern gleichzeitig Dutzende oder Hunderte davon, und auf alle muss sie adäquat antworten – eine unfassbar komplexe Leistung dieser einen Muskelzelle. Eine Leistung auch, die lebensnotwendig ist: Ohne diese Zellkommunikation würde die Koordination und Kooperation der 10 Billionen (10.000.000.000.000) Zellen, die einen Menschen ausmachen, zusammenbrechen. Ohne sie gäbe es keinen Bewegungsablauf, keinen Appetit, keine Atmung, nichts. Fallen Teile des Kommunikationssystems aus oder läuft etwas schief, sind die Konsequenzen meistens fatal. So führt bei der Parkinson-Krankheit ein Mangel des Botenstoffs Dopamin in bestimmten Teilen des Gehirns zu Kommunikationslücken. Dies bewirkt typische Symptome wie Muskelsteife, Zittern und Bewegungsstörungen. Ist bei der Zellteilung die Signalübermittlung auf vielfache Weise gestört, kann es zu Krebs kommen: Zellen beginnen unkoordiniert zu wuchern.

Intelligente Zellen?

Das Wort Intelligenz stammt vom lateinischen „inter-legere" ab, also „wählen zwischen". Eine menschliche Muskelzelle kann genau dies: Sie wählt zwischen verschie-

Baustein 4

Arbeitsblatt 30

denen Optionen. Sie empfängt Informationen und interpretiert diese. Sie antwortet darauf – offenbar nicht immer auf die gleiche Weise, sondern differenziert und je nach Situation. Sie kann sich flexibel an ihre Zellumgebung anpassen. Dabei ist die Zellhülle (Plasmamembran) so etwas wie ein Computer. Wahrscheinlich, so vermuten ForscherInnen, lagern an dieser Membran 500 bis 1000 Signal-Proteine dicht gedrängt aneinander. Dort werden die Signale integriert und miteinander verrechnet. Dort werden Entscheidungen getroffen.

Heute gibt es erst erste Einblicke in diese faszinierende Welt der Zellkommunikation. „Da ist die Forschung noch ganz am Anfang, so wie bei der Gentechnik anfangs, 1950, als der Gencode gerade erst entdeckt wurde“, schreibt Gerald Hart von der John-Hopkins-Universität (Baltimore, USA). In der Folge der Entdeckung des Gencodes glaubten viele WissenschaftlerInnen, dass die Gene das „Programm des Lebens“ enthalten. Gene wurden verantwortlich gemacht für menschliche Eigenschaften, für Krankheiten und sogar für Verhaltensweisen. Doch die meisten dieser Meldungen erwiesen sich im Nachhinein als zu simpel und als falsch: Es gibt kein ‚Aggressions-Gen‘ und auch kein ‚Schwulen-Gen‘.

Es gibt kein „Programm des Lebens“, das in den Genen läge, und es ist auch nicht so, dass alle Entscheide in den Genen vorprogrammiert wären. Der Gencode spielt zwar im komplexen Netzwerk der Zelle eine wichtige Rolle, aber daneben gibt es viele andere Informationsträger, Codes und Kommunikationssignale, Richard Strohmann, emeritierter Professor der Molekularbiologie von der University of Berkeley (USA) beschreibt es so: „Die Zelle als dynamisches Netzwerk aus Proteinen, Genen und vielen anderen Molekülen hat ein Leben für sich selber – es folgt Regeln, die nicht in den Genen festgeschrieben sind.“

Die These, dass Zellen „intelligent“ sind, wird ein Stück weit auch durch ein Experiment des Forscherteams um Paul Kulesa gestützt (California Institute of Technology, Pasadena, USA). Die Gruppe hat untersucht, wie Nervenzellen in einem Hühnerembryo „wissen“, in welche Richtung sie sich bewegen sollen und wo ihr Zielort ist. Zu diesem Zweck haben sie einige Zellen mit einem fluoreszierenden Stoff markiert und ihren Weg genau mitverfolgt. Zu ihrer Überraschung stellten die ForscherInnen fest, dass die Zellbewegungen inhärent unberechenbar sind und chaotisch erscheinen. Sie folgern daraus, dass es keinen einzelnen Mechanismus gibt, der die Zellwanderung leitet. Demnach ist die Richtung und das Ziel der Wanderung nicht von Anfang an in den Genen „programmiert“, wie dies bisher angenommen wurde. Das Team um Kulesa postuliert, dass Richtung und Ziel der Wanderung sich dynamisch aus den fortlaufenden Interaktionen mit andern Zellen und mit ihrer Umgebung ergeben. Das würde bedeuten, dass die Zellen in Kommunikation mit andern Zellen „lernen“, wohin sie gehen sollen und was ihr Ziel ist.

In: Gen-ethischer Informationsdienst, April/Mai 2003, S. 34–35 (gekürzt)

Exzerpieren
„Beantwortung der Frage: Was ist Aufklärung?“

Baustein 4

Arbeitsblatt 31

Lesen Sie den Text und exzerpieren Sie Aussagen, Sätze oder Teilsätze, die Ihnen besonders wichtig erscheinen. Notieren Sie jedesmal die Zeilenangabe. Kennzeichnen Sie die Zitate sorgfältig durch Zitatzeichen (auf Auslassungen achten).

Immanuel Kant
Beantwortung der Frage: Was ist Aufklärung?

Mit dem folgenden Aufsatz, der in Auszügen abgedruckt ist, versucht der Philosoph Immanuel Kant (1724–1804) die Frage „ Was ist Aufklärung?“ zu beantworten. Der Aufsatz erschien zuerst 1784 in der „Berlinischen Monatsschrift“.

Aufklärung ist der Ausgang des Menschen aus seiner selbst verschuldeten Unmündigkeit. Unmündigkeit ist das Unvermögen, sich seines Verstandes ohne Leitung eines anderen zu bedienen. *Selbst verschuldet* ist diese Unmündigkeit, wenn die Ursache derselben nicht am Mangel des Verstandes, sondern der Entschließung und des Mutes liegt, sich seiner ohne Leitung eines andern zu bedienen! Sapere aude[1]! Habe Mut, dich deines *eigenen* Verstandes zu bedienen! ist also der Wahlspruch der Aufklärung.
Faulheit und Feigheit sind die Ursachen, warum ein so großer Teil der Menschen, nachdem sie die Natur längst von fremder Leitung freigesprochen (naturaliter majorennes[2]*)*, dennoch gerne zeitlebens unmündig bleiben; und warum *es* anderen so leicht wird, sich zu deren Vormündern aufzuwerfen. Es ist so bequem, unmündig zu sein. Habe ich ein Buch, das für mich Verstand hat, einen Seelsorger, der für mich Gewissen hat, einen Arzt, der für mich die Diät beurteilt usw., so brauche ich mich ja nicht selbst zu bemühen. Ich habe nicht nötig zu denken, wenn ich nur bezahlen kann; andere werden das verdrießliche Geschäft schon für mich übernehmen. Dass der bei weitem größte Teil der Menschen (darunter das ganze schöne Geschlecht) den Schritt zur Mündigkeit außer dem, dass er beschwerlich ist, auch für sehr gefährlich halte: dafür sorgen schon jene Vormünder, die die Oberaufsicht über sie gütigst auf sich genommen haben. Nachdem sie ihr Hausvieh zuerst dumm gemacht haben und sorgfältig verhüteten, dass diese ruhigen Geschöpfe ja keinen Schritt außer dem Gängelwagen[3], darin sie sie einsperreten, wagen durften, so zeigen sie ihnen nachher die Gefahr, die ihnen drohet, wenn sie es versuchen, allein zu gehen. Nun ist diese Gefahr zwar eben so groß nicht, denn sie würden durch einigemal Fallen wohl endlich gehen lernen; allein ein Beispiel von der Art macht doch schüchtern und schreckt gemeiniglich von allen ferneren Versuchen ab.
[...]
Zu dieser Aufklärung aber wird nichts erfordert als *Freiheit;* und zwar die unschädlichste unter allem, was nur Freiheit heißen mag, nämlich die: von seiner Vernunft in allen Stücken *öffentlichen Gebrauch* zu machen. Nun höre ich aber von allen Seiten rufen: *räsoniert nicht!*[4] Der Offizier sagt: räsoniert nicht, sondern exerziert! Der Finanzrat: räsoniert nicht, sondern bezahlt! Der Geistliche: räsoniert nicht, sondern glaubt! (Nur ein einziger Herr in der Welt sagt: *räsoniert,* soviel ihr wollt und worüber ihr wollt; aber *gehorcht!*[5]*)* Hier ist überall Einschränkung der Freiheit. Welche Einschränkung aber ist der Aufklärung hinderlich? Welche nicht, sondern ihr wohl gar beförderlich? – Ich antworte: der *öffentliche* Gebrauch seiner Vernunft muss jederzeit frei sein, und der allein kann Aufklärung unter Menschen zustande bringen; der *Privatgebrauch* derselben aber darf öfters sehr enge eingeschränkt sein, ohne doch darum den Fortschritt der Aufklärung sonderlich zu hindern. Ich verstehe aber unter dem öffentlichen Gebrauche seiner eigenen Vernunft denjenigen, den jemand als *Gelehrter* von ihr vor dem ganzen Publikum der *Leserwelt* macht. Den Privat-

Baustein 4

Arbeitsblatt 31

gebrauch nenne ich denjenigen, den er in einem gewissen ihm anvertrauten *bürgerlichen Posten* oder Amte von seiner Vernunft machen darf.

[...]

Wenn denn nun gefragt wird: Leben wir jetzt in einem *aufgeklärten* Zeitalter?, so ist die Antwort: Nein, aber wohl in einem Zeitalter der *Aufklärung.* Dass die Menschen, wie die Sachen jetzt stehen, im Ganzen genommen, schon im Stande wären oder darin auch nur gesetzt werden könnten, in Religionsdingen sich ihres eigenen Verstandes ohne Leitung eines andern sicher und gut zu bedienen, daran fehlt noch sehr viel. Allein, dass jetzt ihnen doch das Feld geöffnet wird, sich darin frei zu bearbeiten, und die Hindernisse der allgemeinen Aufklärung oder des Ausganges aus ihrer selbst verschuldeten Unmündigkeit allmählich weniger werden, davon haben wir doch deutliche Anzeigen.

Aus: Immanuel Kant. Werke in sechs Bänden, Bd. VI, hrg. von Wilhelm Weischedel. Frankfurt: Insel 1956, S. 53–61 (gekürzt)

Worterklärungen:

1 sapere aude! = Wage zu wissen!
2 von Natur aus erwachsen
3 Laufiernhilfe
4 diskutiert nicht, schimpft nicht immer
5 gemeint ist Friedrich II., der Große von Preußen (1740–1786)

Leseergebnisse als Liste festhalten

„Du kannst mich einfach nicht verstehen“

Baustein 4

Arbeitsblatt 32

Im Text geht es um zwei Gruppen, deren Verhalten beschrieben wird. Fertigen Sie eine Doppelliste an, aus der hervorgeht, was über die beiden Gruppen ausgesagt wird.
Versuchen Sie die Liste so anzulegen, dass die zu vergleichenden Punkte übersichtlich dargestellt sind. Sie können zu diesem Zweck die Reihenfolge ändern.

Deborah Tannen
Du kannst mich einfach nicht verstehen

Selbst wenn Jungen und Mädchen in derselben Gegend, im selben Häuserblock oder im selben Haus groß werden, wachsen sie in verschiedenen sprachlichen Welten auf. Mit Mädchen und Jungen wird anders gesprochen, und es wird erwartet und akzeptiert, dass sie anders antworten. Wie man spricht und wie man Gespräche führt, das lernen die Kinder nicht nur von ihren Eltern, sondern vor allem von ihren Spielkameraden. Auch wenn die Eltern einen ausländischen Akzent haben oder einen fremden Dialekt sprechen, ahmen die Kinder sie nicht nach; sie übernehmen die Aussprache der Region, in der sie aufwachsen. Die Anthropologen Daniel Maltz und Ruth Broker haben Untersuchungsergebnisse ausgewertet, die zeigen, dass Mädchen und Jungen ganz anders mit ihren Freunden reden. Obwohl sie häufig zusammen spielen, verbringen Jungen und Mädchen den größten Teil ihrer Zeit in gleichgeschlechtlichen Spielgruppen. Und obwohl einige Spiele sich ähneln, gibt es unterschiedliche Lieblingsspiele, und zwischen dem Sprachgebrauch bei ihren Spielen liegen Welten.
Jungen spielen eher im Freien, in großen Gruppen, die hierarchisch strukturiert sind. Ihre Gruppen haben einen Anführer, der den anderen sagt, was zu tun ist und wie es zu tun ist, und der sich weigert, Vorschläge anderer Jungen zu akzeptieren. Durch die Erteilung von Anweisungen und ihre Durchsetzung wird Status ausgehandelt. Eine andere Form der Statusgewinnung ist, dass die Jungen sich in den Mittelpunkt stellen, indem sie Geschichten und Witze erzählen und die Geschichten und Witze der anderen lächerlich machen oder in Frage stellen. Bei den Spielen der Jungen gibt es Gewinner und Verlierer und ausgeklügelte Regelwerke, die häufig zum Gegenstand von Auseinandersetzungen werden. Und Jungen prahlen oft mit ihren Fähigkeiten und streiten, wer der Beste ist.
Die Mädchen hingegen spielen in kleinen Gruppen oder zu zweit, im Mittelpunkt des sozialen Lebens eines Mädchens steht die beste Freundin. Innerhalb der Gruppe ist Intimität von zentraler Bedeutung: Unterschiede bemessen sich nach dem Grad relativer Nähe. Bei ihren häufigsten Spielen, wie zum Beispiel Seilspringen und ‚Himmel und Hölle‘, kommen alle einmal an die Reihe. Viele der Aktivitäten (wie ‚Mutter und Kind‘ spielen) haben keine Gewinner oder Verlierer. Obwohl einige Mädchen sicher geschickter und kompetenter sind als andere, wird erwartet, dass sie nicht mit ihren Fähigkeiten prahlen oder zeigen, dass sie sich für besser halten als die anderen. Mädchen geben keine Befehle; sie drücken ihre Vorlieben mit Vorschlägen aus, und die Vorschläge werden wahrscheinlich aufgegriffen. Während Jungen sagen: „Gib das her!“ und „Geh weg da!“, sagen Mädchen: „Wollen wir das spielen?“ und „Dazu hätte ich Lust.“ Alles andere gilt als „Aufspielerei“. Mädchen reißen sich nicht darum, im Mittelpunkt zu stehen – es macht ihnen keinen Spaß – und greifen sich deshalb auch nicht direkt an. Und oft sitzen sie einfach nur zusammen und unterhalten sich. Mädchen sind nicht daran gewöhnt, offen um Statuspositionen zu konkurrieren; ihnen liegt mehr daran, gemocht zu werden.
Geschlechtsspezifisch unterschiedliche Sprechweisen sind von Wissenschaftlern schon bei dreijährigen Kindern beobachtet und beschrieben worden. [...]

Aus: Deborah Tannen: Du kannst mich einfach nicht verstehen. Warum Männer und Frauen aneinander vorbeireden. Hamburg: Ernst Kabel Verlag 1991, S. 40–42. © 1993 Deborah Tannen, deutschsprachige Ausgabe erschienen im Wilhelm Goldmann Verlag, München, einem Unternehmen der Random House GmbH

Leseergebnisse als Tabelle festhalten

„Zeitung bleibt wichtig"

Baustein 4

Arbeits-blatt 33

a) Erstellen Sie eine Tabelle, in die Sie wichtige Informationen des Artikels „Zeitung bleibt wichtig" übersichtlich eintragen.

Zeitung bleibt wichtig

Internet als Infoquelle auf Rang sechs

Allensbach (dpa). Zeitungen und Zeitschriften gehören trotz des Internets nach einer Meinungsumfrage weiter zu den wichtigsten Informationsquellen.

Das Fernsehen liegt mit 73 Prozent als Informationslieferant auf Platz eins, gefolgt von Gesprächen mit Familie, Freunden und Bekannten mit 71 Prozent. Den dritten Rang belegen Zeitungen mit 61 Prozent, den vierten Zeitschriften mit 54 Prozent. Das geht aus der aktuellen Markt- und Werbeträgeranalyse 2002 des Instituts für Demoskopie in Allensbach hervor. Dabei ist die Zahl der Befragten, die sich normalerweise weitergehende Informationen aus den Zeitungen holen, seit 1999 gestiegen. Damals betrug sie 58 Prozent. Bei den Zeitschriften sank der Prozentsatz allerdings von 56 auf 54. Ein Minus verbuchte auch die Information bei Familien, Freunden und Bekannten, die vor drei Jahren noch bei 74 Prozent gelegen hatte. Das Fernsehen als Informationsquelle legte sechs Prozentpunkte zu.
Das Internet rangierte der Umfrage zufolge nach Radioberichten auf Platz sechs. Seine Bedeutung als Informationsquelle hat jedoch deutlich zugenommen. Suchten 1999 nur neun Prozent nach Wissenswertem im Internet, so waren es 2002 bereits 29 %. Besonders junge Leute bedienen sich des Computers bei der Informationsbeschaffung. 1999 waren dies bei den 14– bis 17–Jährigen lediglich 18 Prozent, in diesem Jahr bereits 52 Prozent.

In: Neue Westfälische, 11.8.02

b) Tragen Sie Ihnen wichtig erscheinende Informationen in die Tabelle ein.

wichtige Lieferanten von Information / Jahr		

Leseergebnisse als Tabelle festhalten

„Aufklärung als Epoche"

Baustein 4

Arbeitsblatt 34

Lesen Sie den Text und überlegen Sie, wie Sie den Inhalt durch eine Tabelle übersichtlich darstellen können. Die Spaltenüberschriften ergeben sich aus dem Text; für die Zeilenüberschriften müssen Sie Beschreibungskriterien finden. Tragen Sie dann die Ihnen geeignet scheinenden Begriffe in die Tabelle ein.

Hans-Jürgen Pandel

Aufklärung als Epoche

Die Aufklärung war eine gemeineuropäische Erscheinung, die sich unter besonderen nationalen Bedingungen vollzog. Als „Epoche" oder als „Zeitalter" wird sie mit dem 18. Jahrhundert gleichgesetzt und als ein Phänomen betrachtet, das „mit dem 18. Jahrhundert zur Deckung kommt". Diese mechanische Betrachtungsweise ist aus zwei Gründen unzureichend. *Erstens* sagt sie nichts über deren Ursachen von Anfang und Ende aus und zum *Zweiten* ist damit das Verhältnis zu anderen Epochen *nicht* geklärt.

Wann beginnt die Aufklärung? Beschränkt man sich auf Frankreich, England und Deutschland, so lässt sich der Beginn versuchsweise mit drei Daten umgrenzen, die zwar wenig über die Ursachen der Aufklärung aussagen, aber dennoch ihren Beginn kennzeichnen könnten. In England kann die Glorious Revolution von 1688 als Anfang gelten und in Frankreich die Aufhebung des Ediktes von Nantes 1688. In Deutschland wird die Einführung der deutschen Sprache an der Universität Leipzig 1687 als Beginn angesehen. Die Glorious Revolution bedeutete die Durchsetzung der parlamentarischen Monarchie. In Frankreich kennzeichnet die Aufhebung des Ediktes von Nantes den Beginn des reaktionären Absolutismus. Der Übergang zur deutschen Sprache – wie ihn Christian Thomasius an der Universität Leipzig vollzog – bedeutet das Aufbrechen des Bildungssystems aus der zünftigen Beschränkung der abgeschotteten Gelehrtenwelt. Die deutsche Sprache spielte bis dahin eine untergeordnete Rolle. In der Gelehrtenwelt galt das Latein, an den Höfen wurde Französisch gesprochen. Die einfache Bevölkerung sprach Dialekte, die zwischen Oberbayern und Ostfriesland eine Verständigung ohne Dolmetscher kaum erlaubten, solange keine gemeinsame Hochsprache ausgebildet war. Aus diesen Daten lässt sich folgern: In England haben wir eine politische, in Frankreich eine gesellschaftliche und in Deutschland eine Gelehrtenaufklärung.

Über das Ende der Aufklärung gehen die Meinungen stärker auseinander, weil es sich dabei weniger um eine einfache Datierungs- als um eine Inhaltsfrage handelt. Etwa seit 1780 verliert die Aufklärung an Schwung und gerät in die Defensive. Die wichtigsten Aufklärer sterben, jüngere wenden sich dem Irrationalismus zu; die Fürsten versuchen, die Aufklärung administrativ in den Griff zu bekommen. Für manche Historiker hat sie mit der Revolution von 1789 ihren Höhepunkt und ihr Ende gefunden. Diese Sichtweise ist wohl unzureichend. Denn beendet war die Aufklärung noch lange nicht. Die Forschung macht auf den „Überhang der Spätaufklärung in das 19. Jahrhundert" hinein aufmerksam. Denn zu Beginn des 19. Jahrhunderts gelangten gerade jene Personen an politisch-gesellschaftliche Schaltstellen, „die durch Studium und Sozialisation in der Aufklärung wurzelten". Nicht unwesentlich dürften dagegen die Befreiungskriege gegen Napoleon zum Ende der Aufklärungsepoche beigetragen haben. Aufklärung galt jetzt als „welsch", als französisch, und damit wollte man nichts mehr zu tun haben.

[...]

Aus: Hans-Jürgen Pandel: Aufklärung – Epoche und Objekt. In: Geschichte lernen, Heft 90, 2002, S. 17 (gekürzt)

Gelesenes anders aufschreiben
„Kommunikationsgeschichte: Erfindung von Schrift und Buchdruck“

Baustein 4

Arbeitsblatt 35

Lesen Sie den Text, markieren Sie wichtige Aussagen und notieren Sie Stichworte am Rand. Versuchen Sie diese auf einem Blatt so anzuordnen, dass die Zusammenhänge – chronologische Abfolge, Wirkungen und Konsequenzen einer Entwicklung usw. – augenfällig werden und sich, so umgeformt, besser einprägen.

Jürgen Wilke
Kommunikationsgeschichte: Erfindung von Schrift und Buchdruck*

Mit der Erfindung der Schrift kam es in der menschlichen Kommunikation zu einem entscheidenden Umbruch. Man hat hier mit Recht von „der“ Revolution in der Kommunikationsgeschichte der Menschheit gesprochen. Die älteste uns bekannte Schrift wurde Mitte des 3. Jahrtausends v. Chr. in Mesopotamien geschaffen. Wenige Jahrhunderte später entstand die Schrift der ägyptischen Hieroglyphen. Auch wenn es sich hierbei noch um Bilderschriften handelte, deren Zeichenrepertoire beschränkt blieb, so war damit doch ein folgenreicher Schritt getan: Kommunikationsinhalte ließen sich fortan fixieren und speichern; sie erlangten eine Existenz unabhängig vom Sender und Empfänger. Sie konnten jetzt zudem über räumliche Entfernungen und zeitliche Distanzen übermittelt werden. Damit war die Voraussetzung für Überlieferung und Tradition geschaffen. Beliebige Aussagen ließen sich jedoch erst fixieren, nachdem das phonetische Alphabet entwickelt worden war, zunächst wiederum im semitischen Raum um 1500 v. Chr., später unter Einschluss der Vokale von den Griechen vollendet. Damit die kommunikativen Leistungen der Schrift zur Geltung kommen konnten, bedurfte es überdies geeigneter Schreibstoffe. Steine sowie Ton- oder Wachstafeln erwiesen sich auf Dauer als unzweckmäßig. Daran änderte sich erst etwas, als man in der Antike Papyrus und Pergament herstellen konnte.

Die Phase einer ausschließlich handschriftlichen literalisierten[1] Kommunikation reichte über drei- bis viertausend Jahre. Sie umfasste Teile der Frühgeschichte, die Antike und das (europäische) Mittelalter. Noch besaßen nur wenige Menschen die Fertigkeiten des Schreibens und Lesens. Und die mühsame schriftliche Reproduktion setzte der Ausbreitung literalisierter Kommunikation Grenzen. Dennoch führte sie jetzt zu einer zeitübergreifenden Zugänglichkeit. Freilich blieb die orale[2] Kommunikation noch absolut dominant.

Eine neue Phase der menschlichen Kommunikationsgeschichte hat Johannes Gutenbergs Erfindung des Drucks mit beweglichen Lettern[3] in der Mitte des 15. Jahrhunderts ausgelöst. Jetzt gab es ein viel zweckmäßigeres Verfahren zur Vervielfältigung von Schriftwerken. Die bisherigen Grenzen ihrer Verbreitung wurden gesprengt. Doch nicht nur darin, auch in anderen Dingen bestand ihr Vorteil, z.B. in der Standardisierung von Texten. Die Drucktechnik bewirkte im Abendland, wie man mit Recht gesagt hat, eine Kulturrevolution, sie wurde zum Motor der neuzeitlichen Modernisierung. Wohl wurde die orale Kommunikation nicht verdrängt, aber sie interagierte[4] jetzt mit der literalen Kommunikation, die ihrerseits mit der Lesefähigkeit an Reichweite zunahm. Nicht nur bisher schon vervielfältigte Manuskripte wurden gedruckt, sondern die Arten der Druckwerke vermehrten sich. Dazu gehörten auch solche publizistischer Art, also Zeitung und Zeitschrift, die zu Beginn bzw. im letzten Drittel des 17. Jahrhunderts voll ausgebildet waren. Um 1700 erschienen im deutschsprachigen Raum schon 60 bis 70 Zeitungen mit einer Gesamtauflage von 30.000 Exemplaren.

Merkwürdigerweise tat sich dreieinhalb Jahrhunderte lang hinsichtlich der Weiterentwicklung von Gutenbergs Erfindung so gut wie nichts. Lediglich Detailveränderungen kamen vor. Dies bremste auch die Entwicklung der publizistischen Medien. Schnellpresse und Rotationspresse führten hier erst im 19. Jahrhundert eine Expansion herbei. An seinem Ende gab es in Deutschland mehrere tausend Zeitungen, ihre Gesamtauflage überschritt die zehn Millionen. Durch zunehmende Spezialisierung noch größer war die Zahl der Zeitschriften. [...]

Aus: Jürgen Wilke: Entwicklungsstufen und Determinanten der Kommunikationsgeschichte. In: Geschichte in Wissenschaft und Unterricht, Juli/Aug. 2002, S. 8. 410–423

Worterklärungen:

[1] *literalisiert:* verschriftlicht

[2] *oral:* mündlich; davon abgeleitet: *Oralität*

[3] *Lettern:* Buchstaben

[4] *interagieren:* aufeinander bezogen handeln

Gelesenes visualisieren
„Typische Erzählsituationen“

Baustein 4

Arbeitsblatt 36

Versuchen Sie die Abschnitte II („Ich-Erzählsituation“) und III („Personale Erzählsituation“) entsprechend der vorgegebenen Visualisierung der „auktorialen Erzählsituation“ visuell darzustellen.

Franz K. Stanzel
Typische Erzählsituationen*

Es sind drei *typische Erzählsituationen zu* unterscheiden:

I. *Die auktoriale Erzählsituation.* Das auszeichnende Merkmal dieser Erzählsituation ist die Anwesenheit eines persönlichen, sich in Einmengung und Kommentaren zum Erzählten kundgebenden Erzählers. Dieser Erzähler scheint auf den ersten Blick mit dem Autor identisch zu sein. Bei genauerer Betrachtung wird jedoch fast immer eine eigentümliche Verfremdung der Persönlichkeit des Autors in der Gestalt des Erzählers sichtbar. Er weiß weniger, manchmal auch mehr, als vom Autor zu erwarten wäre, er vertritt gelegentlich Meinungen, die nicht unbedingt auch die des Autors sein müssen. Dieser auktoriale Erzähler ist also eine eigenständige Gestalt, die ebenso vom Autor geschaffen worden ist wie die Charaktere des Romans. Wesentlich für den auktorialen Erzähler ist, dass er als Mittelsmann der Geschichte einen Platz sozusagen an der Schwelle zwischen der fiktiven Welt des Romans und der Wirklichkeit des Autors und des Lesers einnimmt. Die der auktorialen Erzählsituation entsprechende Grundform des Erzählens ist die berichtende Erzählweise. Die szenische Darstellung, von der auch in einem Roman mit vorherrschend auktorialer Erzählsituation ausgiebiger Gebrauch gemacht werden kann, ordnet sich in Hinblick auf die in einem auktorialen Roman gegebene Orientierungslage des Lesers der berichtenden Erzählweise unter. Das Erzählte wird durchgehend als in der Vergangenheit liegend aufgefasst, das epische Präteritum behält seine Vergangenheitsbedeutung.

II. *Die Ich-Erzählsituation* unterscheidet sich von der auktorialen Erzählsituation zunächst darin, dass hier der Erzähler zur Welt der Romancharaktere gehört. Er selbst hat das Geschehen erlebt, miterlebt oder beobachtet, oder unmittelbar von den eigentlichen Akteuren des Geschehens in Erfahrung gebracht. Auch hier herrscht die berichtende Erzählweise vor, der sich szenische Darstellung unterordnet. [...]

III. *Die personale Erzählsituation.* Verzichtet der Erzähler auf seine Einmengungen in die Erzählung, tritt er so weit hinter den Charakteren des Romans zurück, dass seine Anwesenheit dem Leser nicht mehr bewusst wird, dann öffnet sich dem Leser die Illusion, er befände sich selbst auf dem Schauplatz des Geschehens oder er betrachte die dargestellte Welt mit den Augen einer Romanfigur, die jedoch nicht erzählt, sondern in deren Bewusstsein sich das Geschehen gleichsam spiegelt. Damit wird diese Romanfigur zur *persona,* zur Rollenmaske, die der Leser anlegt. [...]
Es ist vor allem die Illusion der Unmittelbarkeit, mit welcher das dargestellte Geschehen zur Vorstellung des Lesers wird, welche als charakteristisches Merkmal der personalen Erzählsituation anzusehen ist.

Aus: Franz K. Stanzel: Typische Erzählsituationen. In: Typische Formen des Romans. Göttingen: Vandenhoeck und Rupprecht [12]1993

Baustein 5

Tabellen und Grafiken lesen

Die meisten Menschen denken bei „Lesen“ an kontinuierliche Texte. Aber im Alltag oder im Umgang mit Fachtexten müssen wir uns auch mit Texten auseinander setzen, die einmal mehr, einmal weniger Ziffern oder grafische Anteile enthalten. Manchen Menschen bereitet das Verstehen und Interpretieren solcher Darstellungen kaum Schwierigkeiten, aber es gibt andere, die beim Anblick einer Tabelle oder einer grafischen Darstellung sofort eine Abwehrhaltung einnehmen, weil sie glauben, damit nichts anfangen zu können. Sie versuchen dann, aus einem begleitenden Text – soweit vorhanden – die nötigen Informationen zu entnehmen oder verzichten auf die in der Tabelle oder Grafik enthaltenen Informationen.

Normalerweise sind solche tabellarischen oder grafischen Darstellungen in Texte integriert, und sie ergänzen sich wechselseitig. Es gibt aber auch Spezialveröffentlichungen wie z.B. das vom Statistischen Bundesamt herausgegebene Statistische Jahrbuch für die Bundesrepublik Deutschland, das fast ausschließlich aus Tabellen oder Grafiken besteht.[1]

Gut gestaltete Tabellen und Grafiken haben ihre Vorzüge: Sie stellen Informationen prägnanter als Fließtexte dar, liefern auf gedrängterem Raum mehr Information als solche Texte, sind übersichtlicher und lassen eher Vergleiche zu. Sie enthalten in der Regel auch mehr Informationen als der begleitende Text. Sie wirken neutraler als ein Fließtext. Aber: auch Tabellen oder Grafiken sind von Menschen gemacht und können manipulieren. Sie müssen also kritisch gelesen werden. Diese Einsichten Schülern zu vermitteln, ist das Ziel dieses Kapitels.

Zum Thema „Tabellen und Grafiken lesen“ gibt es folgende Übungen:

5.1 Lesen von Tabellen

5.2 Lesen verschiedener Grafiken

5.2.1 Säulendiagramme
5.2.2 Kurvendiagramme
5.2.3 Kreisdiagramme
5.2.4 Kombination von Grafiken
5.2.5 Flussdiagramme

5.1 Lesen von Tabellen

In Tabellen werden Zahlen oder kategoriale Daten (Begriffe, Namen usw.) in Spalten und Zeilen übersichtlich angeordnet. Wenn man sie richtig lesen will, muss man die Spalten- und Zeilenüberschriften genau wahrnehmen. Bei numerischen Einträgen in der Tabelle muss man prüfen, ob es sich um Prozentwerte oder absolute Zahlen handelt.

zu Arbeitsblatt 37 (S. 146)

Lesen einer Tabelle
Wie viel sagen Kinder am Tag?

Die vierspaltige Tabelle enthält Daten über die wachsende Zahl der Wortäußerungen von Kindern. Das Alter der beobachteten Kinder lag zwischen einem Jahr, fünf

[1] Solche umfangreichen Tabellenwerke werden jetzt in vielen Bibliotheken nur noch auf elektronisch lesbaren Datenträgern zur Verfügung gestellt. Umso wichtiger ist es, dass für das Lesen von Tabellen und Grafiken genau wie für das Lesen komplizierter kontinuierlicher Texte handhabbare Strategien zur Verfügung stehen.

Monaten bis zu neun Jahren, sieben Monaten. Ausgewertet wurden Tonbandmitschnitte unterschiedlicher Dauer. Gezählt wurden die Wörter, die die Kinder äußerten. Um Vergleichbarkeit zu erreichen, wurden die geäußerten Wörter auf 12 Stunden hochgerechnet.

1. Zeigen Sie die Tabelle ohne den begleitenden Fließtext auf einer Folie. Schildern Sie sehr kurz, worum es in der Tabelle geht, s.o.
2. Lassen Sie die Schüler sich zunächst spontan zur Tabelle äußern. Das erleichtert den Einstieg in das Lesen der Tabelle.
3. Sammeln Sie dann die Informationen zu den einzelnen Spalten, besprechen Sie dabei Auffälligkeiten wie Schwankungen, Minima und Maxima. Achten Sie darauf, dass die Schüler die Überschriften der Spalten wirklich genau lesen.
4. Geben Sie danach das Aufgabenblatt aus und lassen Sie herausarbeiten, welche Informationen in Text und Tabelle gleich sind und wo es Unterschiede gibt.
5. Besprechen Sie mit den Schülern die Intentionen der verschiedenen Darstellungsweisen.

Lösungsvorschlag

Zu 3:
Das Alter (Sp.1) steigt kontinuierlich, aber zwischen den erfassten Altersstufen liegen ungleiche Intervalle. Die Dauer der Mitschnitte (Sp.2) variiert unsystematisch zwischen 152 Min. (5; 4 Jahre) und 869 Min. (9; 6 Jahre).
Die Zahl der Wörter (Sp.3) steigt mit einer Ausnahme kontinuierlich von einer untersuchten Altersgruppe zur nächsten (von 3.881 bis zu 28.142 Wörtern): Dreijährige äußern deutlich mehr Wörter als jüngere Kinder, aber auch mehr als die Fünf- und Achtjährigen, wobei die Aufnahmedauer für diese drei Altersgruppen etwa gleich ist. Die Hochrechnung auf 12 Stunden (Sp.4) zeigt das eigentlich relevante und interessante Ergebnis und macht deutlich, dass schon für das Alter von 3; 6 Jahren das Maximum geäußerter Wörter (37.700 Wörter in 12 Std.) beobachtet wurde, während in der ältesten untersuchten Gruppe (9; 7) nur 25.200 Wörter (12 Std.) gezählt wurden.

Zu 4:
Im Text werden nur zwei Daten der Tabelle herausgegriffen: die Daten der Zwei- und Dreijährigen, dargestellt im Textabschnitt (3) unter der Tabelle. Der erste Abschnitt des Textes berichtet über Details der Untersuchungen, der zweite beschreibt die Tabelle und die Bedeutung der letzten Spalte. Im 4. und 5. Textabschnitt werden Zusatzinformationen zu den Ergebnissen der Untersuchung gegeben: Angaben zur Häufigkeit unterschiedlicher Wörter; Stellenwert der Untersuchung.

Zu 5:
In Tabellen lassen sich Ergebnisse von Untersuchungen detailliert beschreiben, sodass dem Leser eigene Schlussfolgerungen möglich werden. Der Fließtext erläutert und gibt Zusatzinformationen.

Transfer

Für die Einführung in das Lesen von Tabellen eignen sich Tabellen, die nicht zu viele Spalten enthalten; gut ist es, wenn Unterschiede zwischen einzelnen Variablen deutlich werden und/oder wenn sich die einzelnen Spalten in ihrer Relevanz unterscheiden.

5.2 Lesen verschiedener Grafiken

Nicht nur mit Tabellen lassen sich auf Zahlen basierende Informationen zusammenfassen und übersichtlich anordnen. In Tageszeitungen und auch im Fernsehen werden solche Informationen immer häufiger mit verschiedenen geometrischen Figuren veranschaulicht: durch Säulen / Balken, Kurven oder Kreise / Torten. Immer geht es darum, mehrere Variablen im gleichen Maßstab zueinander in Beziehung zu setzen, um sie zu vergleichen.
Für Benutzer von Computern mit leistungsfähigen Grafikprogrammen sind solche Darstellungen möglicherweise nichts Besonderes. Damit ist aber noch nicht sicher, dass die Schüler sich über den Nutzen und die Möglichkeiten der einzelnen Darstellungsformen im Klaren sind. Außerdem ist nicht auszuschließen, dass manch einer doch Schwierigkeiten mit dem Lesen von Grafiken hat.

In **Säulendiagrammen** werden unterschiedliche Variablen in gleichem Maßstab durch waagerechte oder senkrechte Balken dargestellt und so vergleichbar gemacht. Sollen z.B. Veränderungen in der Zeit veranschaulicht werden, kann auf der Waagerechten (Abszisse) die Zeit, auf der Senkrechten (Ordinate) die untersuchte Variable in ansteigender Größe mithilfe der unterschiedlich hohen oder langen Säulen dargestellt werden. Sichtbar werden Maxima, Minima und Veränderungen: Ansteigen, Sinken der Werte.

Kurvendiagramme veranschaulichen Veränderungen von Variablen und setzen sie in Beziehung zueinander. In Börsenberichten erfährt man z.B. etwas über die Veränderungen der Kurse von Aktien oder die Wertveränderungen einzelner Währungen im Verlauf eines bestimmten Zeitraums. Es wird dann in der Regel auf der Abszisse die Zeit und auf der Ordinate der Geldwert abgetragen. Denkt man sich Punkte, die jeweils einem bestimmten Wert der einen Skala und einem Wert der anderen Skala entsprechen, ergibt sich eine Kurve, deren Verlauf eine besondere Aussagekraft hat.

Bei den grafischen Darstellungsformen ist es wichtig, genau zu lesen, wie die Skalen bezeichnet sind, um Fehlinterpretationen zu vermeiden.

Kreisdiagramme sind immer dann nützlich, wenn Prozentanteile eines Ganzen dargestellt werden sollen. Man kann das Diagramm als eine Torte sehen, deren unterschiedlich große Stücke die verschiedenen Anteile am Ganzen besser als Zahlen verdeutlichen. Sogar ohne Zahlenangaben entsteht ein Eindruck vom relativen Anteil am Ganzen.

Es folgen Übungen zum Umgang mit den beschriebenen Grafiken.

5.2.1 Säulendiagramme

zu Arbeitsblatt 38 (S. 147)

Lesen eines Säulendiagramms
„Entwicklung der Tourismuszahlen auf den Kapverden"

Das Säulendiagramm zeigt die Entwicklung der Tourismuszahlen auf den Kapverdischen Inseln zwischen 1991 und 1999.
Im Text des Artikels wird zu der Tabelle Folgendes ausgeführt:
„Seit 1994 steigt die Zahl der Touristen durchschnittlich um 11% pro Jahr und für 2008 werden 400.000 Besucher prognostiziert. Das wäre das Achtfache der Zahl von 1998 und entspräche der geschätzten derzeitigen Einwohnerzahl der Kapverden. 1998 besuchten insgesamt 52.000 Touristen die Kapverden."
Aus: Alexander Siegmund, André Hohmann: Touristenziel Kapverden. In: Geographische Rundschau 55, Heft 4, 2003, S. 53

1. Sprechen Sie kurz über den Zweck von Säulendiagrammen (vgl. o.). Zeigen Sie eine Folie mit dem Säulendiagramm zu den Tourismuszahlen und lassen Sie die Schüler beschreiben, welche Information das Diagramm enthält.

2. Weisen Sie auf die Skalenbezeichnungen und die Bedeutung der Hilfslinien hin.

3. Lassen Sie den begleitenden Text lesen und fordern Sie die Schüler auf, die Grafik genau anzuschauen, um a) zu prüfen, ob der Text durch die Aussagen der Grafik bestätigt wird, b) zu erkennen, welche Informationen die Grafik zusätzlich enthält.

4. Bitten Sie die Schüler um ein Fazit über den Informationswert von Text und Grafik.

Lösungsvorschlag

Zu 2:
Auf der Ordinate sind die Zahlen der die Kapverden besuchenden Touristen in Zehntausenderschritten abgetragen, die Abszisse ist eine Zeitleiste, Hilfslinien erhöhen die Genauigkeit beim Ablesen.

Zu 3:

- Im Text wurde nur auf ein Jahr direkt Bezug genommen (1998);
- die Hochrechnung für 2008 lässt sich erschließen: 8 mal ca. 50.000 = ca. 400.000;
- die Grafik enthält Informationen über Touristenzahlen für jedes einzelne Jahr und gibt vor allem einen guten Überblick über die Entwicklung dieser Zahlen;
- es zeigt sich, dass der Text an einer Stelle nicht ganz genau ist, da er den Einbruch der Touristenzahlen im Jahr 1995 nicht berücksichtigt. Die Tabelle macht deutlich, dass die Zahl der Touristen seit 1992 kontinuierlich steigt, wenn man den bereits erwähnten Rückgang der Zahlen im Jahr 1995 außer Acht lässt.

Zu 4:
Der Text gibt wieder, was den Autoren wichtig ist. Das Diagramm gibt einen genauen Überblick über die Entwicklung der Touristenzahlen im Verlauf von neun aufeinander folgenden Jahren. Das Diagramm enthält mehr Informationen als der Text, man kann mit seiner Hilfe sogar Ungenauigkeiten des Textes korrigieren.

5.2.2 Kurvendiagramme

zu Arbeitsblatt 39 (S. 148)

Vergleich von zwei Kurvendiagrammen zu neuropsychologischen Untersuchungen

a) „Abschneiden von Immigranten bei einem Grammatiktest"

b) „Durchschnittliche Besserung des Tastsinns von operierten Patienten"

Der Neuropsychologe und Psychiater Manfred Spitzer hat ein Buch über Ergebnisse der Hirnforschung zum menschlichen Lernen geschrieben. In einem Kapitel über die Lernfähigkeit von Neuronen im Kortex erwähnt er die Ergebnisse von zwei Studien und bildet sie mit zwei Kurvendiagrammen ab. Der Verlauf der Kurven ist in beiden Diagrammen sehr ähnlich, obwohl ganz verschiedene Verhaltensweisen untersucht wurden. In einer Studie wurden die Englischkenntnisse von Immigranten nach mehreren Jahren Aufenthalt in den USA mit einem Grammatik-Test untersucht. Erfasst wurde auch, wie alt sie bei der Einwanderung in die USA waren. In der anderen Studie mussten Patienten zwei Jahre nach einer Durchtrennung von Nerven im Unterarm, die die Hand versorgten, Aufgaben zur Überprüfung des Tastsinns durchführen. Wieder wurden die Testwerte in Abhängigkeit vom Lebensalter (in diesem Fall das Lebensalter bei der Operation) erfasst.

Durch die Darstellung der Daten mit Kurvendiagrammen wird sehr deutlich – deutlicher als durch jede andere Form der Darstellung – dass unterschiedliches Verhalten sich gleichförmig verändert, was den Gedanken nahe legt, dass dieser Veränderung eine gemeinsame Ursache zugrunde liegen kann.

1. Zeigen Sie eine Folie mit den beiden Kurvendiagrammen (s. Arbeitsblatt) und berichten Sie kurz, dass es sich um zwei Untersuchungen aus dem Bereich der Neuropsychologie handelt, deren Ergebnisse mit diesen Kurvendiagrammen dargestellt sind. Kommentieren Sie die Skalenbezeichnungen und gehen Sie auf Besonderheiten der Skalenwerte (s. u., Lösung, 1) bei beiden Grafiken ein.

2. Lassen Sie die Schüler beschreiben, was sie den Diagrammen entnehmen.

3. Lassen Sie herausarbeiten, dass der gleichförmige Kurvenverlauf bei beiden Untersuchungsergebnissen den Autor zu seinen Schlussfolgerungen führte (s.u., Lösung, 3).

Lösungsvorschlag

Zu 1:
In beiden Kurvendiagrammen wird das Alter zu einem kritischen Zeitpunkt (Grafik 1: Operation, Grafik 2: Immigration) in Jahren auf der Abszisse abgetragen. Auf den Ordinaten werden die abhängigen Variablen: Testmittelwerte für taktiles Erkennen (Grafik 1) und für Grammatikkenntnisse (Grafik 2) abgetragen. Die Altersangaben beginnen im Diagramm 1 nicht bei 0, sondern bei 10 Jahren. Im Diagramm 2 umfassen die dargestellten Punktwerte nur den Bereich von 210 bis 280 Punkten. (Eine Ausschnittauswahl auf einer Skala ist statthaft, muss aber, wie hier geschehen, kenntlich gemacht werden.)

Zu 2:
In beiden Diagrammen zeigt sich ein charakteristischer Verlauf der Kurve: Je jünger die Probanden beim kritischen Ereignis (Operation bzw. Einwanderung) waren, desto besser war in beiden Fällen die Testleistung. Zum Beispiel war der Tastsinn von Patienten, die bei der Operation 10 Jahre alt waren, zwei Jahre später, zum Zeitpunkt des Tests, fast vollständig wieder hergestellt. Waren sie dagegen bei der Operation Anfang 20, zeigte sich beim Test zwei Jahre später, dass der Tastsinn noch starke Einbußen aufwies. Bei Patienten, die zum Zeitpunkt der Operation etwa 30 Jahre alt waren, war der Tastsinn besser wieder hergestellt als bei den Zwanzigjährigen, während sich bei Vierzigjährigen und älteren Patienten der Tastsinn zwei Jahre nach der Operation wenig entwickelt hatte. Ein Anstieg der Werte für die beim Ereignis etwa Dreißigjährigen zeigte sich bei beiden Kurven.

Zu 3:
Der parallele Verlauf der beiden Kurven verdeutlicht optimal den charakteristischen Zusammenhang zwischen Alter und den beiden abhängigen Variablen Tastsinn und Grammatikkenntnisse. Er lässt eine gemeinsame verursachende Variable augenfällig werden. In beiden Kurven steigen die Werte der etwa Dreißigjährigen und sinken danach ab. Der Autor nimmt an, dass das kein Zufall sei: Er erklärt das Phänomen mit einem Anstieg der Lernfähigkeit von Hirnzellen im reproduktionsfähigen Alter. Die Gleichartigkeit der Kurven, die ja für ganz unterschiedliche Verhaltensweisen stehen, scheint ihm ein Indiz dafür zu sein, dass unterschiedlich spezialisierte Bereiche des Kortex im Verlauf des menschlichen Lebens etwa gleichartige Veränderungen ihrer Lernfähigkeit erfahren.
Zahlen oder eine verbale Beschreibung hätten diesen Zusammenhang nicht so überzeugend darstellen können.

Transfer

Außer in Fachzeitschriften, in denen sich aus den unterschiedlichsten Gebieten Kurvendiagramme finden lassen, werden in populärwissenschaftlichen Zeitschriften (z.B. Psychologie heute, Gehirn & Geist u. Ä.) Untersuchungsergebnisse häufig durch Kurvendiagramme dargestellt. Auch in leicht zu beschaffenden Tages- und Wochenzeitschriften werden Ergebnisse immer häufiger mit Diagrammen dargestellt. Wir haben in Kap. 5.2.4 zwei kombinierte Übungen abgedruckt.

5.2.3 Kreisdiagramme

zu Arbeitsblatt 40 (S. 149)

Lesen von Kreisdiagrammen

Herkunftsländer der Kapverdenbesucher 1998

Kreisdiagramme sind in der Regel einfach zu lesen, trotzdem soll es hier an einem Beispiel geübt werden. Das folgende Kreisdiagramm veranschaulicht, aus welchen Herkunftsländern die die Kapverdischen Inseln im Jahre 1998 besuchenden Touristen stammten.

Zeigen Sie das Kreisdiagramm ohne begleitenden Text auf einer Folie. Lassen Sie es beschreiben und einen kurzen Text formulieren, der in dem Artikel zur Erläuterung der Grafik stehen könnte.

Lösungsvorschlag

Untypisch ist bei dieser Grafik, dass zwei Maxima vorkommen, man würde normalerweise ein Maximum und ein Minimum erwarten. Auch das Minimum ist doppelt besetzt, was genau so ungewöhnlich ist. Der originale Begleittext zur Grafik lautet: „Der Anteil der europäischen Touristen überwiegt bei weitem, wobei Portugal und Italien mit jeweils 31% an der Spitze liegen, gefolgt von Deutschland mit 12,4 % und Frankreich mit 11 %."

Aus: Alexander Siegmund, André Hohmann: Touristenziel Kapverden. In: Geographische Rundschau 55, Heft 4, 2003,

5.2.4 Kombination von Grafiken

zu Arbeitsblatt 41 (S. 150)

Kombination von Kurven- und Kreisdiagramm
„So viel kostet die Gesundheit"

Die nächste Aufgabe zeigt, wie unterschiedlich aussagekräftig und kombinierbar ein Kurvendiagramm und ein Kreisdiagramm sind.

Das Kurvendiagramm zeigt die jährlichen Ausgaben der gesetzlichen Krankenversicherung im Verlauf der Jahre 1993 bis 2002, das Kreisdiagramm die Aufteilung der Kosten im Jahr 2002.
Die Übung sollte erst durchgeführt werden, wenn beide Darstellungsformen bekannt sind.

1. Lassen Sie die Schüler beschreiben, welche Informationen die beiden Grafiken enthalten.
2. Bitten Sie die Schüler zu erläutern, weshalb die jeweilige Präsentation gewählt wurde.

Lösungsvorschlag

Zu 1:
Kurvendiagramm: Die Ausgaben der gesetzlichen Krankenversicherung stiegen fast kontinuierlich von einem Wert, der ca. 108 Milliarden Euro entspricht, im Jahr 1993 bis zu 142,6 Mrd. Euro im Jahr 2002. Nur 1997 sanken die Ausgaben auf 125 Mrd. Euro, stiegen dann 1998 vom gleichen Wert wie 1996 (ca. 127 Mrd.) kontinuierlich an.
Kreisdiagramm: Der höchste Anteil der im Jahr 2002 ausgegebenen 142,6 Mrd. Euro entfällt mit 32,3% auf die Krankenhausbehandlung. Für Krankengeld und Verwaltungskosten wurde dagegen am wenigsten aufgewendet: 5,3% bzw. 5,5%. Knapp ein Viertel der Gesamtsumme (23%) gab man für Arzneien, Heil- und Hilfsmittel aus. Deutlich weniger, nämlich 15,7% wurden für Arztbehandlungen eingesetzt, rechnet man die 8,1% für Zahnbehandlung dazu, liegt die Summe mit fast 24% geringfügig höher als die Summe für Arzneikosten. Was sich hinter den 10% „sonstige Ausgaben" – immerhin rund 14 Mrd. Euro – verbirgt, erfährt man nicht.

Zu 2:
Die Veränderung der Ausgaben für das Gesundheitswesen lässt sich gut durch ein Kurvendiagramm darstellen, da für jedes Jahr ein Wert ablesbar ist – das wäre allerdings auch bei einem Säulendiagramm möglich gewesen –, zusätzlich wird auch der Zeitablauf durch die Kurve sichtbar. Für die Visualisierung der Aufteilung in Prozente ist das Kreisdiagramm gut geeignet, da die unterschiedlich großen Sektoren die Anteile der jeweiligen Posten unmittelbar ins Auge springen lassen und sogar ohne Zahlenangaben ein Eindruck vom relativen Anteil entsteht.

zu Arbeitsblatt 42 (S. 151)

Kombination von Text, Säulendiagramm, Tabelle
„Nebenjobs (Shell Jugendstudie 2002)“

In Sachtexten, die sich wie die Shell-Studie nicht nur an Fachleute wenden, finden sich häufig Tabellen und/oder Grafiken als Ergänzung zum kontinuierlichen Text. Man sollte beim Lesen solcher Texte alle Informationen nutzen und auch überprüfen können, ob die Aussagen im Text durch Tabelle und Grafik gestützt werden. Dazu muss man erkennen, auf welche Zahlenangaben sich die Autoren in ihrem Text beziehen.

Wir haben einen Text aus der 14. Shell-Studie „Jugend 2002“ ausgewählt, der für Schüler der Oberstufe interessant sein sollte, und ihn für eine Übung vorbereitet. Die Aussagen, die eine mögliche Entsprechung in einer im Text enthaltenen Tabelle sowie in einem Säulendiagramm haben könnten, haben wir in alphabetischer Reihenfolge (A bis L) mit Buchstaben gekennzeichnet (s. Arbeitsblatt).

1. Erwähnen Sie kurz, dass es sich bei der Shell-Studie um eine seit den fünfziger Jahren in regelmäßigen Abständen durchgeführte empirische Untersuchung handelt, die „jeweils ein aktuelles Portrait der jungen Generation zeichnen“ will (Vorwort zur Shell-Studie). Der zu lesende Text „Nebenjobs: Wer Geld ausgibt, muss auch welches verdienen ...“ ist dem Kapitel „Wachsende Ungleichheit der Zukunftschancen? Familie, Schule und Freizeit als jugendliche Lebenswelten“ von Ruth Linssen, Ingo Leven und Klaus Hurrelmann entnommen.

2. Lassen Sie die Schüler den Text auf dem Arbeitsblatt lesen und genau bestimmen, auf welche Angaben (Tabelle oder Grafik) sich die Autoren beziehen. Weisen Sie die Schüler auf die Kästchen in der Tabelle und der Grafik hin, in die diejenigen Buchstaben eingetragen werden sollen, die zur jeweiligen Aussage gehören.

3. Überprüfen Sie anschließend die Ergebnisse, insbesondere, wie die Schüler die Aussage über die Auszubildenden beurteilen, und sprechen Sie über die im Text nicht berücksichtigten Informationen, die den Schülern trotzdem interessant erscheinen.

Lösungsvorschlag

1. Jugendliche, die in ihrer Freizeit gegen Bezahlung jobben

Schüler, Studierende oder Auszubildende im Alter von 12–25 Jahren
(Angaben in %)

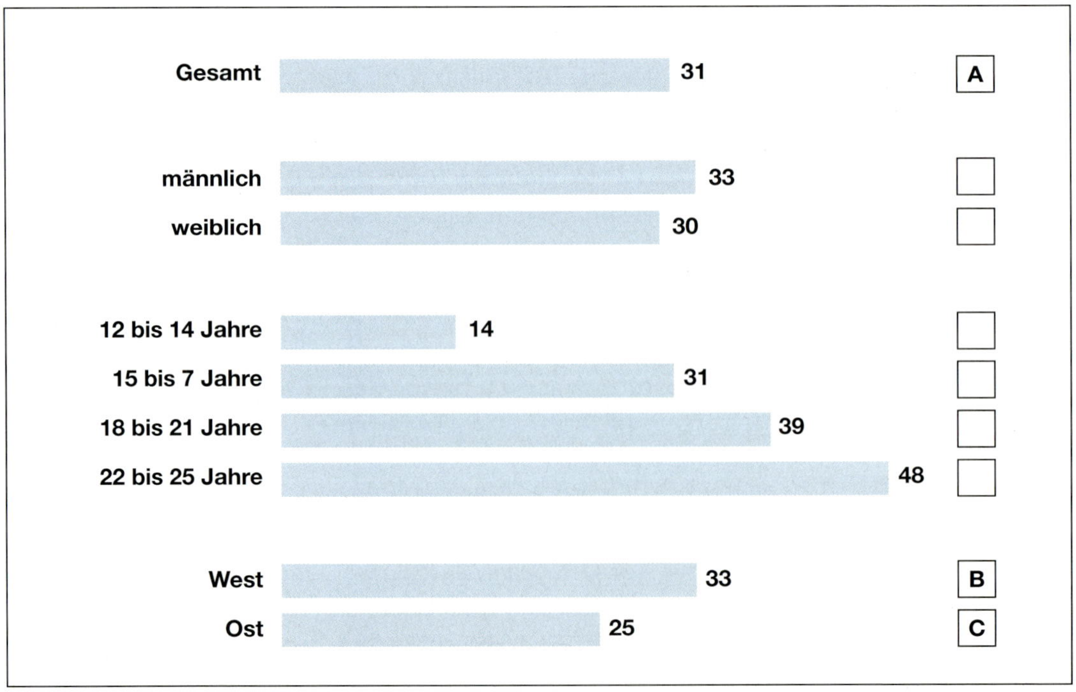

Nach: Shell Jugendstudie 2002 – Infratest Sozialforschung

2. Anzahl der Stunden, die Jugendliche in einer normalen Woche jobben

Jugendliche im Alter von 12–25 Jahren, die in ihrer Freizeit jobben

%-Angaben	Gesamt	Schulart: Hauptschule	Realschule	Gymnasium	Schule gesamt	Studenten	in Ausbildung?	männlich	weiblich
1–5 Std.	32 [D]	44	53	37	42	16 [F]	29	32	31
6–9 Std.	15	19	8	19	16	13 [F]	13	16	14
10–14 Std.	14	4	6	13 [J]	10	18 [F]	22	12	16
15 Std. und mehr	9 [E]	5	4	3	3	18 [F]	5	8	9
zu unregelmäßig	30	28	28	27	28	35	31	30	31
keine Angaben	1	–	1	3	2	1	–	2	0

Nach: Shell Jugendstudie 2002 – Infratest Sozialforschung

Zu 2:
Die Aussage G ist mit den Zahlen in der Tabelle nicht vereinbar.
Die Aussage H lässt sich mit den Prozentzahlen der Tabelle nicht belegen.
Die Aussagen K und L stehen in Zusammenhang mit Variablen, die in der Darstellung im zitierten Unterkapitel nicht vorkommen (Alter – lässt sich allenfalls aus der längeren Schulzeit für Gymnasiasten als für andere Schüler erschließen – und Taschengeld).

5.2.5 Flussdiagramme

Flussdiagramme sind besonders geeignet, den Ablauf von Prozessen und Handlungen zu verdeutlichen. Man kann die einzelnen Phasen des Ablaufs und die Entscheidungspunkte gut erkennen. Flussdiagramme werden verwendet, um die Programmstruktur in der Datenverarbeitung aufzuzeigen, den Ablauf von Algorithmen in der Mathematik oder Produktionsabläufe. Es lohnt sich, sie zu verstehen, auch weil man vielleicht selbst einmal einen kontinuierlich geschriebenen Text zum besseren Verständnis in ein Flussdiagramm umformen möchte.

Bei der Darstellung der Elemente eines Flussdiagramms werden bestimmte Konventionen mehr oder weniger konsequent eingehalten:
Der Ablauf wird immer durch Richtung gebende **Pfeile** dargestellt, die verschiedene Rechtecke, Kreise, Ellipsen oder Rauten miteinander verbinden.

Rauten stellen in der Regel die Entscheidungspunkte des Ablaufs dar, wobei die möglichen Alternativen – sehr häufig: +/ – oder ja-nein – angegeben werden.

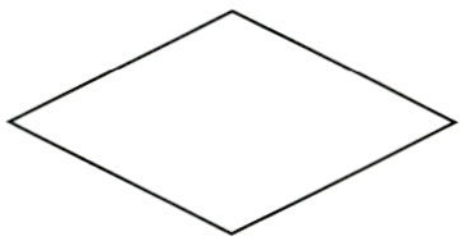

Rechtecke stehen für Handlungen / Operationen.

Ellipsen stehen für Anfang und Ende(n) eines Ablaufs.

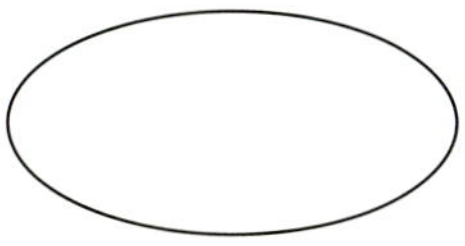

Ein **Kreis** mit einem bestimmten Zeichen, einer Zahl oder Ähnlichem gibt an, dass eine Prozedur im Flussdiagramm nicht ganz bis zu ihrem Ende dargestellt wird. Dieser Kreis weist auf einen Anschlusspunkt hin, an dem die Prozedur fortgesetzt wird.

zu Arbeitsblatt 43 (S. 153)

Flussdiagramme verstehen
„Ein Telefongespräch“

Mit dieser Aufgabe soll deutlich gemacht werden, wie ein Flussdiagramm aufgebaut sein kann. Zeigen Sie zum Vergleich nacheinander zwei verschiedene Veranschaulichungen des Ablaufs eines Telefongesprächs (Struktogramm und Flussdiagramm), am besten auf Folien. Es wird sehr deutlich werden, dass das Flussdiagramm den Handlungsablauf klarer darstellt.

1. Zeigen Sie zunächst die Folie des Struktogramms (s.u.) und lassen Sie die Schüler den Verlauf eines möglichen Telefongesprächs anhand des Struktogramms beschreiben.

2. Schildern Sie die Bedeutung der Symbole in einem Flussdiagramm (vgl.o.) am Beispiel der Folie „Ablauf eines Telefongesprächs“.

3. Geben Sie den Schülern die auf der Schülerseite vorbereitete unvollständige Kopie des Flussdiagramms zum Ablauf eines Telefongesprächs aus der Sicht des Anrufers und lassen Sie die Schüler die fehlenden Informationen eintragen.

4. Überprüfen Sie die Eintragungen und diskutieren Sie mit den Schülern über beide Darstellungsformen.

Ablauf eines Telefongesprächs (Struktogramm)

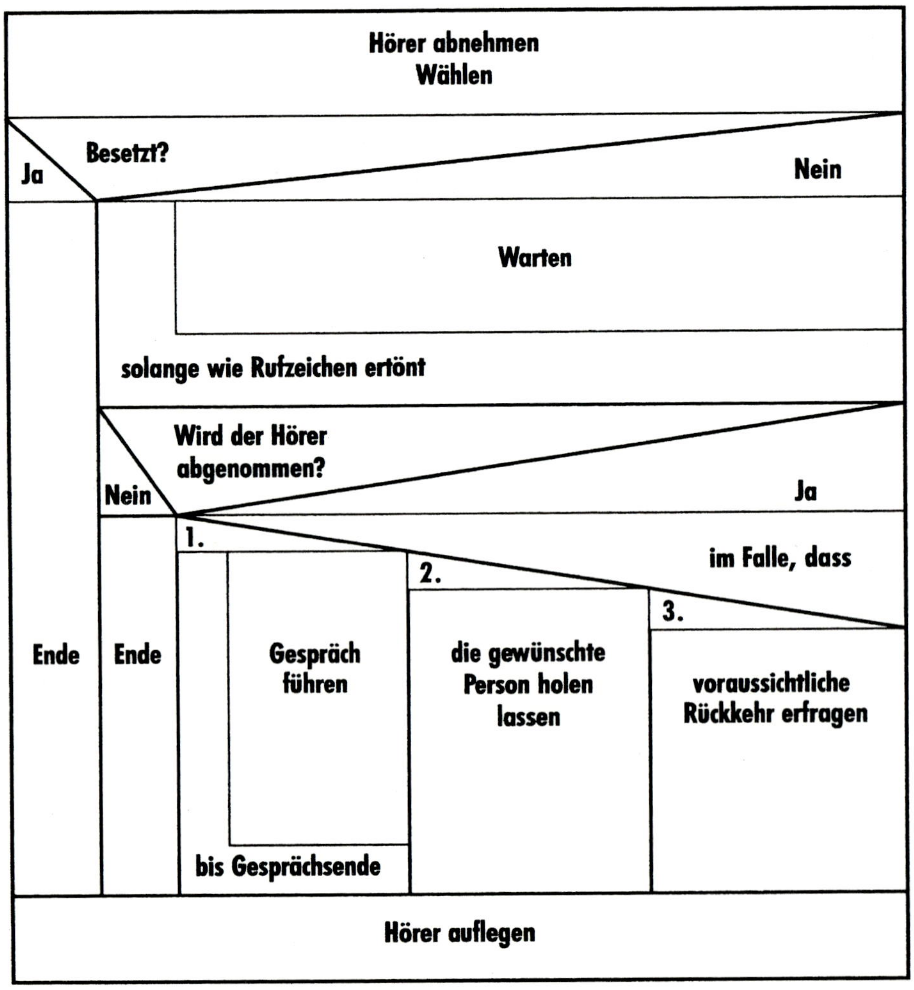

Im Falle, dass ...

1. der gewünschte Gesprächspartner abhebt
2. eine andere Person im Hause des gewünschten Gesprächspartners abhebt (Gesprächspartner ist zuhause)
3. wie 2. (Gesprächspartner ist nicht zuhause)

Aus: Steffen-Peter Ballstaedt: Lerntexte und Teilnehmerunterlagen. Weinheim: Beltz 1991, S. 107

Lösungsvorschlag

Zu 1:
Hörer abnehmen und wählen – Wenn nicht besetzt – Warten, solange Rufzeichen ertönt – Wenn jemand abnimmt – Gewünschter Gesprächspartner spricht nicht – Nach Gesprächspartner fragen – Wenn Gesprächspartner zu Hause – Gewünschten Gesprächspartner holen lassen – Gespräch führen – Hörer auflegen. Oder Variante: Gesprächspartner ist nicht zu Hause ...

Zu 3:

Ablauf eines Telefongesprächs (Flussdiagramm)

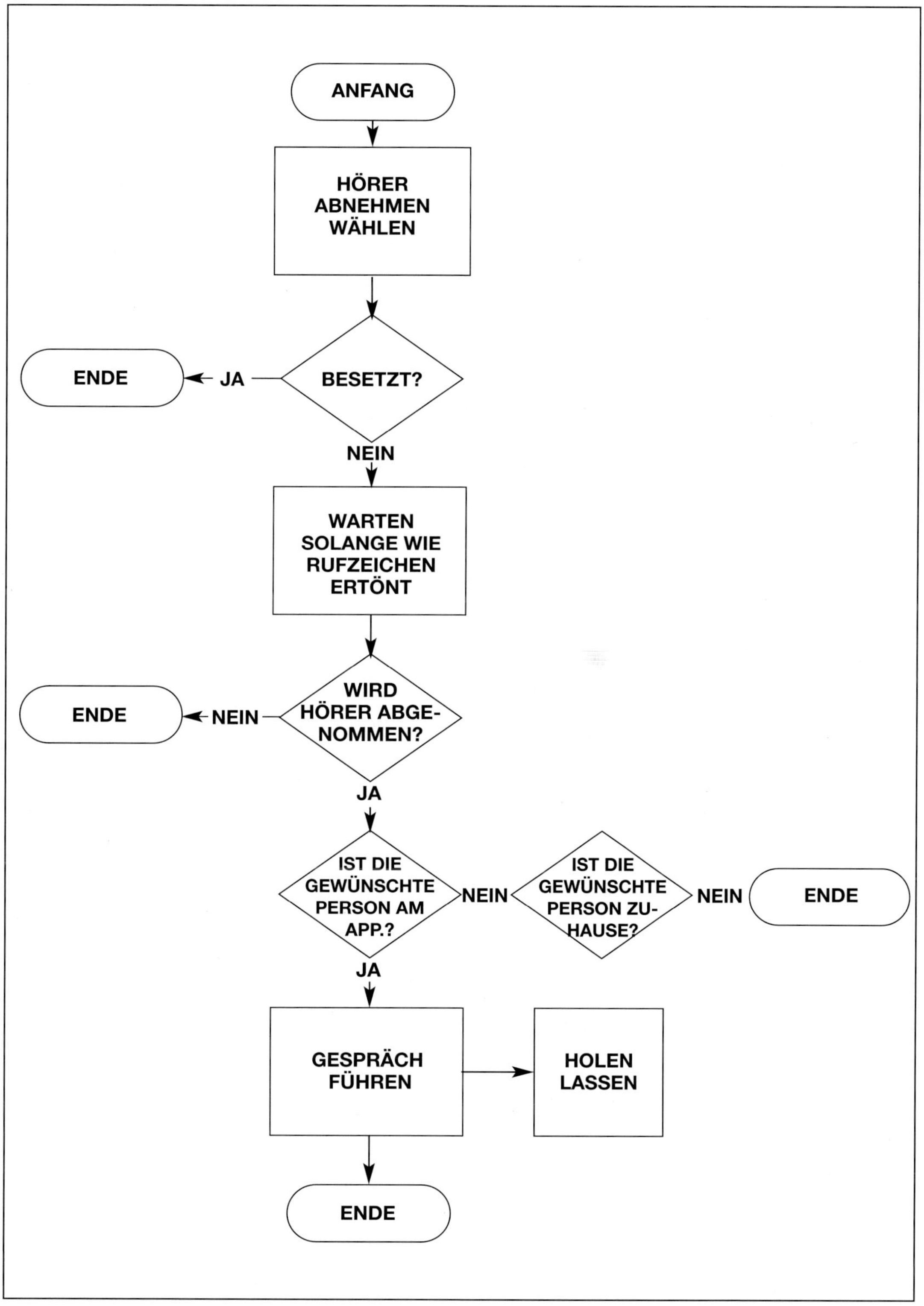

Aus: Steffen-Peter Ballstaedt: Lerntexte und Teilnehmerunterlagen. Weinheim: Beltz 1991, S. 105

zu Arbeitsblatt 44 (S. 154)

Flussdiagramme verstehen
„Das amerikanische Anredesystem"

Diese Aufgabe setzt voraus, dass die Elemente eines Flussdiagramms bekannt sind. Das Lesen eines solchen Diagramms soll an einer komplexen Darstellung geübt werden. Außerdem soll mit dem Beispiel gezeigt werden, dass Flussdiagramme nicht nur Handlungsabläufe veranschaulichen können. Es handelt sich um eine Darstellung von Faktoren, die die Wahl der Anredeform in einer Kommunikationssituation bestimmen wie Höflichkeitsüberlegungen, Generationszugehörigkeit. Dadurch wird eine Abfolge einzelner Entscheidungen verdeutlicht, über die man sich in einer normalen Gesprächssituation keine Gedanken macht.

1. Erläutern Sie, dass die Verwendung des Namens in der Anrede ein deutliches Signal für soziale Vertrautheit oder Distanz ist. Im amerikanischen Englisch gibt es die Varianten: Titel und Nachname, nur den Titel nennen, Mr. und Nachname, (das deutsche „Herr Doktor" gibt es nicht!), Mrs. und Nachname, Miss und Nachname, Verwandtschaftsbezeichnung und Vorname und nur die Nennung des Vornamens. Die amerikanische Linguistin Susan Ervin-Tripp hat in einem Flussdiagramm dargestellt, wie sich Sprecher für eine bestimmte Anredeform entscheiden. Dabei hat sie an einen erwachsenen, gebildeten Amerikaner gedacht und keine Dialektunterschiede oder persönliche Vorlieben berücksichtigt.

2. Besprechen Sie für den Gesprächsanlass „Übrigens, Mr. Miller, wir sollten jetzt gehen" die folgenden im Flussdiagramm vorgegebenen Schritte als Beispiele:
Zuerst entscheidet der Sprecher: Ist der Angesprochene ein Kind? (= – erwachsen). Da es sich um einen Erwachsenen handelt, muss der Sprecher entscheiden, ob die Person in einer Situation angeredet wird, in der die Anredeform strengen Vorschriften genügen muss (= statusgeprägte Situation; Beispiele: Arztbesuch, Gerichtsverhandlung). Da das nicht so ist und der Name bekannt, ist zu entscheiden, ob es sich um einen Verwandten handelt. Es handelt sich nicht um einen Verwandten, also ist zu entscheiden, ob es ein Freund oder Kollege ist. Das ist nicht der Fall, auch gehört der Angeredete keiner Gruppe an, die bestimmte Höflichkeitsformen verlangt (= Identitätsgruppe, Beispiele: Richter oder Doktor), also wird der Sprecher, da der Angeredete männlich ist, in der rechten Spalte des Flussdiagramms bei MR. + NACHNAME seine Entscheidungskette abschließen.

3. Wir haben vier verschiedene Varianten der Anrede ausgewählt, deren Bedingungen die Schüler als Übung aus dem Flussdiagramm herauslesen können. Lassen Sie die Schüler – am besten in Partnerarbeit – farbig oder mit verschiedenen Stricharten / Symbolen den Weg im Flussdiagramm für jede Bedingung kennzeichnen und die Entscheidungsabfolge kurz verbal charakterisieren.

Lösungsvorschlag

Das amerikanische Anredesystem (nach S. Ervin-Tripp, 1972)

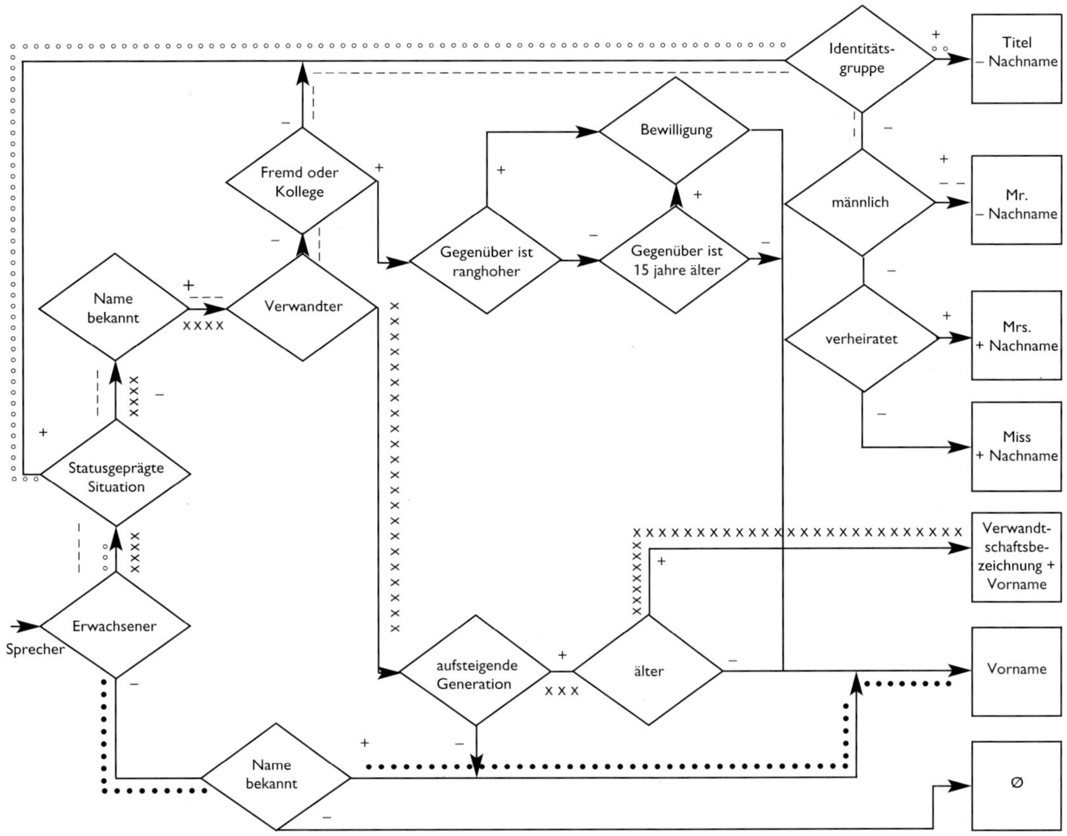

Aus: David Crystal: Die Cambridge Enzyklopädie der Sprache. Frankfurt/M., New York: Campus 1995, S.44

Kurzcharakteristiken:

1. Bedingung: „Übrigens, Mr. Miller, wir sollten jetzt gehen"
   – – – – = erwachsen, nicht statusgeprägt, Name bekannt, kein Verwandter, keine Identitätsgruppe, männlich: MR. + NACHNAME;
2. Bedingung: „Übrigens, Dr. Miller, wir sollten jetzt gehen"
   oooo = erwachsen, statusgeprägt, Identät bekannt: TITEL + NACHNAME;
3. Bedingung: „Übrigens, Aunty Rose, wir sollten jetzt gehen"
   xxxx = erwachsen, nicht statusgeprägt, Name bekannt, Verwandte, aufsteigende Generation, älter: VERWANDTSCHAFTSBEZEICHNUNG + VORNAME;
4. Bedingung: „Übrigens, Tommy, wir sollten jetzt gehen"
   ...... = Kind, Name bekannt: VORNAME.

Transfer

Ein weiteres Beispiel für ein Flussdiagramm gibt es im Kapitel „Anlesen", S. 73
In Fachartikeln, überwiegend aus dem naturwissenschaftlichen Bereich, aber auch in der Soziologie und der Linguistik werden Flussdiagramme relativ häufig zur Veranschaulichung verwendet.

Lesen einer Tabelle
„Wie viel sagen Kinder am Tag?“

Baustein 5

Arbeitsblatt 37

Lesen Sie den kurzen Begleittext zur Tabelle. Betrachten Sie dann die Tabelle noch einmal genau und arbeiten Sie heraus, welche Informationen in Text und Tabelle gleich sind und welche Informationen der Text zusätzlich (oder anders) bringt.

Wie viel sagen Kinder am Tag?

Mit Mikrofon und Tonbandgerät sind umfangreiche Untersuchungen des kindlichen Wortschatzes möglich. Ausgedehnte Abschnitte der Äußerungen eines Tages lassen sich akustisch festhalten, in manchen Fällen alles, was das Kind zwischen Aufwachen und Einschlafen sagt.
In einer Untersuchung wurde die Wortzahl in den Äußerungen einer Reihe deutscher Kinder ermittelt. Die Tabelle unten zeigt das Alter der Kinder, die jeweilige Länge der Aufzeichnung und die darin gezählten Wörter. Da die Stichproben unterschiedliche Länge haben, ist in der rechten Spalte jeweils ein auf einen Zwölfstundentag hochgerechneter Wert angegeben.

Alter (Jahre; Monate)	Zeit (Minuten)	Wörter	In 12 Stunden
1;5	202	3881	13800
1;8	241	3907	11700
2;1	213	5978	20200
3;6	189	9891	37700
5;4	152	6464	30600
8;7	193	6630	24700
9;2	311	10524	24400
9;6	869	25401	21000
9;7	804	28142	25200

Die Ergebnisse übertrafen die Erwartungen bei weitem: Niemand hatte damit gerechnet, dass bereits Zweijährige über 20000 Wörter pro Tag produzieren können, Dreieinhalbjährige sogar fast das Doppelte!
Auch die Zahl unterschiedlicher Wörter, die verwendet wurden, war viel höher als erwartet. Bereits das anderthalbjährige Kind erreichte erstaunliche 1860 Wörter, und beim elfjährigen zählte man über 5000. Der Durchschnitt für die gesamte Gruppe betrug 3000 Wörter (nach K. R. Wagner, 1985, S. 477).
Die Kinder stammten aus unterschiedlichen sozialen Verhältnissen und waren den Tag über auf sehr verschiedenartige Weise beschäftigt, sodass die Zahlen ziemlich repräsentativ sein dürften. Sollten sich diese Werte bestätigen, muss die herkömmliche Einschätzung des Wortschatzwachstums grundlegend revidiert werden: Offenbar hat man die Zahlen bisher viel zu niedrig angesetzt.

Aus: David Crystal: Die Cambridge Enzyklopädie der Sprache. Frankfurt/Main, New York: Campus Verlag 1995, S. 244

Lesen eines Säulendiagramms
„Tourismuszahlen auf den Kapverden“

Baustein 5

Arbeitsblatt 38

Lesen Sie den begleitenden Text und die Grafik. Prüfen Sie dabei, ob der Text durch die Aussagen der Grafik bestätigt wird. Benennen Sie die Informationen, die die Grafik zusätzlich zum Text enthält.

Entwicklung der Tourismuszahlen auf den Kapverden zwischen 1991 und 1999

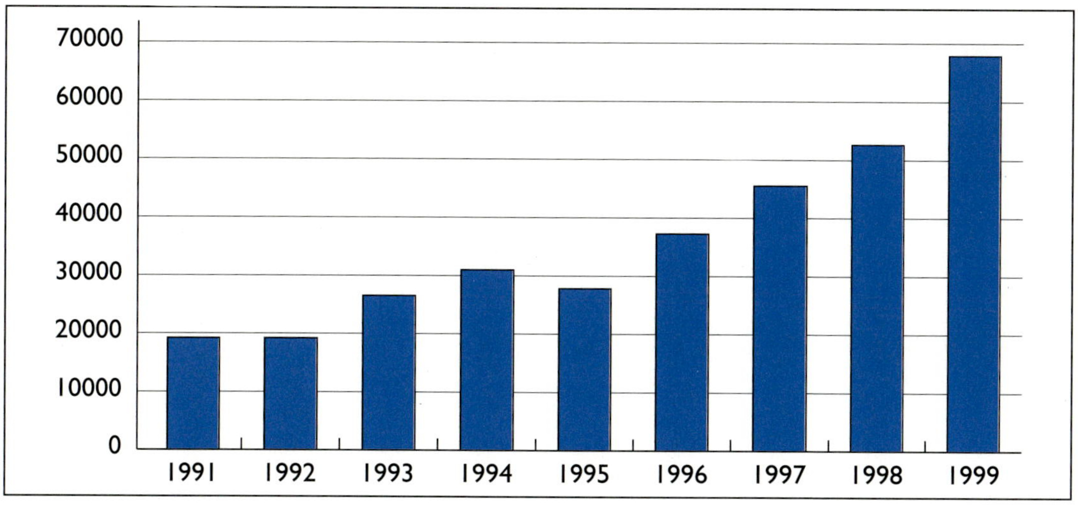

Die Grafik begleitender Text:

Seit 1994 steigt die Zahl der Touristen durchschnittlich um 11 % pro Jahr und für 2008 werden 400 000 Besucher prognostiziert. Das wäre das Achtfache der Zahl von 1998 und entspräche der geschätzten derzeitigen Einwohnerzahl der Kapverden. 1998 besuchten insgesamt 52 000 Touristen die Kapverden.

Aus: Alexander Siegmund, André Hohmann: Touristenziel Kapverden. In: Geographische Rundschau 55, Heft 4, 2003, S. 53

Baustein 5

Arbeitsblatt 39

Vergleich von zwei Kurvendiagrammen zu neuropsychologischen Untersuchungen

a) „Abschneiden von Immigranten in einem Grammatiktest"
b) „Durchschnittliche Besserung des Tastsinns von operierten Patienten"

1. *Betrachten Sie die beiden Kurvendiagramme und beschreiben Sie genau, was dargestellt wird (Skalenbezeichnungen, Ordinaten, Abszissen, Kurvenverlauf). Berücksichtigen Sie auch die kurzen Texte unter den Grafiken.*
2. *Stellen Sie dar, worum es in den Untersuchungen ging und welches die Ergebnisse waren.*
3. *Der Autor, ein Neuropsychologe, erklärt beide Untersuchungsergebnisse mit einer gleichartigen Veränderung der Lernfähigkeit von Zellen in verschiedenen Bereichen des Gehirns. Versuchen Sie, seine Überlegungen nachzuvollziehen und herauszufinden, was ihn dazu brachte.*

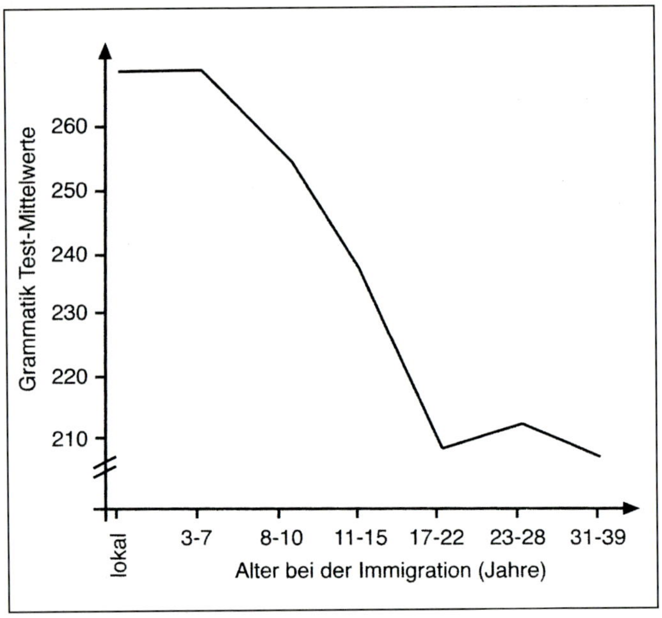

a) Abschneiden von Immigranten in einem Grammatiktest in Abhängigkeit vom Alter bei der Einwanderung (nach Barinaga 2000, S. 2119)

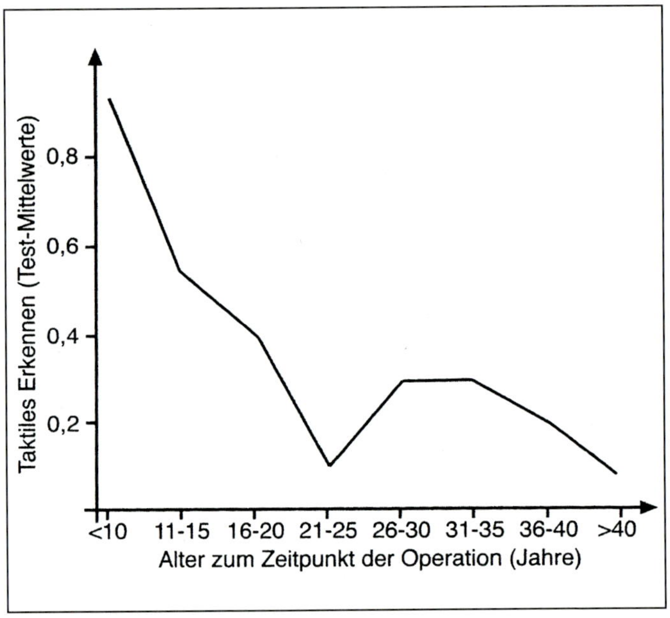

b) Durchschnittliche Besserung des Tastsinns bei 54 Patienten zwei Jahre nach der Verletzung und operativer Wiederherstellung wesentlicher Nerven des Unterarms (nach Lundborg & Rosén 2001, S. 809)

Aus: Spitzer, Manfred: Lernen, Gehirnforschung und die Schule des Lebens. Heidelberg: Spektrum, Akad. Verlag 2002, S. 212–213

Baustein 5

Arbeitsblatt 40

Lesen eines Kreisdiagramms
„Herkunftsländer der Kapverdenbesucher 1998"

Schreiben Sie zu dem Kreisdiagramm einen kurzen Text, der in einem Reiseprospekt der Kapverden stehen könnte.

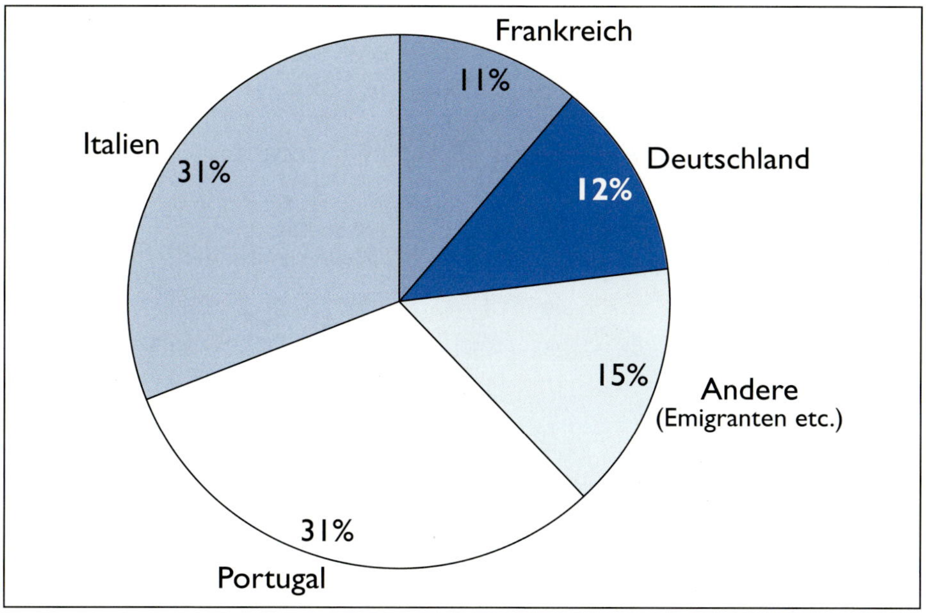

Aus: Alexander Siegmund, André Hohmann: Touristenziel Kapverden. In Geographische Rundschau 55, Heft 4, 2003, S. 53

Kombination von Kurven- und Kreisdiagramm
„Wie viel kostet die Gesundheit?“

1. *Beschreiben Sie die in beiden Grafiken enthaltene Information.*
2. *Was spricht für die Darstellung der Daten in der jeweiligen Präsentation?*

So viel kostet die Gesundheit
Ausgaben der gesetzlichen Krankenversicherung

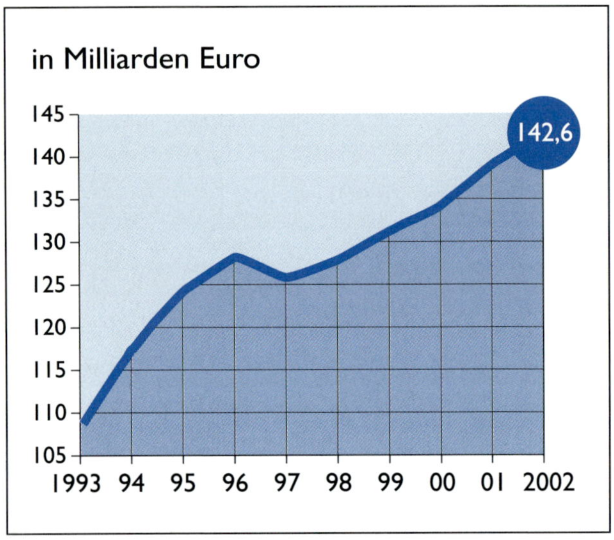

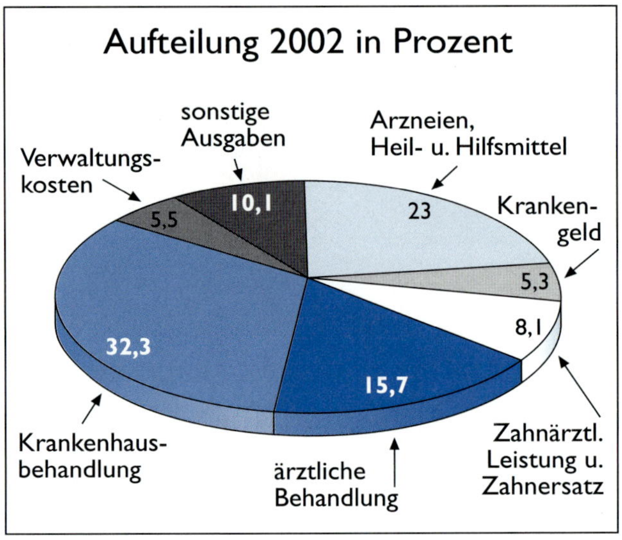

Quelle: DIE ZEIT vom 3. 4. 2003/Bundesministerium für Gesundheit und Soziale Sicherung

Kombination von Text, Säulendiagramm und Tabelle

„Nebenjobs (Shell Jugendstudie 2002)"

Baustein 5

Arbeitsblatt 42

Lesen Sie den Text aus der Shell Jugendstudie und bestimmen Sie genau, auf welche Angaben (Tabelle oder Grafik) sich die Autoren beziehen. Die Aussagen, bei denen das möglich sein könnte, sind mit Buchstaben kenntlich gemacht. Tragen Sie die einzelnen Buchstaben an den entsprechenden Stellen ein. Achtung: nicht alle Aussagen des Textes sind durch die Angaben in der Grafik und in der Tabelle belegt und manchmal bezieht sich eine Aussage auf mehrere Angaben in Tabelle oder Grafik. Finden Sie die Aussage im Text, die sich nicht mit den Angaben in der Tabelle deckt.

Nebenjobs: Wer Geld ausgibt, muss auch welches verdienen ...

Was die finanzielle Situation der Jugendlichen anbelangt, so sind Nebentätigkeiten bei ihnen ein probates Mittel, um sich materielle Wünsche erfüllen zu können. Dennoch wurde diesem Aspekt der jugendlichen Lebenswelt in Studien bis dato eher wenig Aufmerksamkeit geschenkt. Weil jugendlichen Jobbern und Jobberinnen oft vorgehalten wird, die schulischen Leistungen könnten aufgrund von Nebentätigkeiten gefährdet werden, und weil ihnen vielfach unterstellt wird, nur möglichst viel Geld verdienen zu wollen, um eine aufwändige Freizeitgestaltung und teure Statussymbole finanzieren zu können, wurde danach gefragt, wie viele der Jugendlichen tatsächlich in ihrer Freizeit gegen Bezahlung einem Job nachgehen und in welchem Umfang.

Im Durchschnitt übt zur Zeit fast jeder dritte Jugendliche gelegentlich oder regelmäßig eine bezahlte Nebentätigkeit aus. (A) Dabei fällt die Rate der „Jobberinnen" und „Jobber" im Westen mit einem Drittel (B) merklich höher aus als im Osten, wo nur ein Viertel der Jugendlichen nebenher arbeitet (C). Von den jungen Nebenerwerbler/-innen arbeitet wiederum jeder Dritte weniger als 5 Stunden (D) pro Woche, fast jeder Zehnte wendet für seine Tätigkeit 15 Stunden und mehr pro Woche auf (E). Dies zeigt, wie leistungsbereit die Jugendlichen heute sind: Von einer Generation „fauler Drückeberger" kann keineswegs die Rede sein.

Es überrascht kaum, dass knapp zwei Drittel der Studierenden angeben, mit einiger Regelmäßigkeit zu jobben (F), da es hier weitgehend üblich ist, sich zu BAföG oder Unterhalt der Eltern etwas hinzuzuverdienen, um sich mehr als nur das Allernötigste leisten zu können. Auch immerhin fast ein Fünftel der Auszubildenden geht einer Nebentätigkeit nach (G). Auffällig ist dagegen, dass von den Schülerinnen und Schülern, die in ihrer Freizeit eine Nebentätigkeit ausüben, deutlich mehr als die Hälfte auf ein Gymnasium geht (H). Und obwohl gerade bei dieser Gruppe hohe Leistungsanforderungen und dementsprechend ein hoher Zeitaufwand für schulische Belange zu erwarten ist, sind gerade die Jobs der Gymnasiastinnen und Gymnasiasten überdurchschnittlich häufig im Vergleich zu denen anderer Schulformen recht zeitintensiv (J). Als erklärende Faktoren dafür sind primär zum einen der höhere Altersdurchschnitt der Gymnasiastinnen und Gymnasiasten anzuführen (K), zum anderen hat diese Schülergruppe wohl die meisten Optionen, überhaupt Nebenjobs zu erlangen. Überdies versuchen jedoch gerade diese Jugendlichen, bei denen die Eltern wohl am ehesten in der Lage sind, sie materiell zu unterstützen, auf eigenen Beinen zu stehen, weniger abhängig von Taschengeldzuwendungen zu sein, (L). In dieser Hinsicht sind viele Jugendliche heute also durchaus eigenständig und „engagiert" statt nur passiv „die Hand aufzuhalten". [...]

Baustein 5

Arbeitsblatt 42

1. Jugendliche, die in ihrer Freizeit gegen Bezahlung jobben

Schüler, Studierende oder Auszubildende im Alter von 12–25 Jahren
(Angaben in %)

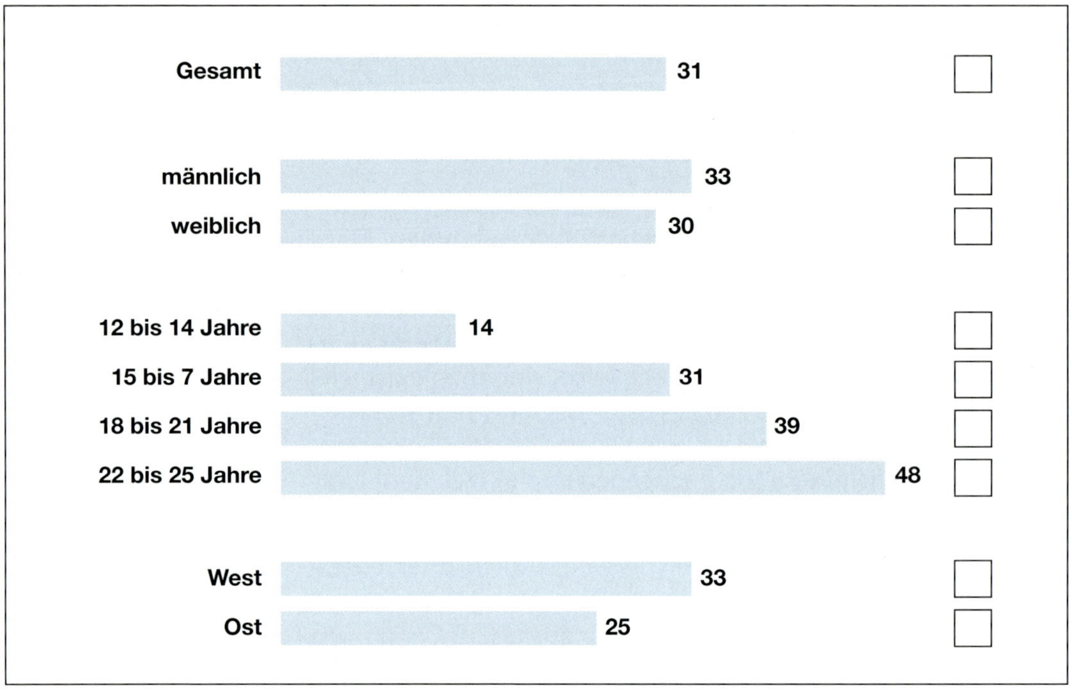

Nach: Shell Jugendstudie 2002 – Infratest Sozialforschung

2. Anzahl der Stunden, die Jugendliche in einer normalen Woche jobben

Jugendliche im Alter von 12–25 Jahren, die in ihrer Freizeit jobben

%-Angaben	Gesamt	Schulart: Haupt-schule	Schulart: Real-schule	Schulart: Gym-nasium	Schule ge-samt	Stu-den-ten	in Ausbil-dung	männ-lich	weib-lich
1–5 Std.	32	44	53	37	42	16	29	32	31
6–9 Std.	15	19	8	19	16	13	13	16	14
10–14 Std.	14	4	6	13	10	18	22	12	16
15 Std. und mehr	9	5	4	3	3	18	5	8	9
zu unregel-mäßig	30	28	28	27	28	35	31	30	31
keine Angaben	1	–	1	3	2	1	–	2	0

Nach: Shell Jugendstudie 2002 – Infratest Sozialforschung

Aus: Jugend 2002 – 14. Shell Jugendstudie, Konzeption & Koordination: Klaus Hurrelmann, Matthias Albert in Arbeitsgemeinschaft mit Infratest Sozialforschung, Frankfurt/M.: Fischer Taschenbuch Verlag 2002, S. 84–86

Flussdiagramme verstehen
„Ein Telefongespräch"

Baustein 5

Arbeitsblatt 43

Vervollständigen Sie das unten abgedruckte unvollständig ausgefüllte Flussdiagramm mit den Schritten, die normalerweise den Ablauf eines Telefongesprächs aus der Sicht des Anrufers kennzeichnen. Tragen Sie die fehlenden Operationen, Entscheidungspunkte, Richtungspfeile und Endpunkte ein.

Ablauf eines Telefongesprächs

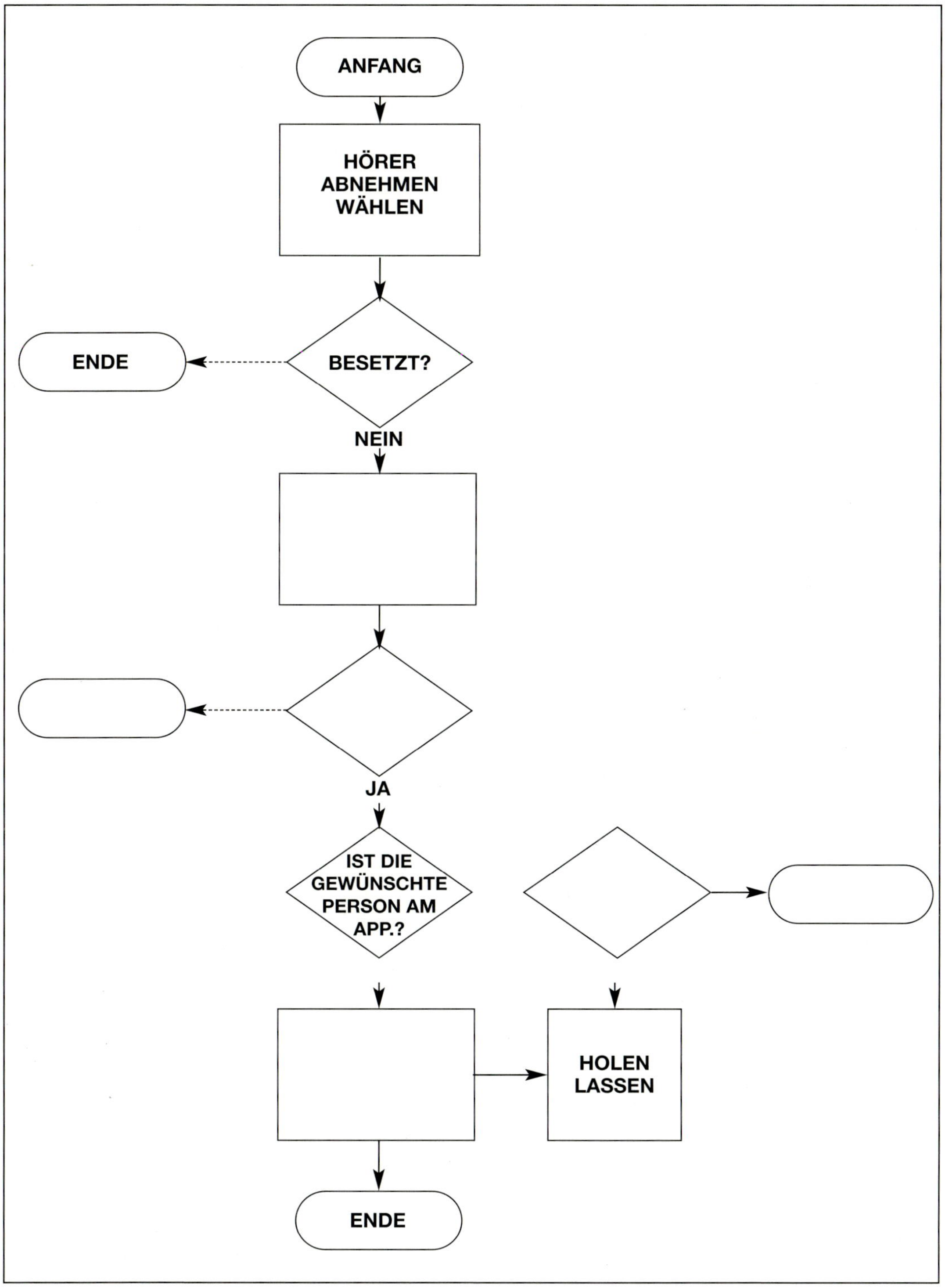

Nach: Steffen-Peter Ballstaedt: Lerntexte und Teilnehmerunterlagen. Weinheim: Beltz 1991, S. 105

Flussdiagramme verstehen

„Das amerikanische Anredesystem"

Baustein 5

Arbeitsblatt 44

Betrachten Sie das Flussdiagramm, das hier ausnahmsweise einmal keinen Handlungsablauf, sondern verschiedene Anredemöglichkeiten im amerikanischen Englisch darstellt.
Wir haben unten vier verschiedene Anredesituationen aufgeführt.
Lesen Sie heraus, welche angemessene Anrede unter den im Flussdiagramm dargestellten möglichen Entscheidungen verwendet würde, kennzeichnen Sie die einzelnen Varianten in unterschiedlicher Weise (farbig oder mit verschiedenen Symbolen) und schildern Sie die einzelnen Entscheidungsabfolgen kurz.

Situationen:

1. *Unter welchen Bedingungen würde ein Sprecher sagen: „Übrigens, Mr. Miller, wir sollten jetzt gehen"?*
2. *Unter welchen Bedingungen würde ein Sprecher sagen: „Übrigens, Dr. Miller, wir sollten jetzt gehen"?*
3. *Unter welchen Bedingungen würde ein Sprecher sagen: „Übrigens, Aunty Rose, wir sollten jetzt gehen"?*
4. *Unter welchen Bedingungen würde ein Sprecher sagen: „Übrigens, Tommy, wir sollten jetzt gehen"?*

Das amerikanische Anredesystem (nach S. Ervin-Tripp, 1972)

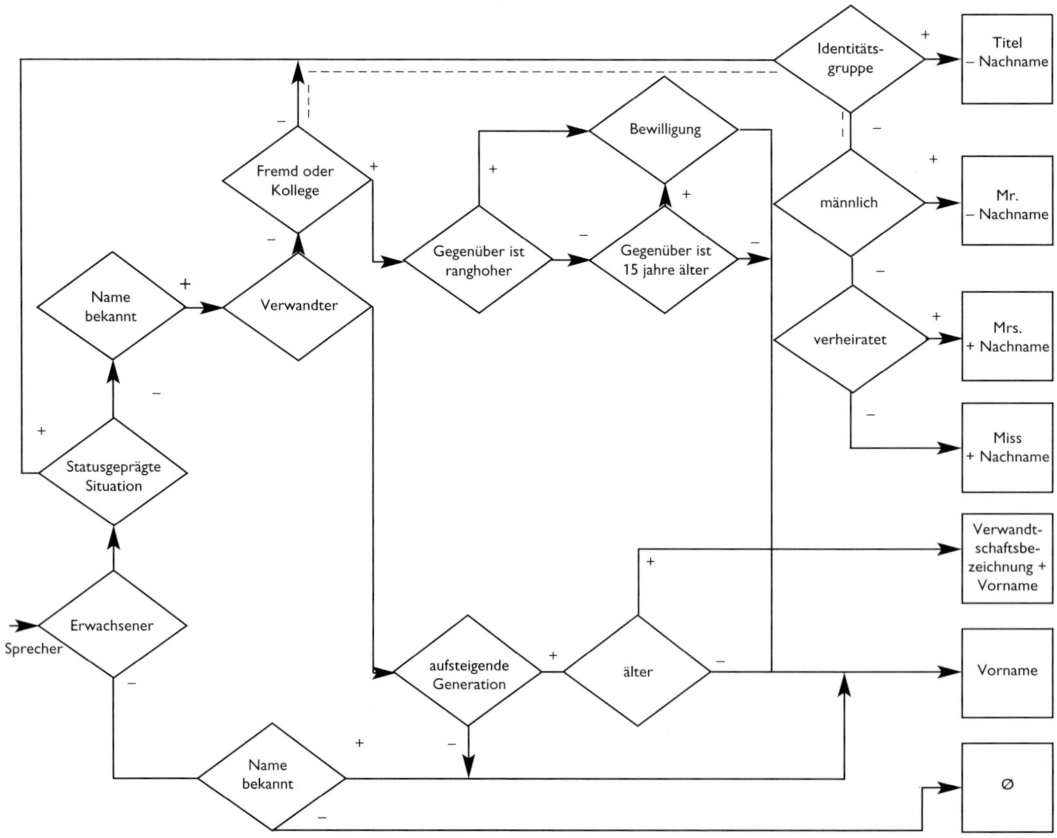

Aus: David Crystal: Die Cambridge Enzyklopädie der Sprache. Frankfurt/M.: Campus 1995, S. 44

Kombinierte Leseaufgabe

zu Arbeitsblatt 45 (S. 157ff.)

Lektüre, Bearbeitung und Zusammenfassung eines populärwissenschaftlichen Artikels
„Die Suche nach den Narben der Kindheit"

Die Übung eignet sich auch als Klausuraufgabe.

Angewendet werden sollen folgende Strategien:

1. Antizipieren
2. Wichtiges hervorheben (Unterstreichungen und Randzeichen)
3. Vorstufe einer Zusammenfassung: pro Abschnitt einen Satz formulieren
4. Den Aufbau eines Textes erkennen, die Gliederung aufschreiben
5. Die Zusammenfassung als strukturierten Text aufschreiben

Mögliche Alternative/Erweiterung:
6. Informationen aus dem Text mit eigenen Worten formulieren
7. und 8. Vergleich und Bewertung von Informationen

Lösungsvorschlag

zu 4 (Aufbau):

Einleitung: Worum geht es? Vorstellung der Verhaltensbiologin und ihres Forschungsgegenstands	Abschnitt 1–3
Hauptteil:	
Hinweis auf frühere Forschungen zum gleichen Thema	Abschnitt 4
Beschreibung der Versuche und ihrer Ergebnisse (Synapsen)	Abschnitt 5–8
Beschreibung eines weiteren Versuchs (Dopamin)	Abschnitt 9
Frage nach der Bedeutung der Versuche für den Menschen	Abschnitt 10–12
Bericht über nächstes Forschungsziel: Untersuchungen zur Hyperaktivität	Abschnitt 13–14
Schluss: Warnung vor verfrühten Hoffnungen	Abschnitt 14

zu 5 (Zusammenfassung):

In dem Artikel „Die Suche nach den Narben der Kindheit" von A. Lessmöllmann in der „ZEIT" vom 31.10.02 geht es um einen Bericht über die Forschungen der Verhaltensbiologin Anna Katharina Braun, die herausfinden will, wie frühe traumatische Erfahrungen das Gehirn und damit das Verhalten eines Menschen sein Leben lang beeinflussen. (1– 3)

Schon zu Beginn des 20. Jahrhunderts haben Psychologen vermutet, dass frühe Traumata „Narben" im Gehirn hinterlassen. Auch weiß man, dass eine anregende Umwelt und soziale Interaktion die Bildung von Synapsen (Verschaltungen zwischen den Neuronen der Großhirnrinde) fördern. (4)

Die Verhaltensforscherin trennt junge Ratten zeitweise von ihren Eltern und untersucht, welche Folgen dieser emotionale Stress auf das limbische System hat, das für Lernen, Emotion und Gedächtnis zuständig ist: Dort steigt unter Stress die Zahl der Synapsen, weil das Gehirn daran arbeitet, den Stress zu bewältigen. (5+6)

Dies widerspricht nur scheinbar früheren Forschungsergebnissen, denn zur gesunden Hirnentwicklung gehört nicht nur, dass Verbindungen verstärkt, sondern auch, dass gewisse Verbindungen reduziert werden. So haben Schizophrene zum Beispiel zu viele Synapsen. (7+8)

Als eine weitere Veränderung im Gehirn hat die Forscherin bei den „deprivierten", d.h. emotional vernachlässigten Ratten einen erhöhten Ausstoß an Dopamin (Transmitter, Botenstoff) festgestellt. Das bedeutet, dass emotionale Vernachlässigung das Gehirn nachweislich verändert. (9)

Auf die Frage, was das für den Menschen bedeute, warnt A. K. Braun vor zu schnellen Hoffnungen: Die Möglichkeit, Fehlschaltungen im Gehirn einmal durch einen entsprechenden Eingriff heilen zu können, sei vorläufig nur eine Utopie. (10) Psychologen hoffen jedoch auf neue Behandlungsmöglichkeiten, die wirksamer als Gesprächstherapien und Medikamente sind, und auch Lehrer und Vertreter der neuen, boomenden Wissenschaft Neurodidaktik interessieren sich für diese Untersuchungen. (11 + 12)

Das nächste Forschungsziel von A. K. Braun ist die Untersuchung von erwachsenen Ratten, die als Jungtiere emotional vernachlässigt wurden und die sich nun hyperaktiv verhalten. Eine direkte Übertragung ihrer Forschungsergebnisse auf hyperaktive Kinder (ADS) lehnt die Forscherin jedoch ab; es handle sich zunächst nur um einen Befund im Rahmen von Experimenten mit Tieren. (13 + 14)

Mögliche Alternative/Erweiterung:

Der folgende Vorschlag enthält inhaltsbezogene Fragen, die das Textverständnis überprüfen (Aufgabe 6), und Fragen, die Vergleich und Bewertung verlangen (Aufgabe 7 und 8). Die für die Antwort relevanten Passagen müssen jeweils von den Schülern selbst herausgefunden werden.

Lösungsvorschlag

zu 6 (Informationen des Textes zu bestimmten Fragen mit eigenen Worten formulieren):

a) Ratten und Menschen leben in Gemeinschaften, verständigen sich mit Lauten, gehen monogame Beziehungen ein, kümmern sich gemeinsam um den Nachwuchs, können von Geburt an sehen, riechen und hören. (Z.17–30)

b) Katharina Braun will beweisen, dass „frühe traumatische Erfahrungen das Verhalten eines Menschen sein ganzes Leben lang beeinflussen können“. (Z. 48–54)

c) Frau Braun konnte folgende zwei Veränderungen im Gehirn nachweisen:

(1) Veränderungen im limbischen System. „Die Gehirnzellen der isolierten Tiere waren in dieser Region viel intensiver verschaltet als bei Artgenossen, die ungestört in ihrer Familie aufwuchsen.“ (Z. 104–108)
(2) Bei vernachlässigten Tieren fließt wesentlich mehr Dopamin. (Z. 156–160)

d) Mit ihrer Forschungsarbeit verbindet Frau Braun die Hoffnung, dass man bei bestimmten psychischen Krankheiten „irgendwann eingreifen und das Gehirn wieder auf normal drehen“ kann. (Z. 180–183)

zu 7. und 8. (Vergleich und Bewertung von Informationen):

7. Krech und Rosenzweig haben die Hirnrinde untersucht, Braun das limbische System. Krech und Rosenzweig haben herausgefunden, dass Vernachlässigung die Entwicklung der Hirnrinde hemmt, während Katharina Braun entdeckt hat, dass die Gehirnzellen der isolierten Tiere viel intensiver verschaltet waren. Diese Ergebnisse widersprechen sich jedoch nur auf den ersten Blick: Zu viele Synapsen im limbischen System sind ebenso nachteilig wie zu wenig Verschaltungen in der Hirnrinde. (Z. 109–121 bzw. 133)

8. Lehrer und Eltern interessieren sich für die Forschungsergebnisse von Frau Braun, weil sie wissen wollen, wie man das Gehirn pädagogisch formen und prägen kann.
Lehrer und Eltern suchen nach einer hirnphysiologischen Erklärung für das Aufmerksamkeits-Defizit-Syndrom als Voraussetzung für eine „ursächliche Therapie“. (Z. 196–199 und 225–231)

Kombinierte Leseaufgabe: Lektüre, Bearbeitung und Zusammenfassung eines populärwissenschaftlichen Artikels
„Die Suche nach den Narben der Kindheit"

Arbeitsblatt 45

Es geht bei dieser Aufgabe um die sorgfältige Anwendung einer Methode mit verschiedenen Arbeitsschritten. Darum geben Sie bitte außer der eigentlichen Zusammenfassung auch den bearbeiteten Text (mit Markierungen, Randnotizen) und die Vorarbeiten (zusammenfassende Sätze zu den einzelnen Sinnabschnitten, Gliederung) mit ab.

Arbeitsschritte:

1. *a) Titel – Überlegen Sie: worum könnte es gehen?*
   b) Erstes Lesen – verschaffen Sie sich einen Überblick: Thema? Textsorte? Fachrichtung des Autors / der Autorin?
2. *Intensives Lesen – heben Sie dabei wichtige Aussagen sparsam hervor (Marker) und halten Sie den Aufbau des Gedankengangs am Rand in Stichworten fest.*
3. *Fassen Sie die Aussage jedes Sinnabschnitts in ein oder zwei Sätzen zusammen. (Achtung: manchmal gehören zwei Abschnitte zu einem Sinnabschnitt!)*
4. *Arbeiten Sie den Aufbau des Textes heraus und schreiben Sie ihn als Gliederung auf.*
5. *Schreiben Sie nun die Zusammenfassung als strukturierten Text auf.*
   Denken Sie an einen informativen Einleitungssatz. Verbinden Sie die zusammenfassenden Einzelsätze zu einem Text; achten Sie dabei auf Strukturierung und Distanz.

Annette Lessmöllmann
Die Suche nach den Narben der Kindheit

Niedlich sind sie, diese Strauchratten. „Rättchen", sagt Anna Katharina Braun[1] zu ihnen. Sie ist im Hessischen aufgewachsen und hat eine Vorliebe für Verkleinerungsformen. Die Tiere tollen munter durch den Käfig in der Magdeburger Otto-von-Guericke-Universität, und die Verhaltensbiologin schaut lächelnd zu. Manchmal schaut sie allerdings ein wenig nachdenklich drein. Denkt sie daran, dass sie ihren „Rättchen" das Gehirn herausnehmen muss, wenn sie Erkenntnisse sammeln will?

Die hamsterähnlichen Nager mit den großen Ohren sind ein Tiermodell für soziales Verhalten. Sie teilen viele Eigenschaften mit dem Menschen: Sie leben in Gemeinschaften und verständigen sich mit Lauten. „Auch der Mensch", sagt Braun, „ist ein vokales Tier." Erwachsene Strauchratten gehen monogame Beziehungen ein und kümmern sich gemeinsam um den Nachwuchs. Die Kleinen können von Geburt an sehen, riechen und hören. Anders als typische Labortiere, zum Beispiel Mäuse, „kriegen sie von Anfang an alles mit – genauso wie die Menschenkinder".

Und da setzt Anna Katharina Brauns Neugierde an. Sie will herausfinden, wie frühe emotionale Erfahrungen das kindliche Gehirn beeinflussen. Die kleine Strauchratte hört die Fiepser ihrer Eltern, spürt ihre Wärme und weiß: Hier bin ich sicher. Sie lernt sehr schnell, wer ihre Eltern sind, und dieses Lernen ist mit guten Gefühlen verbunden. „Filialprägung" nannte es der Verhaltensforscher Konrad Lorenz, wenn sich tief in den Gefühlshaushalt des Tieres eingräbt, bei wem es geborgen ist. „Prägung" deshalb, weil dieser Vorgang kaum mehr rückgängig zu machen ist.

[1] Anna Katharina Braun lehrt Zoologie und Entwicklungsbiologie an der Otto-von-Guericke-Universität in Magdeburg. Dort betreut die 47-Jährige den interdisziplinären neuen Studiengang Neurobiologie/Neurowissenschaften. Die Forscherin sucht im Hirn von Modelltieren nach den Spuren kindlicher Traumata.

Arbeitsblatt 45

Aber welche Spuren hinterlässt dieser Prägungsvorgang im Gehirn? Anna Katharina Braun will beweisen, was der Alltagsverstand längst zu wissen glaubt: dass frühe traumatische[2] Erfahrungen das Verhalten eines Menschen sein ganzes Leben lang beeinflussen können. In der klinischen Psychologie wurde zu Beginn des 20. Jahrhunderts der Verdacht geäußert, dass solche Traumata „Narben" im Gehirn hinterlassen. Damit war der Schritt getan von der Verhaltensforschung zur Hirnbiologie. Den Einfluss der Umwelt auf die Entwicklung des Gehirns haben die Amerikaner David Krech und David Rosenzweig von der University of California in Berkeley in den siebziger Jahren des vergangenen Jahrhunderts an Ratten nachgewiesen: Eine attraktive Umwelt und soziale Interaktion lassen die Verschaltungen zwischen den Neuronen der Großhirnrinde sprießen. Ödnis und Isolation hemmen die Entwicklung der Hirnrinde.

Ihre Methode sei „ein bisschen hart", sagt Braun mit der für sie typischen Mischung aus Pragmatismus und Mitgefühl. Systematisch wird die Beziehung zwischen Eltern und Kind unterbrochen und gestört. Denn kaum sind die Rattenkinder auf der Welt, schlägt das Schicksal in Form einer gummibehandschuhten Hand zu und setzt sie in ein Kistchen: dreimal täglich für eine Stunde Isolationshaft. Dort „schmoren sie dann", hören und riechen ihre Anverwandten, aber sehen sie nicht – jeglicher Kontakt ist unterbunden.

„Das ist Stress für die Tiere", sagt Anna Katharina Braun – die solche Experimente nicht ungern auch einmal ihren Mitarbeitern überlässt. Und tatsächlich: Die Vernachlässigung wirkt sich auf das Gehirn aus. Anders als Krech und Rosenzweig vor mehr als dreißig Jahren konzentrierte sich Braun bei ihren Untersuchungen nicht auf die Hirnrinde, sondern auf das limbische System tief im Innern des Gehirns. Bei den „deprivierten[3] Rättchen" fand sie Veränderungen in dieser Hirnregion, die für Emotionen, Lernen und Gedächtnis zuständig ist. Die Gehirnzellen der isolierten Tiere waren in dieser Region viel intensiver verschaltet als bei Artgenossen, die ungestört in ihrer Familie aufwuchsen. Ein auf den ersten Blick verwirrender und den Daten von Krech und Rosenzweig widersprechender Befund. Schließlich hatten die vernachlässigten Tiere weniger Reize von außen zu verarbeiten und deswegen auch weniger Verschaltungen zwischen Zellen zu knüpfen. Aber zur Hirnentwicklung gehört nicht nur, dass Verbindungen geschaffen und durch Reizverarbeitung verstärkt werden, sondern auch, dass sie reduziert werden.

Das sei wie bei einem Bildhauer, der etwas wegschlagen müsse, damit sich aus der rohen Steinmasse ein Kunstwerk schälen kann, erklärt Braun: „Auch das Gehirn ist ein solches Kunstwerk, und wenn zu viele Verknüpfungen bestehen bleiben, dann rauscht es wie bei einer übersteuerten Stereoanlage." Auch bei Schizophreniepatienten habe man festgestellt, dass sie zu viele Synapsen[4] haben.

Aber nicht nur die Synapsenzahl gerät bei den gestressten Rattenkindern aus dem Gleichgewicht, auch die Chemie zwischen den Zellen ist gestört. So genannte Neurotransmitter übertragen ein Signal von einer Zelle in die nächste. Wenn es dabei um Gefühle geht, dann tritt vor allem der Transmitter Dopamin auf den Plan – ein Stoff, der offenbar für intensive Emotionen zuständig ist.

Arbeitsblatt 45

Braun hat einen Versuch durchgeführt, bei dem die kleinen Strauchratten vom achten Lebenstag an zweimal täglich einzeln für drei Minuten aus dem Elternnest herausgenommen wurden und das drei Tage hintereinander – eine „relativ milde Deprivationssituation“[3] also. Eine andere Gruppe wurde genauso behandelt, allerdings konnten sie während dieser Zeit ihre Mutter hören. Braun fand, dass bei der ersten Gruppe auch einige Tage nach der Vernachlässigung noch wesentlich mehr Dopamin fließt als bei Tieren, die behütet aufwachsen: „Dass selbst so kleine Störungen derartige Auswirkungen haben, hat uns überrascht.“ [...]

Und was heißt das für den Menschen? „Das heißt“, sagt Braun, „dass ich den Frust vieler klinischer Psychologen gut verstehen kann.“ Viele psychische Erkrankungen sind mit Gesprächstherapien nicht zu behandeln. Medikamente stellen den Patienten zwar ruhig, heilen ihn aber nicht. Wenn man genau wüsste, was in den Hirnen vernachlässigter Kinder abläuft und was davon der Mensch bis ins Erwachsenenalter mitnimmt, wenn klar wäre, welche Fehlschaltung im Gehirn dazu führt, dass der ausgewachsene Mensch, irgendwann, urplötzlich, psychisch krank wird – „vielleicht kann man da ja doch irgendwann eingreifen und das Gehirn wieder auf normal drehen“? Anna Katharina Braun gerät ins Träumen. „Schreiben Sie das lieber nicht, das sind Utopien[5].“

Eben die Utopien sind es, die ihre Arbeit antreiben. Viele kleine neurobiologische Ergebnisse in internationalen Fachjournalen publizieren, das ist ihr nicht genug. Anna Katharina Braun geht es um die Vision. Und diese Vision fasziniert auch andere. Manchmal mehr, als der Biologin lieb ist. „Die Psychologen rennen mir die Bude ein“, sagt sie, und auch immer mehr Lehrer wollten ganz genau wissen, wie das denn sei mit dem Gehirn, wie man es pädagogisch formen und prägen könne. [...]

Der Forschungsansatz ist nicht neu. Doch mit ihrem Wunsch nach Einblicken liegt Anna Katharina Braun voll im Trend. Verzweifelte Pädagogen haben die Hirnforschung entdeckt. Wann sollen sie was lehren? Mit welcher Methode? Wie weit reicht Erziehung? Die Frage, was im Kopf ihrer Sprösslinge vorgeht, nehmen Eltern immer öfter wörtlich. Das Feld der „Neurodidaktik“ boomt.

Anna Katharina Braun hat schon das nächste Forschungsziel im Blick: Wie verhalten sich erwachsene Tiere, die als Kinder vernachlässigt wurden? Braun hat ausgewachsene Ratten in einer unbekannten Umgebung ausgesetzt, die sie nach Belieben auskundschaften konnten. Ergebnis: „Die deprivierten[3] Rättchen liefen viel hektischer herum als die normalen.“ Sie verhalten sich hyperaktiv.[6]

Hyperaktiv? Das klingt in manchen Ohren nach ADS, dem Aufmerksamkeits-Defizit-Syndrom, das Kinder zu Zappelphilipps werden lässt und Eltern zur Verzweiflung treibt. Gibt es eine hirnphysiologische Erklärung? Eine ursächliche Therapie? Braun kann da nur beschwichtigend die Hände heben. So weit ist man noch lange nicht – auch wenn es verlockend klingt. Noch ist das erst mal einfach nur ein Befund. Ein Rättchen-Befund.

In: DIE ZEIT, 31.10.2002

Worterklärungen:

[2] *Trauma:* Verletzung; besonders: seelische Verletzung bzw. Erschütterung

[3] *Deprivation/depriviert* und *limbisches System* werden im Text selbst erklärt.

[4] *Synapse:* Verbindungen bzw. Verschaltungen zwischen den Nervenzellen der Großhirnrinde

[5] *Utopie:* (unrealistische) Zukunftsvision

[6] *hyperaktiv:* übermäßig aktiv

Zusatzaufgaben

Arbeitsblatt 45

Beantworten Sie die folgenden Fragen mit eigenen Worten (jeweils 1–2 Sätze). Geben Sie bitte außerdem die Zeilen an, auf die sich Ihre Antwort bezieht. Sie können Formulierungen aus dem Text in Ihre Antwort einbeziehen.

6. *Textverständnis*

a) *Was haben Ratten mit Menschen gemeinsam?*
b) *Was will Anna Katharina Braun beweisen?*
c) *Welche zwei Veränderungen im Gehirn konnte Frau Braun nachweisen?*
d) *Welche Hoffnung verbindet Frau Braun mit ihrer Forschungsarbeit?*

Vergleich und Bewertung von Informationen

7. *Vergleichen Sie das Forschungsprojekt von Frau Braun mit dem erwähnten Forschungsprojekt aus den 70er-Jahren des vorigen Jahrhunderts. Passen die Forschungsergebnisse zusammen?*

8. *Erläutern Sie, warum sich Lehrer und Eltern für die Forschungsergebnisse von Frau Braun interessieren.*

Zur Unterscheidung von Leseverstehen und Textanalyse

Das **Lesen und Verstehen** eines Textes *auf der Ebene der Informationen* ist die Voraussetzung für jede weitere Analyse. Je gründlicher die Vorarbeiten sind, desto solider und ertragreicher wird die Analyse sein. Die Schemata machen deutlich, wo die Berührungspunkte zwischen Lesen (im Sinne der Übungen dieses Buches) und Analysieren sind.

Lesen und Verstehen von Sachtexten:			
(1)	Ausgehend vom Titel:	>	Worum könnte es gehen? **Leseerwartung/Antizipieren**
(2)	Überfliegen/Orientierung:	>	Worum geht es? Was ist **Thema/Fragestellung** des Textes?
(3)	Lesen, dabei • den Text gliedern in • Wichtiges kennzeichnen	 > >	 **Sinnabschnitte** (Achtung: Abschnitte im Text sind nicht immer identisch mit Sinnabschnitten.) **Unterstreichungen, Stichworte**
(4)	Wie entwickelt sich	>	der **Gedankengang** des Autors/der Autorin? der Argumentationsgang? die Entfaltung des Themas?
(5)	Zu welchem	>	**Ergebnis** gelangt der Autor/die Autorin? Intention /Aussageabsicht des Textes?

Beim **Analysieren** von Sachtexten geht es darum, die Art der Darstellung, die Gedankenführung/Argumentationsstruktur zu beschreiben, zu erklären und zu bewerten, um anschließend möglicherweise einen eigenen Standpunkt auszuformulieren.

Zum Aufbau der **Analyse**[1]:	
(1)	<u>Einleitung:</u> Autor/in, Titel, Textsorte, Erscheinungsjahr und -ort, Thema, ggf. Zielgruppe …
(2)	<u>Hauptteil:</u> • Ggf. zusammenfassende Kennzeichnung des Textaufbaus („Der Text hat eine deutliche Dreiteilung ... /lässt sich in vier Abschnitte unterteilen... usw.“) • Beschreibung der Gedankenführung/Argumentationsstruktur unter Einbeziehung der Textgliederung • Funktion der Textteile („Dieser Teil dient vor allem dazu, das eigentliche Thema vorzustellen ...“) • Kennzeichnung der Sprachgestalt („auffällig ist/sind in diesem Teil die zahlreichen Aufforderungssätze/der sachliche Darstellungsstil/der parallele Satzbau/die Anaphern/die bildhaften Formulierungen/die Übertreibungen ...“) • Bewertung der Darstellungsweise/Argumentation („Besonders überzeugend erscheint mir.../wenig einleuchtend ist die Begründung ...“)
(3)	<u>Schlussteil der Analyse:</u> Zusammenfassung der Ergebnisse, ggf. Vergleich mit anderen bekannten Standpunkten
(4)	ggf. <u>Entwicklung eines eigenen Standpunkts/Stellungnahme</u> zum behandelten Thema entsprechend den Kriterien einer Erörterung/Argumentation

[1] nach J. Diekhans

Weiterführende Bibliografie

Artelt, Cordula, Wolfgang Schneider und Ulrich Schiefele: Ländervergleich zur Lesekompetenz. In: Deutsches PISA-Konsortium (Hg.): PISA 2000 – Die Länder der Bundesrepublik Deutschland im Vergleich. Opladen: Leske + Budrich 2002, Kap. 3, S. 55–94

Artelt, Cordula, Petra Stanat, Wolfgang Schneider und Ulrich Schiefele: Lesekompetenz: Testkonzeption und Ergebnisse. In: Deutsches PISA-Konsortium (Hg.): PISA 2000 Basiskompetenzen von Schülerinnen und Schülern im internationalen Vergleich. Opladen: Leske + Budrich 2002, Kap. 2, S. 69–137

Chevalier, Brigitte: Effektiv lesen. Lesekapazität und Leseverständnis erhöhen. Frankfurt/Main: Eichborn 2002

Christmann, Ursula und Norbert Groeben: Psychologie des Lesens. In: Franzmann, B., K. Hasemann, D. Löffler und E. Schön (Hg.): Handbuch Lesen. München: Saur 1999, S. 145–223

Feilke, Helmuth: Lesen durch Schreiben. In: PRAXIS DEUTSCH, Heft 176, Nov. 2002, S. 58–66

Groeben, Norbert und Bettina Hurrelmann (Hg.): Lesekompetenz. Bedingungen, Dimensionen, Funktionen. Weinheim u. München: Juventa 2002

Hackenbroch-Krafft, Ida und Evelore Parey: Umgang mit Texten – Fachtexte erschließen, verstehen, auswerten. Stuttgart: Klett, 2. Aufl. 1998

Hackenbroch-Krafft, Ida und Rainer Schüren: „Woran merke ich denn, ob ich's verstanden habe?"
Diagnose und Förderung von Lesekompetenz zu Beginn der Oberstufe. In: Pädagogik, Heft 4, April 2003, S. 30–34

Hurrelmann, Bettina: Leseleistung – Lesekompetenz. In: PRAXIS DEUTSCH. Heft 176, Nov. 2002, S. 6–18

Hurrelmann, Bettina: Lesen als Basiskompetenz in der Mediengesellschaft. In: Schüler 2003 Themenheft Lesen + Schreiben. Seelze: Friedrich 2003, S. 4–10

Stary, Joachim und Horst Kretschmer: Umgang mit wissenschaftlicher Literatur. Eine Arbeitshilfe für das sozial- und geisteswissenschaftliche Studium. Frankfurt/Main: Cornelsen Scriptor 1994

Westhoff, Gerard: Fertigkeit Lesen. Fernstudieneinheit 17. Goethe Institut, Teilbereich Deutsch als Fremdsprache. Berlin: Langenscheidt 1997

PRAXIS DEUTSCH, Sonderheft „Texte lesen – Texte verstehen", hg. von Wolfgang Menzel. Seelze: Friedrich 2003